本书由暨南大学公共管理系、MPA教育中心提供资助

管理沟通案例分析精选

沈远平 编著

知识产权出版社

内容提要

本书以国内外案例分析教学和研究的基本原理和实践指导为依据，以案例分析的实践成果为基础，按照案例分析报告的基本格式编写而成。本书所有案例正文都是近几年发生在我国的真实事件。本书的主题如下：一是处理群体性突发事件中的公共管理沟通；二是公共政策过程中的公共管理沟通；三是公共行政和公共管理中的跨部门之间的协调沟通；四是政府应急管理的信息发布策略等。

本书的读者对象主要是：MPA 学员、行政管理和公共管理专业的本科生和研究生，从事公共行政和公共管理的相关人员以及对管理沟通感兴趣的相关读者。

责任编辑：贺小霞

图书在版编目（CIP）数据

管理沟通案例分析精选/沈远平编著. —北京：知识产权出版社，2011.7

ISBN 978-7-5130-0592-0

Ⅰ.①管… Ⅱ.①沈… Ⅲ.①管理学—案例—分析—文集 Ⅳ.①C93-53

中国版本图书馆 CIP 数据核字（2011）第 098389 号

管理沟通案例分析精选

沈远平 编著

出版发行：知识产权出版社

社　　址：北京市海淀区马甸南村 1 号	**邮　　编**：100088
网　　址：http://www.ipph.cn	**邮　　箱**：bjb@cnipr.com
发行电话：010-82000860 转 8101/8102	**传　　真**：010-82005070/82000893
责编电话：010-82000860 转 8129	**责编邮箱**：HeXiaoXia@cnipr.com
印　　刷：知识产权出版社电子制印中心	**经　　销**：新华书店及相关销售网点
开　　本：787mm×1092mm　1/16	**印　　张**：16.5
版　　次：2011 年 7 月第 1 版	**印　　次**：2012 年 4 月第 2 次印刷
字　　数：270 千字	**定　　价**：39.00 元

ISBN 978-7-5130-0592-0/C·115（3489）

总　序

巍巍华夏，悠悠万世，智者滚滚，高论横流，乘劲帆之快、激一时之浪者，几茫茫如过江之鲫。然而风消云淡、势易时移、大浪淘沙、百转千折后，仍千年一脉、弦歌不辍，成万世之绝响者，何其难矣！又何其伟哉！叹感为学立言之难，大哲如孔圣亦守志曰：述而不作。并嘱“巧言令色鲜矣仁”以戒后学浮浪。然朱子亦云：一世之学即为一时之治！是故，“为往圣继绝学、为万世开太平”即成为古往今来中国公共知识分子的入世情怀和不懈追求。

暨南大学作为以“朔南暨，声教迄于四海”为己任的百年侨校，秉承“忠信笃敬”之校训，向以忧思苍生、济达天下为念。先后敦请马寅初、郑振铎、王亚南、周谷城、钱锺书、周建人、夏衍、许德珩、胡愈之、严济慈、楚图南等名师执教，培养出吴学谦、李岚清、江上青（新四军烈士、江泽民同志养父）、许敦茂（泰国国会议长）、李光前（新加坡大学校长）、邓垦（邓小平胞弟、湖北省副省长）等公共管理领域的杰出人才。“急公好义、为国为民”是暨南人践行“立人、立言、立行”之“三不朽”的优良传统。上海时期的暨南大学法学院和文学院更为当时公共管理的思想重镇和人才摇篮。由于历史的原因，新中国成立后，暨大的公共管理学科停办多年，直到20世纪90年代末才应时代召唤建系，至今只是刚足十年幼齿的懵懂少年和学术阿童。虽然孔子曾经说过：“吾十岁有五而志于学。”但十岁的暨南公管人却乐于追随先贤，以学为业，不懈前行！

经过十年拓荒与辛勤耕耘，暨南大学公共管理系已拥有行政管理、教育经济与管理、社会保障三个硕士学位授权点，一个公共管理硕士（MPA）专业学位授权点。拥有行政管理、企业行政管理、人力资源管理、应急管理四个中文教学本科专业，并在暨南大学国际学院开设了全英语教学行政管理本科专业。在管理科学与工程博士点一级学科下设置了社会保障管理博士研究方向和保险经济与风险管理博士研究方向。2008年开设的行政管理（应急管理方向），是率先在全国开设的第一家应急管理的本科专业，已得到众多学者与省部级政府官员的高度认可，获得广东省人民政府应急管理办公室全方位的支持。

暨南大学公共管理系现有专职教师26人，其中，教授8人，副教授9人，博士生导师2人，硕士生导师11人，珠江学者1人。多数老师来自北京大学、复旦大学、浙江大学、武汉大学、中山大学、厦门大学、吉林大学和中国社科院等国内名校名所或师从著名学者，多位老师曾到美国杜克大学、韩国首尔大学等海外名校进修或讲学，部分老师曾在省、市、县、乡的党政机关和人民团体任职，近半数老师作为第一作者已在Physica（SCI)、《政治学研究》、《社会学研究》、《哲学研究》、《统计研究》、《民族研究》、《管理世界》、《金融研究》、《财政研究》、《中国工业经济》、《高等教育研究》、《马克思主义与现实》等国内外著名刊物发表过论文，一批成果获得广东省哲学社会科学奖、国家统计局等高层次政府奖。全系在社会保障管理体制改革、行政伦理、知识社会学、流浪乞讨人员管理等方面已经取得了一系列引人注目的研究成果，部分研究成果被新华社《国内动态清样》（省部级大内参)、《新华文摘》等转载，获得数项应急管理技术专利权。

暨南大学MPA教育中心从2005年起开始招生，形成了运用管理学、政治学、经济学等多学科理论与方法、专门研究公共组织尤其是政府组织的管理活动及其规律的学科体系。为政府部门及公共机构培养了数百名德才兼备、适应社会主义现代化建设需要的高层次、应用型、复合型的管理人才。

也许聊以自慰的只有暨南学子汪国真的小诗：我不去想是否能够成功，既然选择了远方，便只顾风雨兼程……

暨南大学公共管理系

暨南大学MPA教育中心

2011年2月

前　言

为什么要编写这本书

自2005年暨南大学开办MPA（公共管理硕士）专业学位教育以来，我就承担了管理沟通这门课程的教学。一开始，我就引入案例分析的学习方法，几年过去了，这种方法得到广大MPA学生们的认可，并给予了极高的评价，他们也积极参与到案例分析的教学之中，创作了一些非常优秀的案例分析课程的作业和毕业论文。为了进一步推广案例分析学习方法，掌握案例分析的基本原理、方法和技术，并将其运用于公共行政与公共管理的实践，提高学生们分析、判断、解决问题的能力以及决策能力，特将近几年来与学生们共同讨论完成的优秀案例分析论文编辑成册，作为案例分析学习的范本和参考。

通过阅读本书中的案例分析范本，可以达到以下目的：

1. 了解公共行政与公共管理沟通的案例特征和编写要求；熟悉和掌握案例素材的收集和改编的基本方法，并能够运用案例描述的写作方法，采编自己身边的案例故事，用于案例分析讨论。

2. 了解公共行政与公共管理沟通的案例分析原理、步骤和方法；熟悉和掌握案例分析过程中的关键步骤，掌握案例分析的逻辑线索：从案例背景分析到发现问题、分析问题产生的原因，到寻找解决问题的对策和建议，最后得出案例分析的结论。并能将案例分析的方法运用于解决实际工作中的问题。提高学习者的分析判断的能力和公共管理沟通能力。

3. 了解公共行政与公共管理沟通的基本原理、特征和基本功能作用；熟悉和掌握公共管理沟通的基本策略和技巧；并能够运用这些公共管理沟通的基本策略和技巧解决现实中的公共管理沟通问题，让公共管理沟通更好地为实践公共行政和公共管理服务。

4. 了解案例分析报告的基本结构和写作方法；掌握案例分析报告写作要点和写作技巧，并能够在实际工作中运用这些写作要点和写作技巧，为公共行政和公共管理的实践服务。

本书的特征

本书以国内外案例分析教学和研究的专家、学者提出的基本原理和实践指导为依据，以案例分析的实践成果为基础，按照案例分析报告的基本格式进行编写。本书的基本特点如下：

案例的真实性。书中所有的案例正文都采编自近几年发生在我国的真实事件。案例正文部分在尊重事实的基础上，按照案例编写要求进行了编排方面的改编，但事件发展的基本脉络、人物关系、案例背景都符合事实。

理论联系实际。案例分析突出公共行政与公共管理沟通的某个主题，依据该主题的理论，借鉴类似事件处理的有益经验，按照案例分析的逻辑线索分析诊断案例中存在的问题，寻找产生问题的原因，在此基础上提出解决问题的对策和建议，最后得出案例分析的结论。案例分析的过程就是理论联系实际的过程，具有很强的实践意义。

充分的讨论和辨析空间。尽管书中的每一篇案例分析都以比较完整的格式编写，但是依照案例分析的定律，“没有唯一的答案”，因此在每一篇案例的问题诊断分析和对策建议部分都留有充分的讨论和辨析的空间。读者可以在案例分析的基础上对相关的问题继续讨论，寻找更合适的解决之道。

群体的智慧。书中的每一篇案例分析都是按照案例分析的学习过程，通过集体的讨论和激烈的辩论而形成的基本观点和对策。每一篇案例分析都反映了群体的智慧，都是集体思想的结晶。

可供借鉴并具有指导意义。由于本书中的案例都来自现实中的真实事件，通过案例分析提出了相应的解决对策和建议，这些对策和建议为我们今后处理类似事件提供了可借鉴的解决之道，对如何处理类似事件具有指导意义。

本书的内容结构

本书由绪论和6篇相对独立但又相互联系的案例分析报告（论文）组成。绪论主要介绍有关案例教学与研究的基本原理、技术和方法，为了使读者更好地理解后面的案例分析报告（论文），全书突出公共行政和公共管理沟通中的四个重要主题：一是处理群体性突发事件中的公共管理沟通；二是公共政策分析过程中的公共管理沟通；三是公共行政和公共管理中的跨部门之间的协调沟通，其中包括跨部门协调会议的会议管理沟通；四是危机管理的公共沟通。

每一篇案例分析报告由两大部门组成：案例正文和案例分析。案例正文主要是对案例事件进行客观的描述，使读者了解必要的案例事实，掌握案例的真实情况；案例分析按照案例分析的逻辑线索分为案例背景理解、问题诊断与分析、解决问题的对策、建议和结论。

读者对象

本书的读者对象主要是MPA学生、行政管理和公共管理专业的本科生和研究生、从事公共行政和公共管理的各级政府及事业单位等组织的领导干部和公务员、所有对公共行政和公共管理感兴趣并从事该领域学习和研究的人员。

致谢

感谢暨南大学管理学院公共管理系及MPA教育中心对本书出版给予的支持和资助。

感谢暨南大学管理学院公共管理系2005级、2006级、2007级、2008级和2009级MPA专业学位的学生们，以及2009级应用心理学专业和行政管理专业全日制硕士研究生。他们在管理沟通课程中积极参与案例讨论，并积极完成案例分析的课程论文，为本书的编写提供了宝贵的学习心得和学习资料。

感谢黄骏、李静、邹茜三位2006级MPA学生为本书编写作出的贡献。他们积极参与案例分析的学习和探讨，选择以案例分析体裁作为MPA毕业论文，为我校在MPA专业学位教育中运用案例分析的方法研究和解决现实问题开辟了先河。

感谢知识产权出版社及贺小霞编辑为本书的出版所做出的努力和贡献。

本书收集的MPA《管理沟通案例分析精选》论文是我校开办MPA教育以来在管理沟通课程中实施案例分析教学的初步结果。虽然取得了较好的成果，但是这毕竟是案例分析学习的探索，还存在一定不足和值得讨论的地方，希望读者给予建设性批评和建议，使MPA教育越办越好。

编者联系方式：广州市天河区暨南大学管理学院145信箱，邮编：510632；

E－mail：tshyp@hotmail.com

目录

绪论 …… (1)
一、案例、管理案例 …… (1)
二、案例分析的学习方法 …… (9)
三、管理案例与案例分析报告的编写 …… (27)
1. 哈市松北区松北镇
——处置群体性突发事件的公共管理沟通策略研究 …… (36)
案例正文 …… (37)
案例评析 …… (43)
一、背景理解 …… (43)
二、问题诊断及原因分析 …… (48)
三、案例评析 …… (52)
四、对策与建议 …… (63)
结论 …… (69)
参考文献 …… (69)
2. 丰泽湖山庄
——政府公共管理沟通探讨 …… (71)
案例正文 …… (72)
案例分析 …… (79)
一、背景理解 …… (79)
二、问题诊断及原因分析 …… (82)
三、对策与建议 …… (87)
四、对对策与建议的评估分析 …… (97)
结论 …… (99)
参考文献 …… (99)

3. 番禺垃圾焚烧发电厂
——公共政策制定中的公共管理沟通探讨……………………………………（101）
案例正文…………………………………………………………………………（102）
案例分析…………………………………………………………………………（108）
一、背景理解……………………………………………………………………（108）
二、问题诊断及原因分析………………………………………………………（119）
三、对策与建议…………………………………………………………………（126）
结论………………………………………………………………………………（134）
参考文献…………………………………………………………………………（135）
4. 从 SARS 事件到“5·12”汶川大地震
——政府应急管理信息发布策略探讨………………………………………（137）
案例正文…………………………………………………………………………（138）
案例一　SARS 事件应急管理中的信息管理与信息发布 ……………………（138）
案例二　“5·12”汶川地震中的信息发布 …………………………………（143）
案例分析…………………………………………………………………………（146）
一、研究的意义、内容、理论和方法…………………………………………（146）
二、政府、媒体、公众关系分析………………………………………………（151）
三、问题诊断与原因分析………………………………………………………（153）
四、对策与建议…………………………………………………………………（159）
结论………………………………………………………………………………（167）
参考文献…………………………………………………………………………（168）
5. B 机场空港口岸
——跨部门沟通管理研究……………………………………………………（170）
案例正文…………………………………………………………………………（171）
案例一　化学试剂滞留事件……………………………………………………（178）
案例二　B 机场海关的通关流程改革…………………………………………（181）
案例分析…………………………………………………………………………（185）
一、研究背景理解………………………………………………………………（185）
二、问题诊断与原因分析………………………………………………………（190）
三、对策和建议…………………………………………………………………（201）
四、对对策与建议的检验评估…………………………………………………（206）

结论………………………………………………………………………………（211）
参考文献……………………………………………………………………………（212）
6. TH 广诚广场烂尾楼重建
——政府跨部门协调会的会议管理研究……………………………………（215）
案例正文……………………………………………………………………………（216）
案例分析……………………………………………………………………………（223）
一、背景理解………………………………………………………………………（223）
二、问题诊断及原因分析…………………………………………………………（226）
三、对策与建议……………………………………………………………………（234）
结论………………………………………………………………………………（248）
参考文献……………………………………………………………………………（249）

绪 论

一、案例、管理案例

（一）案例

案例，或案例学习，在教育领域中已经不是一个陌生的词汇了，我们常常听到案例一词，也经常看到许多学科的教科书或各类文献中都有案例。纵观这些案例，却发现案例的类型、形式、文体格式、内容结构等都各不相同。由于使用案例的目的不同，人们对案例的理解也会产生差异。案例是案例学习的基本资源，用于教学目的的案例具有自身的特定含义和特征。因此，我们必须对用于教学目的的案例进行深入的探讨。

1. 案例的基本定义

案例，这个词来源于拉丁语 casus，意思是“事件”。可以直白地翻译成发生、出现或偶尔发生的一些事件等。目前，“案例”这个词运用得非常广泛，似乎所有发生的事件都可以称为“案例”。这种案例常常是人们对现实生活中所发生的某个事件的真实记录和客观叙述。它强调的是对事件发生过程的客观描述和记录，注重真实性。该案例的目的在于对事件建立文档以备将来查阅，具有历史文献意义。由“案例”这个词派生出来的相关术语很多，如案例报告、案例历史、案例研究、案例教学、案例方法等。在教育领域中，“案例”一词已成为案例学习的速记词，被广泛地用于许多学科的教学中。但是，用于教学的案例不同于案例记载。案例记载只是简单地叙述所发生的一切，并没有任何特殊的目的。而教学案例是作为具有特殊教育目标的学习工具来编写的。这些案例目标要比简单地提供信息、数据或叙述一定概念和技术运用要广泛得多。

现在许多学科广泛采用案例学习法，由于学科特点的不同，教学案例的种类、形式也不同。比如：有医学案例、法律案例、管理案例等。管理学科教育中常用的管理案例与法学、医学案例不同，这些案例既不反映权威的决定，也不是案例作者在其专业领域从事的工作或提出的问题的记载。案例作者是教授或教学人员，而不是案例中的负有责任的参与者。他们根据企业发生的真实事件记录，通过调研，选择符合教学要求的案例进行编写。在教学中，一般是要训练学员在面对模拟的管理世界中变幻莫测的情况或对案例中给出的情况作出决策。这些案例一般以叙事的方式写成，它们讲述了管理人员所面临的问题，焦点在决策问题上。因此，在本书中所用的“案例”一词是指管理学科教育范围内的教学案例。它具有特定的内涵和定义，我们在本章中将详细地探讨其基本概念，并区别于在教学中经常用到的例子和练习的概念。

2. 案例、例子和练习

在教学过程中，我们经常要用到案例、例子和练习。案例与例子、练习有什么区别呢？例子和练习，我们通常会称它为范例，表面上似乎很像一个案例，里面也用了对事物的叙述或对情景的描述。然而教学的目的是不同的。一个范例提供资料给学生进行练习，让学生运用特定的概念、技术和原理。一个案例是用来帮助学生学习更加广泛的技巧，培养学生的综合能力。练习有一个答案以及找到答案的方法。案例有许多答案和许多找到答案的途径供学生进行选择。案例学习法的中心作用是教学生解决复杂的开放的问题，没有特定的解决这类问题的分析技巧和解决办法，需要综合运用各种分析技巧和解决方法，教师只是给学生一些提示和帮助。在案例教学中，它们的使用通常是对学习高层次的复杂的认知技巧这一中心目的的研究。

在案例与范例之间存在着一个中间地带。在案例学习的初期，学生的综合分析能力和解决复杂问题的能力还不是很高的情况下，允许学生对案例的某个部分实践特定的分析技巧，或者采取特定的方式解决问题，指导学生使用一定的技术或者给予特定的问题让其回答，并给他们一些练习。我们仍然认为它是案例学习法。这样做的目的是让学生由易到难逐步掌握案例学习的方法和技巧。不可否认，范例教学也是一种有效的学习方法，它与案例学习法有着密切的联系，两者可以相互补充。但是，案例和例子这两者之间存在着本质的不同。为了更好地把握对案例内涵的理解，掌握案例学习法的实质，提高教学效益，我们有必要将案例与例子和练习区别开来。目前有混淆案例与例子这两者概念的现象。例如，将某个公司的会计报表拿来给学生分析，就是一次练习作业。或者将某企业管理杂志上的一篇对某企业的报道让学生在班上讨论，可能是一堂很生动的课堂讨论，但它不可能是一堂案例学习课。误将范例学习看做案例教学，这样容易误导学生对案例学习的认识，挫损学生参与案例学习的积极性，影响案例学习的效果。

案例与例子和练习的根本区别在于企业背景的广泛程度、问题的复杂性程度、解决问题途径的多样性、决策的选择性等。首先，案例是以企业为背景，在背景信息描述方面具有比较广泛的信息拓展空间，而例子却很少注重企业的背景知识，甚至缺乏企业背景知识，多数只是关注事例；其次，案例包含了一个或几个需要解决的问题，有显露的问题，也有隐含的问题，而且问题之间存在着千丝万缕的联系，需要学习者认真地分析，分辨出关键的重要问题。例子中的事例只是想说明某个问题；再次，案例中的问题解决存在着多重解决方案，需要学习者利用相关的原理、管理工具和一些技巧设计系统的解决办法，并对这些方法进行评估。例子的练习是让学生掌握某个特定的概念和方法；最后，在决策方面，案例需要对多种解决方案进行评估进行决策，存在着多种选择，没有唯一答案。例子是有一个答案的。从整个学习过程来看，案例学习是强调过程，培养学习者发现问题、分析判断问题、解决问题和决策的能力。而例子的练习注重学习的结果，答案是否正确。

3. 用于教学目的的案例

要把握案例学习法的实质，掌握案例学习的技巧，提高学习效益，我们首先要更好地理解案例的内涵。我们将“案例”一词限制于教学范围内来研究该词的含义。让我们来看看国外一些研究案例问题的专家对案例的解释。

“一个典型的案例是一个对企业决策人实际面临的企业问题（同时还有决策所需要的环境情况、各种不同意见等信息）所作的记录，这些真实的特殊的案例提供给学生认真分析、讨论和对应该采取何种行动作最后的决策。”

——Charles Gragg

“一个好的案例是一种媒介，通过把某些现实情况或问题带进教室供学生和教师研究，让大家对一些实际生活中必须面对的棘手问题进行讨论。它是某些综合的、复杂的情况或问题的记录，在这些情况或问题被理解之前，它们肯定是完全分散的，而后将其组合在一起，其目的是将表达各种不同态度或方式的思想带进教室。”

——Paul R. Lawrence

“从案例作者的角度看，我愿意把案例解释为对真实事件的描述，其中包括能使讨论小组思考和争论的难点，并有足以引起极大兴趣和好奇心的决策问题和富有启发性的隐含意义。”

——阿比汉森

简单地说，案例就是对真实的管理情境的描述。这情境通常都涉及一项决策或一个待解决的问题。正常情况下，案例是从涉及的决策者的角度编写的，而且能使学生们设身处地、身临其境地站在那位决策者或问题的解决者的位置上观察和思考问题，并作出决策和解决问题。

编写案例的意图只是重新创造一种管理情境，供读者去分析并提出行动的建议，但这并不是一幅完整的图解或照片。按教学目的的不同，可以着重凸显一篇案例的某些部分，而将其余部分压缩或删减。教学目的、资料的来源、书面的案例正文和教室里的参与者，正是这四者共同紧密地联系在一起，才能创造出一个完整的案例教学体系。

案例是对某个组织里一些人所面对的实际商业情形的描述，它通常涉及一个组织（家庭、企业、产业甚至课堂）中的某个决策者所面临的困难、挑战、机会和问题等，案例里面包含组织的背景材料以及关键人物处理事务时所涉及的各种各样的资料。[1]

关于案例的论述有许多，这里不可能一一引述。从以上对案例的论述来看，用于教学目的的案例包含了以下特点。

（1）明确的教学主题。用于教学目的的案例首先要体现教学主题，为教学所用。一个好的教学案例需要符合以下几个方面的要求。

---

[1] 暨南大学 MBA 教育中心编．案例写作参考资料［M］．1998：3－4．

- 体现教学大纲要求的某一个理论或原理，在分析问题和解决问题的案例讨论中，能够用这些理论和原理为作为论证的依据。
- 能够利于专业知识和相关知识的拓展。通过案例学习，使学习者掌握必要的专业知识和相关知识，拓宽他们的知识范围，开阔视野。
- 能够使用有关的管理工具和方法分析判断问题，并识别问题的原因。
- 能够使用管理评估方法对解决方案实施评估，帮助作出选择。
- 体现教学大纲要求的系统知识，利于学习者系统思考，提高学习者的理论知识水平，培养其理论联系实际的能力，达到教学大纲规定的教学目的。

(2) 以某个企业或组织为背景，以一个真实的事件（故事）为线索，以关键人物之间或组织之间的关系为轴心，以揭示问题和解决问题为目的。所有关于案例的论述都强调了案例事件的真实性和实战的模拟性。正是案例的真实性和实战的模拟性能够将学习者带入一个实际的组织情境中，以案例中的决策者身份，面对实际的问题思考解决方法。案例的真实性是理论联系实际的桥梁。追求案例的真实性，并不是简单地将实事、数据等资料原封不动地记录下来。在编写和选择案例时，我们首先要考虑它是否符合教学目的的要求。为了达到教学目的，我们有时不得不对案例进行一些修改，让它更符合教学的要求。其次，案例中所涉及的企业或组织是否愿意暴露自己。这里有两个方面的因素，一是有些企业或组织不愿意将自己内部的问题暴露给公众；另外就是出于商业秘密的考虑，因为在案例中可能会暴露一些对竞争对手有利的信息。因此就需要对案例中的企业或组织名称和一些关键数据等资料作必要的改动或虚构。由于以上所提到的原因，案例可能部分地进行了虚构。不管怎样，为了达到案例教学的实战效果，我们应该尽力提供对真实情境的详细叙述，所揭示的问题与现实有着紧密的联系，解决问题的方案与教学目标有着紧密的联系。

(3) 不完整的信息。一篇案例所披露的信息是有限的。一方面是案例作者对信息掌握的有限性，使其不能提供完整的信息；另一方面是出于案例教学目的的需要，对案例中的有关信息进行缩写、删除或修改。一篇好的案例有意识地保留一定的信息空间，留给学习者进行信息处理，有利于培养学习者信息收集、分析、甄别、判断的能力。一般来讲，一篇案例保留 30% ~70% 的信息量。少于

30%，人们就无法进行分析判断；多于70%，什么都告诉你了，也就不需要分析判断了，这样不利于教学。在所披露的信息中，有重要的信息，有次重要的信息，有不重要的信息，还有混淆视线的信息。在信息之间并没有很明显的逻辑线索，需要学习者仔细观察，认真判断，对信息进行甄别和处理。不完整的信息，有利于培养学习者在时间紧迫、信息不充分的条件下正确分析判断案例情境并作出决策的能力。

（4）一个期间内的发展状况。案例中所描述的事件是在某一个特定的时期发生的，事件具有很明显的时代背景。因此，用于教学目的的案例具有一定的时效性，它是动态的。同样的事件发生在不同的时间段，在处理问题的方法上会有所不同。因为随着时间的推移，人们的思想观念在变化，社会环境在变化，解决问题的方法也就会不同。另外，我们在案例学习时，要特别关注时间背景的局限性。

（5）隐含一个或几个关键问题。案例中必须存在一个或几个关键问题，这些问题有显露的，也有隐含的。在公共管理或企业管理的现实中，问题产生的原因又是各种各样的。识别案例中的问题，以及找出引发问题的根源，是案例教学的重点。这正如一位商界领袖指出的那样："高层管理者90%的任务，是提出有意义的问题。相对而言，答案容易找到，而正确地提出问题才是解决问题的关键。"从某种意义上说，案例教学只是希望帮助大家正确地提出正确的问题。[1]另外，问题是隐含在案例故事之中的。这个包含着问题的案例故事必须能够反映教学的主题，能够说明一个理论或原理。如果案例故事不能说明一个理论或原理，尽管其中的故事非常有趣，包含很多有趣的问题，但它也不能成为一个好的教学案例。

（6）解决问题的两难。一篇好的教学案例能够将故事中的主人翁推入解决问题的两难境地，使他（她）进退维谷。案例中的问题与组织的背景、与案例中的人物关系存在着错综复杂的联系。问题与问题之间既有着密切的联系，又存在相互矛盾，这就使得解决问题非常棘手。这种情景在公共管理的现实中并不少见。具有争议性的问题是一个教学案例的必要条件。

---

[1] 北京酒店网 www. bjhotel. cn 2006 - 01 - 13 1170.

(7) 可选择的解决方案。按照哈佛的案例教学理念，案例教学是一种无结论的课堂讨论，教学的目的不是告诉大家问题的答案，而是告诉大家解决问题的各种可能性和方法。面对这些可能性和方法，学习者必须作出决策。在多种选择中作出决策并非一件容易的事情，它需要学习者进行全面的系统思考，对各种可能性和方法进行正确的评估，并勇敢果断地采取行动进行决策。案例教学的目的之一就是训练一种系统思考问题的方法和采取行动的勇气与决心。也许在你初次阅读案例时只发现了一个问题，学习后你却会发现10个问题。但同时，你解决问题的方法会增多，思路会开阔，处理问题的自信会增强，决策和管理的能力也会提高。

(8) 描述性文体格式。案例的文体格式没有非常严格的要求，作为一个故事，案例也是一种写实文学的形式。在案例的取材方面，报告文学和新闻报道中的某些作品可以成为案例的素材。总之，案例必须是客观描述。在选择和编写案例时，我们要注意两个问题：一是不能有分析评论的内容，在案例教学的方法上，分析是学习者的任务，写案例的作者只需要提供原始材料，不需要提供分析观点。二是尊重原文的真实性，注重原始资料的客观性。一个案例的可信度来自撰写人的中立。我们使用来自采访的原始材料论述和表述种种观点时，一定不要改编，不要加入作者个人的观点。如果案例中出现观点和看法时，一般都是引用案例中的人物的观点，并且要注意正反两方面的观点都要有，才能平衡。至于观点的正确与否，交给学习者去讨论。

（二）教学案例的类型与特征

教学案例已在许多学科被普遍使用，由于学科不同，教学目的和教学主题的不同，所采用的案例类型、格式和篇幅长短也不同。对案例类型的划分也存在不同的方式。比如：美国学者 Laurence E. Lynn Jr 将案例类型划分为紧急决策型案例、政策制定型案例、确定问题型案例、概念运用型案例和说明性案例。❶ 同时他还对法律、医学、工商管理和公共行政与管理等学科的教学案例类型和特点逐一进行分析和阐述。根据管理学科的一般教学特点，我们可以将教学案例划分为

❶ ［美］Laurence E. Lynn. 公共管理案例教学指南［M］. 北京：中国人民大学出版社，2001：117－119.

以下几种类型。

1. 教学案例与研究案例

在管理学科的教学中，教学案例与研究案例都可以达到教学的目的，为教学所用。不过，教学案例一般是为教学目的由专人收集资料编写而成的，它的特点是简化和有选择性。一个案例一般说明一个概念、一个原理或揭示一个问题，具有很强的教学目的。如2003年我国SARS事件的案例，就是为了说明政府在危机爆发时应如何应对。

研究型案例主要是用于解决现实中的实际问题，我们可以称其为课题。但是，在研究的过程中同样可以达到教学的目的。研究型的案例比教学案例更丰富、更贴近现实，把现实问题摆出来，有一定的深度，比教学案例更难写，更容易引起争论。如果说，教学案例有一个核心问题，有一个难题，那么研究型案例就有几个难题，头绪更多，更难把握。比如：2007年年初重庆搬迁户事件的案例，就是为了研究当前城市建设中如何处理三方矛盾，即政府、开发商和业主之间矛盾冲突以及相关政策的问题。为未来处理类似事件提供较好的借鉴和建议。

2. 描述评价型案例与问题—决策型案例

描述评价型案例与问题—决策型案例是教学案例中使用较多的两种案例类型。描述评价型案例主要是对所发生的事件过程始末这一时间段的组织状况、人物关系以及处理的方法进行客观地描述，其特点是它已经有了一个结果。有人把它称为回顾性案例。描述评价型案例主要是用于培养学习者利用有关理论、原理、方法和管理技术分析评估案例过程，从中总结出一定的经验，找出规律性的东西；或证实说明某一理论或原理，让学习者从中学习掌握要学的理论知识和技术方法；或通过描述性案例的学习，借鉴其中有益的经验对决策性案例分析起到启发作用。

问题—决策型案例同样是用描述的手法将某一事件展示给学习者。它包含着一个或几个决策性的问题。但是，它并没有告诉学习者案例的问题是什么，需要学习者分析判断事件发生的实质和原因，从中找出主要问题和问题的关键。问题—决策型案例的特点就是只暴露问题而没有结果，有人把它称之为问题导向型案例。它需要学习者自己在分析诊断问题的基础上，提出多种解决的方案，并对方案进行评估、选择和决策。问题—决策型案例的另一个特点就是没有唯一正确的答案。在答案的选择上留给学习者更多的讨论空间。

3. 专业性案例与综合性案例

专业性案例一般对应单一的课程，或对应课程中的某个特定的原理和概念。它的学习目的非常明确，内容单一和简单，针对性很强。案例的篇幅比较短小精悍，其中所包含的问题与学习的原理和概念的运用有着密切的关联。主要是培养学生们分析问题、找出问题的根源，并利用原理和概念解决问题的能力。

综合性案例一般属于跨课程或包含多个理论和原理问题的案例。需要学生们综合利用其理论和原理解决案例中的问题。这类案例所披露的情景比较复杂，信息纷繁杂乱，包罗万象，问题众多，存在千丝万缕的联系，难以理出头绪。因此，需要不断引导学生由浅入深，由易至难地分析案例的问题，找出关键问题，设计多重可选方案，评估决策。在教学上，这类案例一般用于综合性课程，或课程的总结性学习。

4. 高结构型案例、结构型案例与非结构型案例

高结构型或技术性问题案例的特点是短小精悍，待解决的问题事实描述得层次分明，数据详尽，一般会有一个倾向性的解决方法和意见。这类案例主要适用于基础性与专业性的课程，旨在培养学生们掌握一定的基础原理和特定的管理工具和方法。

结构型案例的特点是精炼紧凑而有条理，篇幅中等，一般没有“最佳解决方案”和“唯一正确答案”。要结合案例内容，尽量利用所学过的管理理论和概念来拟定解决方案和提出建议，是案例学习中由易至难的一种较好的学习方法。

非结构型或问题与机会确定型案例的特点是它的综合性和跨学科性。它反映了某一管理情境的真实情况，所披露的信息包罗万象，往往会夹杂着多余无关的信息，其中也包括基本的问题和机会，需要案例学习者自己努力找到真正主要的问题，理出问题的头绪来，分清主次，寻找解决问题的机会，拟订解决方案，权衡决策。这种案例也被称为分析决策型案例。在哈佛大学这种案例被采用的最早最多，因此也被称为“哈佛型案例”。

二、案例分析的学习方法

案例分析学习方法是近代教育发展过程中出现的一种新型教学模式，经过

100多年的发展，已经形成了它自己独特的体系，拥有自己的教育理念、原理、技巧和方法。为了能够更有效地将案例分析学习法应用于教学和研究之中，我们应该从案例分析学习法的产生与发展的过程，了解其基本概念、原理、技巧和方法。

（一）案例分析学习法的产生与发展

谈到案例分析学习法，人们就会想到哈佛大学的案例教学。哈佛大学的案例教学可以追溯到100多年前。早在1870年，兰德尔出任哈佛大学法学院院长时，他首次将案例引入法学教育。随后不久，在19世纪90年代，哈佛医学院又开始引入案例教学方法。案例教学法在法律和医学教育领域中的明显成功激发了商业教育界的兴趣和重视。1908年哈佛商学院正式成立时，案例教学法又被引入商业教育领域。从1909年到1919年的10年里，商学院请管理人员走进课堂，将他们遇到的管理问题提出来，交给学生们讨论，然后要求学生写出书面分析和解决问题的建议。新院长华莱士·B. 唐哈姆是一位由案例法培养出来的律师，他由此看到了在管理领域使用案例的重要性，并全力推动哈佛商学院投身于案例教学法。在他的推动促进下，科波兰德博士于1921年出版了第一本案例集。由此奠定了管理教学中案例教学法的基础。直到20世纪50~60年代，哈佛商学院在福特基金会的资助下，连续举办了11期8周制的案例教学暑期研讨班，邀请了20多名管理学院院长与资深教授来参加，才逐步就案例教学的意义、特点与有效性建立了初步的共识，为其推广提供了认识上的基础。同时，哈佛又创建了它的“校际案例交流所”，为全美各院校提供了方便而丰富的案例供应源。

案例分析学习法经过100年的发展，它已成为哈佛大学独具特色的教学方式，教学的组织和管理围绕着案例教学展开，基础知识课只占很小的比例或者没有。在哈佛商学院，所有的课程都用案例教学，肯尼迪政府学院60%的课程用案例教学。商学院MBA的学生在两年的学习中要做400~600个案例学习，肯尼迪学院MPA的学生在两年的学习中要做100~140个案例学习。

案例分析学习法，最早产生和应用于美国的法学、医学和管理学领域。随着管理理论的不断发展和丰富，管理学教育模式和方法也跟着发生了很大的变革，特别是案例学习法应用于商业教育，并取得很大成功。现在案例学习法已经是商业教育领域最有效的教学手段之一，被广泛应用于世界各个国家和地区。

案例分析学习法在国外推广较早，但在国内则开始较晚，目前仍处于推广阶段。随着我国改革开放的不断深入，管理学科理论的引进，特别是 MBA、MPA、MPAcc 等专业学位教育的引进，案例分析学习法也被引入我国的管理学科教育中。1991 年，由世界银行资助，在国内举办了大规模的案例研究研习班，编印了一大批案例教材，遗憾的是当时并没有将案例分析学习法推广开，使之被人们所接受。主要原因是传统的教育理念和习惯一时还不能很快接受这一新生事物，人们还很难从长期以来形成的传统教学的惯性中走出来，案例学习法的推广受到来自各方面的阻力。经过 10 多年的努力，特别是进入 21 世纪之后，我国管理学科教育中，案例学习法的推广和应用得到了很快的发展。许多高校管理学院成立了管理案例研究中心，建立案例库，每年都举办各类案例学习法培训班，培养教师掌握正确的案例教学方法。尽管如此，我国管理学科的案例学习法仍处在推广普及阶段，还需要继续努力，不断深入发展，提高案例学习法的教学效果。在今后的案例学习法的发展推广过程中，首先是加强对案例学习法的理解，树立正确的案例学习法的教育理念。在教学技巧和方法的应用方面，掌握正确的教学步骤、技巧和方法。现在让我们重点讨论案例学习法的基本概念和教学理念。

（二）案例分析学习法的基本概念

1. 什么是案例分析学习方法

什么是“案例学习法”？案例学习法的教学特点是什么？怎样才能使案例学习更有效？为什么案例老师不讲课？为什么老师不给我们答案？为什么我在案例学习中没有收获，好像什么也没学到等疑问，都表明人们对案例学习法缺乏一定的认识。对案例学习法的教学方法和技巧掌握还不够。为了提高我们对案例学习法的认识，先让我们来看一看国内外案例教学专家们对案例学习法的论述。

“案例法”是指让学生们以有计划的组织方式去研究许多问题，从而开发出一个主题来。这种学习，试图综合地处理许多管理问题，能够培养学生从实践的管理中所面对的主要问题的角度思考和理解这些问题，同时还能培养出学生分析和评价这些问题所处情境的能力，以及作出相应决策和构思出贯彻这些决策并适合于这些特定情境的行动计划的能力。这种培养过程往往是无意识的。这一过程与其说是归纳性的，倒不如说是演绎性的，其目的在于培养学生分析管理的问题，就有利的行动作出决策，并制订出能使这些决策确能见效的行动计划的能力。这种目的不是要开发一般性规律或原理。但是，这样做在帮助学生们应付某一特定情境时为他们提供参考的意见与观点方面，可能不失为一种有用的教学工具。

作为采用我那有关“案例法”这一术语的进一步要求，我是把案例问题的分析探索和行动计划的制订与论证责任归到学生们的身上，而不是引导案例讨论的教师身上的。因此，我所强调的是那些通过相互合作、共同努力来学习的学生，而不是把自己的观点传递给学生们的教师。引导全班讨论的教师的作用是重要的，但他们的作用并不是将答案告诉学生。他们的作用应该是通过提出问题，把学生们的讨论指引到还未曾考虑过的重要方面去，把掌握时间限度的讨论进程的责任分派给学生们去承担，对那些只作浮光掠影或表面性思考的学生提出质疑，用一个接一个的问题引导学生们沿着他们所提出的建议的思路深追下去，直到他们能看到自己的建议会导致什么样的结果为止。教师们不时插入简短的讲解，正式的授课，布置学生阅读已准备好的教学注释或有关参考书目等方式，深化、丰富、澄清学生们的认识，并为学生们提供理论框架，在这种课堂上，主题的开发和拓展是与学生的培养齐头并进融为一体的。

——罗伯特·W. 默里斯

人们之所以采取案例法，是因为智慧是不可言传的。由于管理情境往往很独特而又总是不断变化的，采用案例法背后的一种基本观念就是，在管理中很少需要学习什么固定的法则和规律。因此，作为管理者，学会应付新情况会更为有用的。

——Charles Gragg

案例法的主要好处之一，是学生们将所学到的东西内化为他们自己的真正心得了。他们可能写不出这些心得来，但他们都学会了如何抓住头绪纷繁的问题。在管理界，像“他们只要再读一本书就能够有了对策，问题就解决了”的这种好事是不会有的，因为根本就不存在魔术般的办法。此外，学生们只能培养口头沟通和说服别人的能力。最后，学生们能了解到各种不同的企业管理情境，从而使他们的视野拓宽，这有时可能是非常有用的。

——马克

如果要对案例法的贡献作一个总结的话，我认为，案例在培养学生的多种多样的看法，深化他们对管理问题所涉及的各种因素的理解，训练他们掌握分配这些因素的技巧，思考和评价多种被选方案，在他们之间能够就制定一项有意义的决策上达成共识，以及策划使这一决策生效等方面是非常好的。

——默里❶

案例学习的方法就是教师们以教学案例为基础，在课堂中帮助学习者达到特定学习目的的一整套教学方法及技巧。在现实生活中，一些复杂问题的解决方法既不能在教科书中找到，也不可能获得人人都赞同的"正确答案"。案例方法为学习者设想了这样一个世界，即通常在时间很短、信息不充分的条件下，需要靠批判性思维技巧和能力来提出有说服力的论点❷。

综合以上观点，我们可以看出案例学习法具有以下特点。

第一，案例学习法的主要特点是把现实中的问题带进了课堂，让教与学的双方共同面对案例中的矛盾冲突，以案例中的主要人物角色，身临其境地讨论解决问题；它把枯燥单调的理论章节，变成解决真实问题的公开讨论，把教师的单向教授变为师生之间的教学相长，它把所有学习者都吸引到教学当中，各种不同的思路和想法在这里撞击交汇，最后形成集体的智慧；它把一个战略性的深奥难懂的理论框架，变为解决管理现实问题的可操作的实践。

第二，教师，作为一名参与者、指导者和组织者，不再是滔滔不绝地讲授，不再是提供问题的答案，而是告诉你一个观察问题的视角，提供给你一个分析问题的方法。这种教学方式，针对性和实用性很强，充分调动了每一个学员的积极性和创造性，老师与学生之间可以相互学习，同学之间也可以相互学习。通过这种学习，力求把学员已有的理论素养、知识文化转化为一种解决真实问题的能力。

---

❶ 暨南大学 MBA 教育中心编. 案例写作参考资料 [M]. 1998：4－7.

❷ [美] Laurence E. Lynn. 公共管理案例教学指南 [M]. 北京：中国人民大学出版社，2001：3－4.

第三，案例学习法注重教学过程，具有它自己的一套完整的教学模式和步骤。从案例编写和选择到课前准备；从教师的教学笔记到给学生的学习指导；从课堂推动讨论到引发学生积极参与；从案例分析点评到最后结束的总结，对整个过程的各个环节都有较具体的要求和规范。但是，这套模式和步骤并不是教条的八股文式的，而是需要教师根据课堂和学员的变化灵活实施，其中需要教师具备较高的应变技巧和控制能力。在案例学习的过程中可以体现教学的技术性。

第四，案例学习法强调人人参与。正如有人讲的，在案例学习过程中，你参与得越多，收获就越多。案例学习法的课堂上没有权威，更多的是教师与学生、学生与学生之间的讨论，共同探讨。讨论的结果并没有唯一正确的答案，而最后的决策交给了学习者个人。在案例学习中，学习者处理信息、分析判断情境、挖掘问题、构思对策方案、选择决策等方面能力的提高远远比得出最后答案的收获要多得多。这些能力的提高又取决于学习者的参与程度。

第五，案例学习的有效性来自正确的教学目标、恰当的学习资料、切合教学目标又能引发学习兴趣的案例正文和教室里的参与者这四个方面因素。案例学习是一项综合性的较为全面的学习。它不仅强调学习者要熟练掌握一定的专业知识理论，具备较广泛的基础知识，更重要的是培养学习者运用这些理论知识的能力和应对实际工作问题的能力。案例学习注重学习者的素质提高和培养。因此，要提高案例学习的有效性，必须注意案例学习中的各个要素的综合运用。

2. 案例学习法与传统教学的区别

案例教学法与传统教学法存在着根本的区别。弄清楚这些区别有利于我们推广案例教学。我们认为，主要的区别存在以下几个方面。

首先是学习理念的不同。传统教学给我们带来的观念是，谁掌握的知识多，谁的学习就好，谁就聪明。结果是人们从一开始教育孩子的时候就不知不觉地进行传统法教育。比如，我们常见到一些家长对刚开始学说话不久的孩子就教他们背诵许多唐诗宋词，而且经常在众人面前表现。这种传统学习法一直延续到读小学，读中学，甚至到读大学，由此带来的学习技巧就是死记硬背。教师的授课方式是满堂灌、填鸭式，考试内容就是让学生回答概念题，论述题等，学生们为了能够通过考试还会发明许多应试“技巧”。不可否认，这种教学方法在传授知识和教授学生们掌握知识方面起着非常重要的作用。它强调的是知识的积累，量变到质变的自然过程。我们常常听到“熟读唐诗三百首，不会作诗也会吟”。但是，传统教学法在培养学生应用知识的能力方面却显露出明显的不足。而案例学习法对学习的观念要比传统教学法的学习观念宽广得多。案例学习法认为，教育目标包括大部分基本理论、原理和知识、基本知识的推理或运用以及学习，也就是扩展知识的能力和运用知识的技能。每一项目标都有其教学法上的不同含义。❶ 由此看出，案例学习法并不排斥对基本知识——理论、原理和事实的掌握，并强调学生对这些知识的掌握并储存在记忆中以便将来使用。但案例学习法认为，学习是应用的延伸。“在学习过程中，从一定意义上说，学习应提供一种次一级的应用活动。实际上，应用是知识的一部分，因为掌握事物的根本含义是与事物之外的以及它们之间的联系交织在一起的。”——Alfred North Whitehead, Essay in Science and Philosophy (New York: philosophical Library, 1947, 218－219, quoted in Barnes, Christiansen and Hansen 1994, 34)

其次是传授基本知识的途径和授课方式的不同。传统教学法传授基本知识的途径比较单一，一般都是通过一本固定教科书，教科书的内容和章节按照教学大纲的要求编写，形成了课程的教学体系，教师按照章节的排列，逐章地讲解，并结合章节后的练习训练某些技能；而案例教学法要求教师为学生们提供一份与教学大纲相关的学习资料清单。这些学习资料包括一本主导教材、若干参考书目和阅读文献，以及与教学主题相关的案例描述等。在授课方式上，传统教学法是教师讲，学生听，课堂讲授是教学的重点和中心；案例学习法是教师和学生一起，共同参与对实际案例的讨论和分析。案例构成课堂讨论的基础，通常是在课前把书面形式的案例描述（也可以是一些影视资料等）交给学生学习阅读观看，然后在课堂上讨论。因此组织好案例讨论是案例学习的中心环节。传统教学中，学生们在汲取知识方面是被动的；案例学习中，教师要激发学生们的学习兴趣和热情，推动他们主动学习。

再次是教师的角色和责任不同。在传统教学中，以教师为中心，学生围着教师转，教师的责任就是按照教学大纲的要求将书本知识传授给学生。因此，教师只要熟悉掌握教材内容，对每个章节的知识要点了如指掌，编写出内容翔实、层

---

❶ ［美］Laurence E. Lynn. 公共管理案例教学指南［M］. 北京：中国人民大学出版社，2001：112.

次分明、逻辑结构清晰的教案，在课堂上语言表述清晰流畅，生动有趣，能够吸引听众，就可以称得上是一位好教师啦。教师与学生的交流几乎是单向的交流，教师只是负责将知识传递给学生，至于学生能够接受多少，是否理解，很少得到及时的反馈。在案例学习中，学生成了教学的中心，教师充当导演、指导者和推动者多重角色，贯穿案例教学的全过程。其主要责任有：首先，课前准备和指导。教师在课前要按照教学大纲要求，选择符合教学主题要求的案例，交给学生们阅读，并指导学生们如何理解案例情景，分析所存在的问题，提供必要的背景资料和相关信息，提示解决问题的思路方向等；其次，教师课堂上要组织案例讨论过程，不仅要引导学生去思考、去争辩，去作出决策和选择，去“解决”案例中的特定问题，进而从案例中获得某种经历和感悟，而且还要引导学生探寻特定案例情境复杂性的过程及其背后隐含的各种因素和发展变化的多种可能性。在整个案例讨论过程中，既要组织好学生们的发言，控制主题方向，允许各种不同意见在这里交锋碰撞，又要能够及时发现学生们的创新之处，给予肯定和鼓励，同时还要防止学生们的偏见或偏离主题。最后，教师要负责案例更新。要使案例教学跟上时代的要求和反映当前的实际，教师必须不断地收集案例素材，编写新的案例。更新案例的源泉之一来自学生，教师要负责指导学生提供更多的案例素材，与学生一起讨论、调研，共同编写出新的案例。从而保持案例学习的活力。

再次是学生的角色和责任不同。在传统课堂教学中，学生只是听讲者和知识的接受者，他们完全处于被动的地位。在案例学习中，学生必须积极参与到教学当中。课前必须仔细阅读教师指定的案例材料，进行认真分析和思考，作出自己对真实生活的决策和选择，并得出现实而有用的结论。在课堂上，要踊跃发言，讲出自己的思考和想法，并与他人进行交流，虚心听取各种不同意见，开展讨论，吸取有益的意见和想法，不断完善自己的思路和方案。在这里，学生成了教学的中心，既可以从自己和他人的正确决策和选择中学习，也可以从能够承受的错误中学习，即从模拟的决策过程中得到训练，增长才干。这样，学生们不仅学习和掌握一定的知识原理和理论，而且能够提高和培训自己思考问题、解决问题的能力。

最后是对学员们学习结果的评价不同。在评价学生的学习成绩方面，传统的教学法与案例学习法是截然不同的。传统教学方法是通过阶段性的考试与平时完成作业情况作出评价的。这种方法能够对学生们掌握知识的程度作出客观的评价。而案例学习是学生们通过开放式的讨论展现出智力技能的发展和掌握概念能力方面的进步。教师对学员们的进步评价是通过观察他们的参与程度，在案例学习讨论过程中所表现出的判断、分析问题，构思解决方案的技能和智慧能力作出评价。这种评价方法在一定程度上具有一定的主观色彩。为了避免主观上的片面性，可以采取学生自我评价、学生们相互评价和教师评价相结合的方式。如果学生们自己感到通过案例学习获得很多的进步，这正是教师所期望的结果。

3. 案例学习法的教学目的和作用

在课程的整个教学体系中，案例学习并不是唯一的。它还包含一些其他的学习方法，比如，讲座、作业练习等。由于课程的性质和特点的不同，案例学习在不同的课程中所占的比重也是不同的。因此，我们要明确案例学习在整个课程中所要达到的目的和作用，以便合理地安排案例学习。

（1）案例分析学习的教学目的

①激发学生们对一个教学主题或管理问题的兴趣，提高他们的学习热情，增强其求知欲；

②将学生们置身于复杂的现实生活环境中，身临其境去思考自己时常面临的相似问题，从而帮助学员们获得分析实际问题的能力，提高行为性和社交性技能；

③使学生们学会处理有限的信息，让学员练习使用在现实生活中所能获得的有限的资料来进行决策，并希望培养和训练学员依据不完全的信息进行决策和采取相应行动的能力；

④促进教师与学生、学生与学生的交流，互相分享经验，使参与者倾听和尊重他人的意见并达成共识；

⑤通过案例讨论、辨析和争论等，提高学生们批判性、分析性和推理性技能。

（2）由案例学习法发展起来的技巧

案例学习法是发展广阔的多种行为结果的工具。我们可以把它们粗略地划分为三个范畴：知识、技术和态度。案例仅仅是教师提供一个模拟的环境用来实践和培养技巧的一种途径。学生们可以在这个模拟的世界里自由地试验和学习。尽管模拟与现实仍有一段距离，但案例学习法在发展学员们的管理技巧方面具有一定的效力。具体地讲，案例学习法可以帮助发展知识和态度方面的9项技巧。

①学习和掌握知识的技巧。掌握特定的知识不是案例学习法的中心目的。其他的学习经验可以很好地用来达到这一目的。但是，案例学习法能够使学员们更加灵活主动地去寻找自己需要的知识。在学习和掌握知识的方法上，他们不是被动地听取教师的讲授，而是根据案例的要求和线索来搜寻必要的理论知识，为探索案例的问题和解决问题找到理论知识的支持。这样，不仅学习和掌握了知识，而且还运用了这些知识。另外，更加重要的是，学生们创造了他们自己的知识。在案例学习中，他们制定了有用的工作框架，规划了特定情境的总体工作模式。以后当他们再次面临类似的情境时就可以利用在案例学习中所获得的经验知识。

②分析的技巧。案例学习法能够促进许多分析技巧的发展。由案例学习法发展起来的分析技巧之一就是处理信息。在信息处理过程中，要学会将信息分类、组织和评估；要学会如何在有限的信息基础上挖掘必要的信息；要学会理解信息后面的真正意义。其二，案例学习的核心就是能够发现问题，解决问题。问题是什么？关键问题在哪里？这些问题都是案例学习讨论的争论点，学生们要学会如何找出问题并分析其实质。解决一个已经被认识的问题和解决一个未被认识的问题是需要相对不同的分析技巧的。其三，在设计解决问题的方案时，需要分析现实环境对解决方案的限制，分析方案的可行性和可操作性。在案例分析的过程中，锻炼学生们如何清晰而有逻辑地思维，学会什么可以使用，什么不可以使用，学会正确选择。从这一进程中培养学生们自己最好的分析判断能力。

③运用的技巧。案例学习法为学生们提供了运用概念、技术和原理方面的实践机会。学生们可以将书本上看到的，或从教师和同学们那里听来的管理理论、工具和原理，以及自己经历过的一些经验在案例学习中得以实践和验证。这种运用不是教条的生搬硬套，学生们要学会哪些技术是合适的，什么时候运用它们，怎样才能使这些技术更有效。

④创新的技巧。案例中的问题只靠逻辑的程序是不能解决的。创造力对高质量案例分析是非常重要的。案例中的故事是在特定的环境下产生的，解决其问题需要与特定环境相适应的措施，它并不能以一种套用的公式来解决，需要用创造

性的办法解决特定的问题。对于被逻辑分析所掩盖的问题，要找出可选择的解决办法，创造性就显得特别重要。

⑤决策的技巧。案例学习首先注重行为，它要求学习者作出选择。案例学习的一个重要特点就是能够产生多种解决方案，而且没有唯一正确的答案。因此，选择与决策成了学习者一项重要的行为。决策是与判断联系在一起的，它与分析和创造力同样重要。敢于决策和正确的决策是管理者一项非常重要的领导技巧。

⑥交流的技巧。案例学习中的讨论、辨析、争论和案例报告等活动锻炼了学生们的交流技巧。案例小组成员之间的合作，为自己的观点进行辩护，使他人相信自己的观点，并说服他人接受之，达成一致意见，以及撰写观点清晰，结构紧凑的报告，都能达到提高学生们交流技巧的效果。

⑦社会技巧。案例学习的过程基本上是一个社会的过程。学生们能够学习交际、倾听、移情、赞同、争论、指导和控制自我。首先他们可以在一个宽松的社会结构环境中理解自己的行为和他人的行为。许多参加过案例学习的人都有如此的体会，在案例课程中学到的有关人类行为的知识要比学习解决问题的知识还要多。

⑧自我分析的技巧。在案例讨论中，人们容易产生不同意见的方面主要是对价值的判断，而不是对分析的判断。案例为分析个人的价值标准提供了一个有用的论坛。案例分析判断中所涉及的道德标准和伦理准则使得原本简单的决策复杂化了。因此，在这些不同意见的交锋中，人们往往可以对自己的观点和价值观进行反省和思考，从而提高自己的自我分析的技巧。

⑨转变态度。案例学习具有形成和改变人们态度的潜力。首先它能够形成和改变人们接受不同意见的态度和行为。如何看待他人的不同意见需要学习者拥有良好的态度。从他人不同意见中挖掘其中的道理，发现他人的思维方式，然后有针对性地提出反驳和说服，这些都需要具有较高的端正和保持良好态度的技巧。

（三）案例分析学习的基本步骤及逻辑过程

1. 案例分析学习基本步骤

案例学习的基本过程分为三个阶段：

（1）课前准备阶段

包括情境理解、诊断问题、设计备选解决方案和作出决策4个步骤。这个阶段是整个案例学习的基础阶段，其教学的重点是培养学生们阅读案例、获取可供分析信息的正确方法；训练他们如何从杂乱无章的众多问题中寻找关键问题，并分析出它们之间的相互关系，找到解决问题的突破口，从而培养他们分析、判断、归纳和推理的能力；最后是训练他们的决策能力。这4个步骤可以看做一个单元，各个步骤之间紧密联系，相互影响，相互作用。这个阶段的学习主要采取个人阅读和小组讨论的方式来完成。

（2）课堂交流阶段

主要是让学生们在课堂上交流各自第一个阶段的案例学习结果，并且对其结果进行评估。各案例学习小组派一名代表，或小组、团队向全班作案例分析报告，随后由其他小组成员针对案例分析报告提出问题，并让报告人作出回答。其教学的重点是培养学员们沟通交流的能力，如口头表达、辩论、说服、鼓励、演讲等。更重要的是培养他们在交流的过程中学会如何接受他人不同的观点，并从中获取有益部分来完善自己的观点。小组报告结束后，由教师作出点评和总结。

（3）课后练习阶段

主要是在前2个阶段的基础上进行一些管理技能训练。一般来讲，管理的问题的解决最终是落在某些具体的管理任务的实施上，结合案例进行具体的管理技能模拟训练，不仅可以提高学生们管理的实际技能，还可以加强他们对管理有效性的理解。

在以上三个阶段的基础上，可以要求学习者写出案例分析报告，以训练学习者书面表达的能力。

2. 案例分析的逻辑过程

（1）背景信息分析

在案例学习中，背景信息分析实际上就是信息处理过程。这里包括四个层面的工作：首先是将案例中的背景信息罗列出来，尽量不要有遗漏，尽量做到完整详细，这是案例分析或管理决策的基础；其次是整理信息，就是将杂乱无章的信息进行分类，并找出各类信息之间的关系；接下来是评价信息，就是对信息的真伪进行辨别、论证，通过评价信息删除不真实的、不准确的和不重要的信息，同时对缺乏的信息进行补充，在已掌握信息的基础上，增补或推断出新的可靠信息；最后，综合各方面的信息，分析决策主体所处的环境，并作为下一步提出问题的前提。

在信息收集与处理阶段，我们要注意以下几个步骤和方法。

①最初的阅读。当我们拿到一篇案例时，就像读一篇激动人心的小说一样，从头到尾看下去。不要试图作出评价，不要一开始就想找出问题。否则，我们就会被诱导有选择地看待案例信息，使我们所认为的问题或观点得到加强，而忽略了其他问题。此时，我们应该用更加开放的思维挖掘案例，力图公平地对待案例中的每一条信息。不要忽略了那些也许让人感到厌烦的附属内容，可能正是这些附属的信息之中包含了对理解案例的至关重要的信息。

②重读案例，确定案例的情境边界。初读案例之后，我们对案例的基本事实有了初步的了解。接下来我们需要重读案例，以确定案例情境是否完整，要准确地理解案例情境还需要哪些信息，怎样才能找到这些信息。作为教学案例，我们要明确案例的教学主题是什么，案例所描述的组织背景、关键事件与教学主题的关联程度如何，以及案例所涉及的教学理论、原理和技术知识是什么。

③扩展案例信息，填补信息差。一个案例的信息缺陷对每一个学习者来讲是不一样的。管理的问题可以涉及各种不同的行业组织、专业领域，即使在同一个组织内，管理问题也会渗透各个不同的部门。如果案例所反映的行业组织背景、专业领域和事件经历，对学习者来讲都很陌生的，那么他对案例情境的理解就比那些具有该行业组织背境、专业领域知识和经历过该事件的学生们要困难得多。为了更好地理解案例情境，我们通过一些方法来挖掘扩展信息，学习掌握案例情境理解的必要知识。首先，我们可以从相关网站、图书馆等处查阅相关文献与资料，搜索案例涉及的行业信息；从有关数据库中查阅理论或实践性的论文；查阅相关教科书或书籍，以期为客观地分析与解决案例中的问题完善信息、找出理论工具与方法等。其次，我们还可以通过班级学员之间的交流来增补我们所需要的信息。MPA 的学生来自各个不同的行业及不同体制的组织，是非常丰富的学习资源；利用这一资源相互交流是 MPA 课堂的特色，也是案例学习的关键。最后，我们还可以通过对案例已有的信息进行分析、判断和推理来挖掘出新的信息。

④重新组织信息，对信息进行分析评估，准确理解案例情境。在完成了以上

步骤之后，我们现在掌握了比较完整的信息内容。但是，我们会发现这些信息还比较凌乱，相互之间的关系不明确，还不能找出重点的关键信息。因此，我们开始对信息进行整理。一般的信息处理过程是：逻辑排序，分类归纳，建立联系，分析评估，概括总结。信息分析评估、判断推理的基本方法有：演绎法、归纳法和推论法。演绎法是从一般到特殊的过程；归纳法是从特殊到一般的过程；推论法是依据基本事实进行推论、推测和假设的过程。推论是用逻辑的方式重新安排现有的事实，发现事实之间的联系，从中得出符合逻辑的判断；推测是案例事实的混合物，这些事实是来自其他的渠道和对这个环境如何运作的假设。在推论与推测之间的界线是非常狭窄的。它们之间不同的是推测要求所引用的事实和假设必须符合案例的情境；假设不是完全建立在案例事实上的判断，而是依据案例的事实对所欠缺的信息作出必要的假定。之所以要进行假设是因为我们没有它就不能完成这个叙述或者保持一个逻辑的论点。最后，我们通过一系列的分析判断，对案例情境作出我们自己的理解和认知。这为以后的案例学习打下了良好的基础。

（2）问题诊断及原因分析

在案例情境理解的基础上，我们开始寻找案例中的问题。在这个阶段，我们可能还会回到前一个步骤，精读案例，以便准确地找到关键的问题。管理的问题不是孤立地存在于案例之中，它们往往与管理的环境、管理者等问题交织混合在一起；问题之间存在着这样和那样的联系；问题的表现形式也各种各样，既有显现的问题，也有隐藏的问题。怎样才能在错综复杂的问题中找出关键的主导问题呢？

首先，我们尽可能地列出我们认为的所有问题。我们每一个人看待问题的方法和角度是不一样的，所以我们列出的问题不会是完全相同的。在列出问题的基础上，案例小组成员一起交流各自列出的问题，人们就会发现有相同的问题，也有不同的问题。同时也能发现人们对问题的认知是不同的。通过对问题认知的交流，案例小组成员共同归纳总结出案例的所有问题，尽量不要遗漏任何可能的问题。在这个阶段我们尽量发挥学员们的发散思维能力。

其次，将所有问题进行归类，划分问题区域。根据管理的基本特征和要素来划分问题的区域进行问题的分类。比如，我们可以建立组织文化问题类、组织结构问题类、组织管理问题类、人力资源管理问题类、管理沟通问题类。事实上，我们还可以创造更多的问题分类方法。对问题进行分类归纳，主要是帮助我们更加清晰地看到问题，找到问题之间联系的线索，为下一步找出关键的问题奠定了基础。在这个阶段，学生们的归纳分类能力将起到非常重要的作用。

然后，在问题之间建立起联系，并发现它们相互之间的关系，辨别什么是问题的征兆，什么是问题的根源，从中找到起主导作用的关键问题。通过对案例中的问题进行归纳分类，我们现在得到了一个比较清楚的问题区域框架。下一步任务就是挖掘和阐明这些问题之间的关系，对这些问题进行系统的分析，辨别问题的征兆与根源。在组织管理活动中，问题极少是明显孤立地存在着，它们通常是与其他问题联系在一起，它们也许是因为其他更基本的问题而引发的，也可能会引发其他的问题。如果我们把自己限制在仅仅一个问题上，我们就可能会失去寻找一些更有创造性解决办法的机会。也许我们所关注的问题只有在另一个问题解决之后才能得以解决；也许我们解决的这个问题会使得另一个问题变得更糟糕。因此，我们必须综合理解一个组织所面临的全部问题。在分析问题之间的关系方面，我们主要从问题的因果关系进行分析。问题的因果关系就是阐述问题的征兆与原因之间的关系。但是它不是简单的一对一的关系。问题的因果关系可以是多重因果关系和相互因果关系。这样做，至少可以让我们了解到哪些问题是最基本的问题，哪些问题是应该优先考虑的问题，哪些问题是需要时间来解决的。它可以培养学生们分析判断、归纳推理、假设论证的能力。

最后，评估问题，确定需要解决的关键问题和步骤。尽管我们通过将问题分类归纳，设计问题区，发现问题相互之间的联系，确定问题的关系，但是我们还是要面对如何选择待解决的问题。我们的时间和资源是有限的。即使是在一个非常简单的案例中，我们也不可能一次把所有的问题都解决，也不可能一次只解决一个问题。最好的办法就是找出能起到杠杆作用的主导问题，按照优先次序设计解决问题的整体方案。我们要对整体方案进行评估审计，确信它们是一致的。按照优先次序处理问题，就有必要考虑在问题之中优先处理哪一个或哪些问题。下面的五条准则可以帮助我们作出选择。

第一，案例中组织决策人的目标，或组织目标的重要性。一般来讲，组织决策人的目标与组织目标是同一体。在追求组织目标时，对组织造成威胁的任何问题都是应该密切关注的。主要的威胁当然要消除，同时要区别那些有可能对组织发展、运作、组织利益或组织业绩带来不利影响。对问题的重要性评估，主要是检验预测该问题如果不解决的话，那么组织将出现怎样的后果。

第二，解决问题的迫切性。如果一个主要的问题，但总是需要很长时间才能解决，那么它将被放在次要的位置上。我们要关注的是现在就要解决的问题。这种判断问题的时间尺度非常重要。另外，在案例中有一些暂时不能解决的问题，这些问题通常都超越了组织或者案例决策者的能力范畴，那么我们只能将它搁置一边，并做注释。

第三，从最容易的问题开始。这不仅能够给人们造成可以尽快工作的心理因素，而且还是处理复杂和艰难问题的一个策略和方法。一般来讲，容易解决的问题通常都有几个解决的办法，如果在难解决的问题与容易解决的问题的方法上出现矛盾和不一致的时候，那么解决容易问题的选择方法就可以作为一种替代。或者把最难的问题放到最后来解决，前期解决容易问题的选择方法可以作为一种借鉴。另外，在解决较难问题时，我们还可以采取把难解决的问题分解成一个个容易解决的问题进行解决。

第四，解决起着杠杆作用的核心问题。案例中的核心问题主要是指该问题在多大程度上引发了其他问题。案例中的问题分为不同类别的问题区，其问题区都相互联系着大的或小的范围。如果我们能解决一个覆盖一些其他问题区的问题，那么这是一个高工作效率的行为。

第五，选择符合教学目标的问题。作为教学案例，它具有鲜明的教学目标。这在案例学习的开始时就明确了的。在我们选择优先问题区时，我们就要考虑这一解决问题的准则。教学案例的学习目的就是让学生们运用特定的理论概念、原理和技术检验组织活动的特殊方面，并能够用这些特定的理论概念、原理和技术解决案例组织中的特定问题。这可能会使我们忽略问题的重要性、迫切性、核心性，而注重那些训练我们特定技巧的问题。不管怎样，案例学习的主要目的就是将我们的注意力集中在那些可以锻炼我们的实践技巧的问题上。

遵照以上五条准则来选择需要解决的问题并不是一件容易的事情。对于一个最重要的、最迫切的、最容易的、最核心的以及最符合教学目标的问题区来讲，其中的问题并不完全都符合这五条准则。在我们的现实中，就像案例通常所发生的一样，最重要的问题是最难解决的问题，最核心的问题并不一定就具有教育意义，最难的问题同时又是最紧迫解决的问题。面对这种情景，我们可以解决的办法就是权衡这五个方面的要素。

（3）策划可选解决方案

对管理问题的解决办法，绝不是唯一的。在设计解决方案时，可能会产生多种解决方案。设计备选方案应该遵循这样一个步骤。

第一，明确沟通的目标和任务。在确定目标方面，我们应该将目标按照意图、战略、战术和任务进行目标层次的划分。

第二，分析解决问题的难点。确定解决问题的目标之后，我们就能发现问题与目标之间的差距，解决问题就是缩小或填补这个差距。目标是我们的理想化的状态，而问题是我们目前的现实。要达到我们理想的状态，必须对现实有正确的认识，这在前面的情景理解中为我们提供了有益的帮助。现在我们要站在案例决策人的位置上，认真分析解决问题的难点。一般来讲，案例中的问题将决策人推向两难的境地。如何摆脱两难境地，达到理想目标是设计解决方案的关键。另外，我们还要分析各种限制性条件。组织和决策人的资源是有限的，组织的内外环境可能制约了一个好的想法的实现。

第三，寻找达到目标的多种途径，创造多重备选方案。在案例学习的过程中，找到解决问题的办法是整个案例分析过程的关键部分，也是最能发挥人们创造力的过程。在案例分析的这一步骤上，创造的重要性无论怎样强调都不会过分。为了发挥学习者的解决问题的创造力，设计解决的方法将采用识别问题的类似方法。首先设计一系列可能的解决办法，然后将这些办法像设计问题区一样分类并建立联系，最后对各种可能的解决办法进行评估作出选择。这种设计解决办法的方法依赖于指导这个创造力的两个原则。对所有其他的类似事件设计的解决办法越多，对最后的决策就越有利。当然这个过程必须受到一定的限制，其中一条重要的限制就是所有可能解决的方法都应该与预期的目标一致。太多的选择将会使判断工作更加困难。但是，按照优化决策原理，有选择总比没有选择好，宁可拥有这种多重选择的困难，而不愿意没有选择。其实，如何进行选择也是人们的一项重要能力。

第四，建立解决方案的理论依据。我们提倡创造性地设计解决问题的办法，但我们必须要建立有说服力的根据。一般来讲，我们设计解决问题的办法的依据来源有：经验、知识和学术性原则。对于问题的解决办法，一个最常用的具有鼓励作用的依据来源就是经验。面对类似于过去的一个问题，我们就会倾向再次采用曾经使用过的成功经验。第二个依据来源是其他人或其他组织如何处理类似问题的知识，以及日常工作常识等。我们拥有一个广阔的第二手知识宝库，它珍藏着丰富的解决办法的思路。在自己缺乏解决类似问题的经验或自己解决问题的想象力受挫时，我们就很自然地去寻找那些曾经解决过与我们相似问题的其他人或组织的有关信息。在我们设计解决办法时，经验和知识将只是一个鼓励性的来源。事实上，过去和现在，自己的经验和他人的知识，都不会完全相同，而只是类似。何况现在社会发展如此迅速，情况都在不断变化，因此，经验和知识都是我们解决问题的借鉴。在案例学习中，我们要依据案例的特定情境和特定问题，打破惯例，开阔解决问题的视野，创造性地解决问题。第三个依据来源就是学术性原则，这对于教学型案例尤为重要。每一个案例都有鲜明的教学目的，通过案例学习使学生们达到学习的目的。管理学科是一门应用社会科学，这些学科和课程的应用属性意味着它们已经建立了一套一般性原理、策略和技术。并且已经证实这些原理、策略和技术对于学生们的学习和将来的工作是有用的、成功的。这些原理、策略和技术将组成一系列可能的解决办法。在案例学习中，指导学生们运用管理学科的基本理论、管理工具、模型等管理技能和技巧，设计可行有效的解决方案是整个案例学习的重点。

（4）方案评估

案例学习进行到这一步，我们已经拥有了解决问题的可选择方案。同时我们面临的一个挑战就是如何从可选择的方案中进行选择。这可不是一件容易的事情。关键的问题是，我们设计的解决方法或方案是否可以达到我们预期的目的。为了证实可选方法或方案的结果与我们预期的目标是否一致，我们要做的一项必要工作就是对可选方法或方案的结果作出预测。也就是说，如果按照我们设计的解决问题的办法和步骤实施操作，并考虑到实施过程中的各种变数的话，那么它将会发生什么？发生的可能性有多大？将发生的一切是否是我们所期待的？在预测可选择方法或方案的结果时，我们要注意的是解决方法或方案的影响因素。一个解决问题的办法可能会帮助或阻碍组织另一个问题的解决。它也许会创造新的问题或者是新的机会。解决的办法首先是针对一个特定的问题设计出来的，然而我们不能仅仅按照解决那个特定问题的好坏来评判它们。我们应该对组织的不同解决办法的效果进行评估比较，用系统思考的方式对各种可选方法或方案的结果进行预测。

（5）决策选择

在方案评估的基础上，从可选择的解决方案中进行决策选择。案例学习的一条重要理念就是没有唯一正确的答案。但是这并不意味着我们不需要决策。如何从可选择的解决方案中选择出一个可行的、有效的、合适的解决方案，是培养学生们决策能力的关键。在这个学习环节，管理学中有关管理决策理论、策略、工具和方法将起到非常重要的指导作用。

（6）得出结论

在案例分析学习结束时，对案例分析学习的结果要得出最后的结论。其结论在某种意义上就是案例分析的理论建构。按照案例分析研究的理论建构的原理，案例分析是为了验证某一个理论或提出一个新的理论。对于案例分析学习来讲，结论部分主要是学习者认识到管理理论的运用价值，并且能够将其理论应用于实际问题的解决。从而提高学习者管理的能力和技能，并促使他们在今后的工作中采用案例分析的方法开展案例研究，掌握有效的管理策略和技巧。

三、管理案例与案例分析报告的编写

（一）管理案例的编写

1. 管理案例的基本结构

案例正文是案例的主体部分，是对案例所涉及的主题事件及情境的客观描述。其基本结构包括标题、摘要、引言、背景介绍、主题内容（关键事件）、结尾、附件（图表等附录）、注释等要素。

（1）标题

案例正文的标题一般都采取中性的素描，多数是以案例发生的所在组织名称作为主标题。为了让读者能够从标题中读出案例的主要内容和分析研究的主题，一般又会以副标题的形式点明案例分析的主要问题，可以称为问题提示型标题。例如：《B 机场空港口岸——跨部门管理沟通研究》。

(2) 摘要

摘要是对案例主要内容的概括，便于读者了解案例的主题及内容。如果案例正文作为独立的文本，它与学术论文的摘要有所不同。由于案例所要求的真实和客观，摘要只是对案例内容的概括性描述，不作任何的分析结论和案例意义方面的探讨。为了使读者更快地了解案例的基本内容，摘要后面需要提供2~5个关键词。

(3) 引言

引言就是案例的开场白。引言部分主要是点明案例的主要人物、关键内容、提出问题、事件发生的地点和时间等。引言的作用就是“开门点题”，其目的是吸引读者对案例的兴趣，激发他们对案例进行更深的了解。同时也能够让读者尽快进入角色，体会到主人翁所面临的困境和问题。

(4) 背景介绍

为了让读者更多地了解案例事件发生的缘由，应该对案例中所涉及的组织概况和背景信息作比较详细的介绍，如组织发展脉络、组织结构、组织文化、社会环境及未来发展等。背景知识的介绍也不是越详细越好，这要看案例教学的目的和案例分析的需要。既要让读者能够掌握案例分析的必要信息，又要给读者一定分析判断的空间。

(5) 主题内容（关键事件）

这部分是案例正文的主体部分。主要是对发生在组织内的管理事件、管理情景进行比较细致、周密的客观介绍和描述。关键事件可以是一个，也可以是几个。但这些关键事件必须与案例分析的主题存在必然的联系。对关键事件的描述一般都按照事件发生的时间顺序进行描写，也可以采取倒序的方式。从内容上来讲，关键事件必须包含案例主人翁所面临的问题，这些问题可以采取直描的手法，也可以采取暗描的手法。这些问题应该吸引读者的兴趣，激发他们解决问题的欲望。

(6) 结尾

结尾是对案例正文的精辟总结。有的案例结尾是案例发生的最终结果，但在案例正文中并没有告诉这种结果产生的过程。这个过程需要读者自己去设计。也有的结尾提出问题或提示，让读者自己去思考。

(7) 附件

如果有些信息不能直接加入案例正文之中的话，可以将这些信息编入附件放在案例正文的后面。这些附件主要包括图表和附录。

(8) 注释

作为一篇标准的、完整的案例正文，它还需要根据案例的信息完成一些必要的注释。这些注释包括篇首注释和脚注。

篇首注释。它一般放在案例首页的最下方，以横杠与正文分开。篇首注释主要是说明案例的来源（编写者的简要情况）、版权、掩饰处理说明（由于某些原因需要对案例中的人物或数据进行掩饰，对所掩饰内容进行说明）、编写目的说明。

脚注。它是对案例中的某些技术问题、公式、历史情况等进行注释。脚注内容往往是较枝节、较技术性的或某些读者可能难以了解到的。脚注应该简短明了，通俗易懂，在案例正文中脚注不宜用得太多。

以上关于案例正文编写的基本结构说明只是为了对案例正文的结构作一个符合逻辑和规范的说明。由于案例的类型、规模的不同，在编写结构上也会有所不同。这个案例正文的结构仅供在编写案例时参考。

2. 案例编写的基本流程

案例编写是一个系统工作，由一系列的工作环节组成，需要遵循一定的规律，按照一定的程序展开。案例编写的基本步骤是。

(1) 案例编写的准备及计划

在案例编写的准备及计划阶段主要是确定案例编写的主题，根据主题拟订一份比较详细的编写计划。编写计划包括：案例主题、参与编写的人员及工作分工、采编调研计划、资料处理、起草、评估、定稿等。实际上，案例编写计划就是一份工作时间表。

(2) 案例资料的收集、调研与论证

案例主题确定之后，就要有充足的资料才能编写出高质量的案例。在资料的内容上要紧扣案例主题，分辨出哪些资料与主题存在紧密联系，哪些资料属于相关信息，哪些是必需的资料信息？在收集资料的方法上一般采用文献研究、实地研究和第三类研究（分析研究）。

（3）素材加工、构思写作提纲

通过案例资料的收集、调研与论证，我们可以掌握大量的原始资料或第二手资料。但是这些资料并不是都可以用于案例之中，我们还必须对这些资料进行加工、筛选、整理，才能用于案例之中。在此基础上，开始构思案例写作提纲。案例的写作必须按照既定的教学目的、主题与关键问题这条明确的轴线展开。

（4）起草初稿

根据案例写作提纲可以开始起草案例的初稿了。首先按照案例正文的基本结构安排案例的基本内容；其次注重案例文本的语言风格和专业术语的应用；再次是统筹案例正文的语篇结构、段落层次、逻辑关系等；最后是检查案例正文的可读性，对案例正文作初步的评估，预测案例分析的结果。

（5）分析、评估、反馈、修改

案例正文的初稿完成后，是否就可以被使用于案例分析的教学中，或进行案例分析的研究？还需要作进一步的检验。检验的步骤和方法是，首先进行试分析，可以找几个同事，或学习者按照案例分析的方法进行初步的试验性分析，然后对试分析的结果进行评估，听取分析者的反馈意见，最后对案例正文进行修改。

（6）审稿、定稿

对案例正文修改之后，就可以进行最后的步骤，对案例正文进行审稿和定稿了。定稿后的案例正文需要一个案例使用说明，以指导案例使用者如何使用这个案例，或进行案例分析研究的学习。案例在使用的过程中可能会需要进一步的修改，从这个意义上讲，案例并没有最后完成，直到案例在使用它的教师手中获得了“生命”，它才算最后得以完成。

3. 案例的文体风格

案例的文体风格不属于学术性文章，它要求所描述的事实和信息要客观、真实、有趣、可读、具有较强的吸引力等。因此，它具有一定的文学色彩，但它又不能虚构和编造，只能在尊重事实的基础上对某些信息进行掩饰或隐秘，其目的是不泄露某些组织的秘密。

小劳伦斯·E. 列恩（Laurence E. Lynn）对教学案例的编写提出建议：“教学案例也是一类文学作品，应该达到文学作品的要求，如是否具有可读性（故事是否有趣，结构是否清晰，书写是否流畅，是否没有模糊不清的用词和论点）？它是否讲述了一个好故事，是否有吸引读者不断地读下去的吸引人的角色和情节？即使是最复杂的主题和故事也可以用一种有趣和吸引人的方式来讲述，这正是你作为案例作者的目标所在。”❶

（二）案例分析学习成果交流

案例分析学习的初步成果是在课前以个人阅读，案例小组集体讨论的形式完成的。从整个案例学习的过程来讲，我们才进行了其中的一半。无论我们的分析是多么符合逻辑，多么有创造力，论述得多么详尽和仔细，如果我们不把案例分析讨论的结果拿出来交流，它将毫无价值。在前一段的案例小组讨论中，只是将小组成员的各种分析的观点和思想通过交流达成小组的意见，但是这并不等于各小组的意见将会一致。而事实证明，各小组分析的观点和思想存在相当大的差异。通过班级各小组案例交流和讨论，各种不同的分析观点和思想在此交锋、碰撞，产生许多新的思想火花。人们将会对案例有更深刻的理解，对问题有更清楚的分析，使解决方案更加完善。案例分析学习交流的形式一般分为两种：口头交流和书面交流。

1. 案例分析报告的口头交流

案例分析学习交流是案例学习的主流。一般都是在课堂上采用口头报告的形式。口头交流的听众面比较广，面对面的沟通可以达到双向沟通的效果，可以得到及时的反馈，但是，如果没有书面的总结和记录，很容易被遗忘。为了使课堂案例学习交流更有效，设计、组织和控制课堂案例学习交流非常重要。以下是组织课堂案例学习交流的基本步骤和方法。

第一步，做好案例学习交流的准备工作。案例学习交流之前，案例指导教师将明确指定案例学习小组将在课堂上作案例分析报告。根据案例学习的内容，一般安排2~3个案例学习小组。被指定的小组在完成案例分析工作之后，需要就案例分析报告的课堂交流做必要的准备。其准备工作包括。

- 谁作案例分析报告？一般来讲，口头表达是指个人，有时也会是一个小组（3~4人）。

❶ ［美］Laurence E. Lynn. 公共管理案例教学指南［M］. 北京：中国人民大学出版社，2001：136.

- 对谁作案例分析报告？课堂上案例分析报告的听众主要是教师和同班级的同学。
- 组织案例分析报告的内容。
- 设计制作演讲报告的辅助资料，如 PPT，活动挂图等。
- 在小组内进行演练，听取意见，不断修改。

第二步，课堂案例分析报告交流。在各小组对案例分析报告交流做了充分准备的基础上实施课堂交流活动。各小组的案例分析报告陈述时间为 10～15 分钟。事先，案例学习指导教师对案例报告的规则和演讲人的角色作必要的规定。演讲人可以是一个人代表小组陈述，也可以是以小组的形式（3～4 人）分别陈述。如果是一个人作案例分析报告的陈述，那么演讲稿由这个人修改以适应他或她个人的讲话方式和风格；如果是以小组的形式作案例分析报告陈述，在演讲的内容上作恰当的划分，使每个人都有一段陈述。每个人的演讲内容相对独立，但整体上互相连贯。因此，在每个人的内容衔接上要作很好的安排。在小组演讲过程中，允许每个演讲者采用他们自己的演讲风格。不同的演讲风格会产生多样化和兴趣。但是，各种不同的风格要符合演讲稿的整体结构，保持清晰的层次和逻辑关系。

第三步，课堂讨论和答疑。案例分析报告陈述结束后，陈述人要面对老师和学生们的提问和质疑，并对所提问题进行回答和解释。这个环节将会成为课堂讨论的高潮。各种不同的观点和意见将在此交锋，不同的思想在此撞击，产生许多思想的火花。学生们对报告人所作的陈述提出质疑，有的还相当的尖锐。一方面，演讲者通过讨论反思自己的陈述，发现是否有遗漏部分或不完善的地方。同时也可以坚持自己的观点，并作出更合理的解释，并以有效的沟通技巧说服对方；另一方面，听众利用有效的倾听，发现演讲者的主要观点和思想，同时也注意演讲者的观点和思想与自己有哪些不同，或存在哪些不足和遗漏，并且通过有效的沟通方式将自己的疑问提出来，达到与演讲者交流的目的。

第四步，评议和总结。在这个过程中，教师的角色扮演非常重要。对结果的讲评不能一言堂，应该是集体评议。教师主要是组织和控制教学过程。对一些问题的争论，不能简单地下结论或给出评判，而是通过提出一个接一个的问题引导学生们按照一定的思路深究下去，直到他们自己找到答案。通过与学生共同讨论，不时插入简短的讲解。最后，案例指导教师以发表个人观点的方式陈述对案例分析的意见。学生们可以对此意见提出不同的看法和讨论，因为案例学习是没有绝对权威的。

在课堂案例讨论过程中，如何有效地控制和组织成为案例指导教师的主要责任。教师不仅要控制和组织好课堂讨论的秩序和气氛，更重要的是引导学员们的分析思路和认知方式，把握案例学习的主题，使案例学习朝着教学目标的方向进展。

2. 案例分析报告的书面交流

将案例分析的结果以书面的形式记录下来并进行交流是案例分析学习的最后步骤。一般来讲，案例分析的书面报告是在课堂讨论的口头交流基础上，让学生们写一篇书面的案例分析报告。这种案例分析报告可以作为学习者的课程作业或毕业论文。对案例分析报告的要求一般都比较严格，并且有一定的格式要求。文字表达受到一定的限制，在语言表达和论证的逻辑性方面要求比较高，有利于文献记录，便于查找，可以不断修改完善，形成案例学习的历史资料，对将来的案例学习和工作实践都能起到重要的指导作用。

案例分析的书面报告的交流比较广泛，不仅可以在同届学习者中进行横向的交流，也可以传播到后几届学习者中进行纵向交流。如果以案例分析报告的形式作为学习者的毕业论文，其交流的范围会更加广泛。案例分析的书面报告还可以起到示范和指导作用。所以，在案例分析学习中，指导学习者写好案例分析报告是一项非常必要的任务。本书的撰写目的也就是将学习者的案例分析学习成果以案例分析报告的形式展现出来，一方面是与大家进行学习交流；另一方面听取大家的意见和建议，以便提高案例分析学习的水平，改进案例分析的学习方法。

（三）案例分析报告的撰写

案例分析报告（论文）一般由两大部分组成：第一部分为案例正文；第二部分为案例分析。案例正文的编写在前面已经作了比较详细的叙述，这里着重谈一谈案例分析部分的编写。

1. 案例分析报告的基本结构

案例分析报告作为案例分析结果的书面表现形式，具有一定的学术性。一方面它是案例分析过程和结果的记录，必须反映案例分析的逻辑关系和分析结果；另一方面作为一种学术体的正式书面文书，它又具有一定的规范格式要求和语言文字要求。这种格式的要求反映了案例分析的特点和逻辑分析线索；因此，案例分析报告一般包括以下几个方面的主要内容：背景理解、问题诊断与分析、对策与建议、结论。按照案例分析论文体的要求，其基本格式如下。

（1）标题

一般案例分析报告的标题可以沿用案例正文的标题，采取中性的写法，以案例正文中的组织名称作为主标题，以案例分析的主题内容为副标题，使读者能够从标题中看出案例发生在哪里及主要研究的内容。

（2）摘要

案例正文作为案例分析报告中的一个部分，摘要应按照学术论文的要求，既要对案例正文进行客观的描述，又要对案例分析的结论及案例分析的意义和作用作概括性的阐述。

（3）关键词

按照学术论文的规范与惯例，摘要后面需要提供2～5个关键词。

（4）案例正文

案例正文的编写要求前面已经详细介绍，这里不再赘述。

（5）案例分析

这是案例分析报告的主体部分。按照案例分析的逻辑线索，案例分析的内容主要包括：背景理解、问题诊断与分析、对策与建议、结论。在案例分析中，各部分的内容绝不是孤立存在的，而是存在着紧密的逻辑关系。案例分析部分要与案例正文部分相互呼应，首先对案例正文的基本内容、组织背景、案例的主题等有一个基本的理解和认识，然后针对案例正文内容中所包含的问题进行研究分析，在此基础上提出相应的解决对策与建议，最后得出结论。各个部分之间都存在着相互铺垫、递进的关系，并相互包含了因果因素。本书收集的案例分析报告（论文）基本上都是按照这种类型编写的，可以作为一种范例阅读，并对如何撰写案例分析报告（论文）起到参考指导作用。

（6）附件

与一般学术性论文一样，附件一般包括附录资料、图表等。

（7）参考文献

案例分析报告（论文），作为一种学术性文献，必须具有一定的理论价值，其中包括理论验证和理论创新，这样就必须将该报告（论文）所参考的文献列举出来，以达到学术论文的要求。

2. 案例分析报告书写的准备与计划

案例分析包括的书写准备与计划工作可以与案例正文编写的准备和计划同步进行。与案例正文编写不同的是，案例分析报告是在案例分析讨论交流的基础上将讨论交流的结果以书面的形式表达出来。所以，案例分析报告的资料和素材多数来自案例分析讨论的原始记录、原始资料查证、理论和经验参考等。在案例分析报告撰写计划中，应该按照案例分析学习的基本步骤和过程，确定每个阶段的工作目标和主要内容，并将工作落实到具体的人。同时在每个阶段要对该阶段的工作进行小结，并安排下一步工作。

3. 案例分析报告的起草与修改

案例分析报告的起草工作一般在案例分析的讨论交流活动结束之后开始。按照案例分析报告（论文）的基本格式草拟一份案例分析报告（论文）的大纲，按照大纲的基本思路整理案例分析过程中的基本资料、数据和基本理论框架，逐步撰写。报告（论文）的草稿完成后，必须要进行修改。修改工作与案例分析再一次联系在一起，主要采取竞争性思维对案例分析报告（论文）进行批判式讨论。如果案例分析的内容能够经得起这种批评式讨论，那它就可以站得住脚了。一般这种讨论修改需要经过 3～5 次，最好每一次讨论能够寻找不同的人员参加，可以广泛听取意见，使得案例分析报告（论文）更加严谨周密。

4. 案例分析报告的审稿与定稿

案例分析报告完稿后，还需要进一步审稿才能够最后定稿。审稿工作应该是全面性的，它不仅是对文稿的内容格式的审查，还要审查文稿的语言风格及表达的流利性、可读性等各方面。

1. 哈市松北区松北镇

——处置群体性突发事件的公共管理沟通策略研究

内容摘要：近些年来，我国群体性突发事件频频发生，这对我国各级政府的公共管理无疑是一个严峻的挑战和考验。如何提高政府应对和处置群体性突发事件的能力，正是我国公共管理研究的一项重要课题。公共管理沟通是化解各类社会矛盾、预防和处置群体性事件的重要措施和方法之一。本文的研究重点就是探讨处置群体性突发事件过程中的公共管理沟通。

本文基于一个真实的案例事件，采取案例分析的逻辑线索，对政府领导人在处置群体性突发事件过程中的沟通策略和技巧进行分析评述。文章分为两大部分：第一部分是案例正文，客观地描述了整个事件发生的始末及案例背景资料；第二部分是本文的重点，首先对群体性事件的性质、特点和类型进行了分析，认为群体性事件的性质实际上属于人民内部矛盾，并提出了基于该认识的处理原则。接下来根据案例事实的描述，依据管理沟通策略的理论，详细分析了政府领导人在处置该事件中的沟通策略和技巧。最后，在分析该案例中存在的组织管理沟通问题的基础上提出改进组织管理沟通的对策和建议。

关键词：群体性事件；管理沟通；沟通策略；沟通技巧

案例正文[1]

引言

2005年7月6日早晨7点40分，张副市长像往常一样乘车赶往市政府上班。张副市长坐在车里，一面观看着路两边匆匆忙忙上班的人群，一面思考着当天的工作。突然，她的手机响了起来，她接听着手机，随着对方急促的话语，脸上的表情立即变得严峻起来。她放下手机就让车子迅速赶往省委。她从电话里得知，松北镇的几百名农民围堵在省委门口吵闹，现场一片混乱。事情可能是因为松北区新城道路扩建中涉及房屋拆迁问题引起的。

在前往省委的路上，她一边思考着如何应对这突如其来事件，一边回忆松北区这些年来发生的变化和发展。

松北区区划改革[2]

松北是指松花江哈尔滨城区段北岸的广大地区。1993年7月，已故的国务委员陈俊生到哈尔滨市视察工作，游览松花江时提出“松北新区”这一名称。据史料记载，现万宝镇后城村系金代古城遗址，是上京会宁府（今阿城市城南白城）屯粮聚草的军粮城。道光三十年（1850年），松浦镇一带有马姓人氏摆渡，故此得名马家船口。

1983年，江北地区由农村人民公社改建为松浦、万宝和前进三个乡政府，1985年后，陆续撤乡建镇，即现在的松浦镇、万宝镇和松北镇（原前进乡），归道外区所辖。

1986年，松花江公路大桥建成并与202国道贯通，两岸交通便捷，为江北的

[1] 案例来源：哈尔滨工业大学2007级EMBA学员张桂华，现任中共哈尔滨市委常委，统战部部长；哈尔滨工业大学EMBA校外导师。案例分析部分由沈远平基于哈工大EMBA学员们的讨论分析后整理编写。

[2] 资料来源：http://finance.sina.com.cn/roll/20050721/1716220422.shtml;http://news.sina.com.cn/s/2004-03-25/10382138790s.shtml;http://baike.baidu.com/view/480880.htm;http://www.hlj.gov.cn/zwdt/system/2010/06/04/010073156.shtml;2010年6月10日访问。

开发建设创造了必要条件。

1994 年 9 月，市委决定成立松北区开发建设管理办公室，为市政府派出机构，局级。

1995 年 2 月，经市编委批准，哈尔滨市松北区开发建设管理办公室更名为哈尔滨市松北区开发建设管理委员会。

1995 年 7 月，市委印发了《关于赋予松北区开发建设管理委员会有关市级管理权限的决定》（哈发［1995］10 号）。

1997 年 7 月，黑龙江省编委批复组建哈尔滨市松北区开发建设管理委员会，作为市政府派出机构，负责松北区开发建设管理工作。

2003 年 3 月 3 日，市政府（第 2 次）常务会议，同意市民政局起草的《哈尔滨市市辖区调整意见》，将松花江北岸现属道外行政区域内的松北镇、松浦镇、万宝镇和呼兰县的乐业镇、对青山镇进行建制合并，设立哈尔滨市新的市辖区，区名为松北区。

2004 年 2 月 4 日，国务院批准（国函［2004］10 号），同意调整哈尔滨市部分行政区划分：设立松北区，辖原属道外区的松北、松浦、万宝 3 个镇，太阳岛、三电 2 个街道，以及原属呼兰县的乐业、对青山 2 个镇。

3 月 24 日，市委、市政府印发《关于道外区、松北区、呼兰区行政区划调整工作实施方案》（哈发［2004］5 号）。设立松北区，松北区以松花江主航道为界，以松花江北岸松北镇、松浦镇、万宝镇、太阳岛街道办事处、三电街道办事处、乐业镇和对青山镇为行政区域，总面积 736.3 平方千米，总人口 16.3 万人，非农区人口 3.6 万人，区政府驻地设在松北一路 18 号。

3 月 30 日，松北区接收“五镇两街”仪式举行。“五镇两街”即松北镇、松浦镇、万宝镇、乐业镇和对青山镇、太阳岛街道办事处、三电街道办事处。

9 月 24 日，《松北区保留松北镇、松浦镇、万宝镇同时设立松北、松浦、万宝街道办事处的意见》和《关于加快松北开发建设的决定》经市政府第 26 次常务会议讨论通过。

11 月 19 日，万宝街道办事处举行挂牌仪式。

11 月 25 日，松浦街道办事处举行挂牌仪式。

11 月 26 日，松北街道办事处举行挂牌仪式。

松北区的发展目标[1]

松北区是经国务院批准设立的黑龙江省唯一的政区型开发区，兼有政府行政和开发区建设管理双重职能，享受国家级开发区管理权限和优惠政策。体制先进，机制灵活，省市支持，政通人和，为松北区发展提供了坚强的体制保证。松北区委、区政府根据市委、市政府颁发的《关于加快松北区开发建设的决定》[2]的文件精神，提出“开发江北，两岸繁荣”的战略目标，确定了“建设现代文明，打造绿色松北”的发展思路，把握国家振兴东北老工业基地的契机，借助政区型政府的体制优势，坚持高水平规划、高质量建设、高标准管理，建设松北、发展松北、繁荣松北。松北区有着良好的生态环境，丰富的土地资源，明显的区位优势，广阔的发展空间。省市行政中心聚集松北，交通便捷，信息畅通，商贾云集，人杰地灵，适于发展总部经济、高端经济和现代服务业。这里有驰名中外的太阳岛、碧波荡漾的天鹅湖、旖旎的天然湿地风光、东北虎野生放养的虎林园、风情万种的俄罗斯小镇，具有哈尔滨冬之韵的雪博会、冰雪大世界等，展现了松北区北国四季各异的独特风姿。“城在林中、路在绿中、楼在园中、人在景中”目标的实现，将成为人们休闲、旅游、居住的最佳选择。松北区自然资源丰富，发展绿色和特色农业及农产品深加工潜力巨大。独有的政区型开发区管理体制和运行机制，可为入区企业提供方便、快捷、高效的服务和优良的经济发展环境。松北区发展前景广阔，是国内外投资者兴业发展的一片沃土。

然而，要实现这一发展目标，就必须对松北的现状进行大规模的改造，进行大量的基础设施建设。例如，松北将全力推进以生态环境建设为重点的“11383工程”（一河、一湖、三塘、八园、三带）和以基础设施建设为重点的“17554工程”（一堤、七路、五桥、五厂、四区），这些势必会影响到现在的居民和农民。其中拆迁工作是一项非常复杂且繁重的细致工作，稍有不慎就会出问题。今天的事到底是怎么回事呢？

张副市长正为此事不解时，一阵嘈杂的喧闹声、呐喊声将她从思考中唤醒过

---

[1] 资料来源：http://www.cityup.org/case/regional/20070703/32537.shtml;2010 年 6 月 10 日访问。

[2] 中共哈尔滨市委、哈尔滨市人民政府《关于加快松北区开发建设的决定》，哈发［2004］19 号 2004 年 11 月 10 日，http://www.law-lib.com/law/law_view.asp? id=104355，2010 年 6 月 10 日访问。

来。她让司机立即停车，自己下车疾步朝着省委门口走去。

省委门前

这天早晨，松北镇500余名农民围堵在省委门前，要求见省市领导，告发松北镇管委会支持开发商，在城市道路改造项目中，损害了农民利益。500多名农民群情激奋，情绪异常，口号声、谩骂声不断，不仅把省委门前的道路堵个水泄不通，还拦截路上的车辆和行人，严重影响了省委的正常办公和群众的出行。张副市长赶到现场，面对这一严峻形势，果断要求区、镇政府派人与农民协商，让他们选代表对话，但农民拒绝选代表，拒绝与区、镇领导对话。副市长又要求松北镇管委会派有关领导进入人群与他们对话，进行劝导工作，说服他们立即停止围堵省委的行动，要求他们采取正当途径反映情况。

镇领导走到人群的前面，大声地高喊着："乡亲们，你们赶快回到镇上去，有什么事，咱们回镇上说。你们这样闹是违法的，是要负法律责任的……"还没有等他说完，他的声音就被更大的喧闹声淹没了，甚至还有人朝他扔杂物。接着区领导走上来，还没有开口讲话，就被哄了回来。结果是这两次劝阻都失败了。形势在进一步恶化，围观的人也越来越多，秩序越来越乱，交通被严重堵塞，局面也越来越难以控制。群众集体上访事件的性质开始发生变化，严重地违反了《城市治安条例》。为了尽快控制局面，根据有关法律条例，市政府不得不采取应急措施，准备启动紧急突发性群体事件应急处置预案。200余名全副武装的特警已经到达现场，并备好了10辆大客车，现在就等副市长一声令下。张副市长周围的人都注视着她，等待着她的命令。

张副市长与农民的沟通

张副市长看着跪在地上的农民，看着他们哭天喊地的样子，她不忍心采取不得已的措施。但是，两次的劝解工作都失败了。她看看自己身边的工作人员，他们期待的眼光注视着自己。她看看门前的群众，他们那无助的表情、无奈而又失去理性的行为让她不忍。她最后决定自己再做一次努力，劝导他们立即离开。周围的同事们都极力阻拦，认为这样太危险，因为他们的情绪几乎到了失控的地步。但是，张副市长不顾别人的阻拦，毅然决然地来到了人群的前面。

她站在一把临时拿来的木椅子上，抬起双手，镇静地向大家挥了一挥，示意大家安静下来。人们一看，上来了一位女士，而且还挺镇静，顿时就安静了下来。这时，张副市长开口说话了："父老乡亲们，兄弟姐妹们，我叫张桂华，是本市政府的副市长。"

"你是真的吗?"这时站在前面的一位农民怀疑地叫嚷道。

张副市长从容地答道："是真的。我就是你们选出来的副市长。"

顿时全场鸦雀无声了。张副市长接着说："你们应该相信政府能够按政策办事。你们到这里来，就是找政府解决问题的，我是受政府的委托来与你们讨论和解决问题的。"

在场的农民激动地鼓起掌来。张副市长接着说："你们的掌声就是对我的信任，我一定把你们的问题处理好。但是，马路上不是解决问题的地方，为了更深入地了解情况，更好地解决问题，请你们跟我回到镇上去，我们共同讨论来解决问题。现在你们就跟我一起上车回镇上去。"

说完后，副市长跳下木椅子，迈着稳健的步伐朝大客车走去，带头上了大客车。一些农民也就跟着上了车。但还有一些农民仍然留在原地不走。这时，副市长在车上和已经跟她上车的农民说："请你们让车下的农民都上车好不好?"一些农民对着车下喊话，叫喊车下的农民赶快上车。

车下的农民回答说："你们先回去吧，看看这位副市长是不是真能解决问题，真解决了我们再走，不然我们就不走了。"

听到农民的话，张副市长沉着地笑了，她对车上的农民说："你们告诉车下的农民，他们要是不跟我走，那我也不走了，看看谁来解决问题。"

张副市长的这番话，把车上的农民说服了，他们向车下的农民嚷道："你们不走，市长也不走，那谁来解决问题呀！市长是和我们一起回镇上解决问题的。别磨蹭了，快上车吧。"这一次，农民不再说什么了，就这样全体人员都上了车，10 辆大客车拉着 500 多名农民回到了松北镇。

与农民代表的对话

到了松北镇之后，农民选出了 10 名代表和副市长对话，副市长认真地听取每位农民代表的发言，一边听，一边做记录，有时还停下笔提一些问题，有时用专注的眼光注视着讲话人，不时地点点头，鼓励对方说下去。通过座谈，张副市长了解了事情的基本情况。

最后，副市长总结发言："今天十位代表的发言，把你们的问题基本都说清楚了，也表达了你们的基本诉愿。我现在把你们发言的内容总结概括一下，主要反映了四个方面的问题：第一，要求暂时停止房屋拆迁。第二，目前松北镇用房屋补偿的办法，虽然价格上你们受益了，但不符合你们的生活习惯，住楼房不便于养鸡养鸭，所以要求拆迁房屋货币补偿。第三，要求承认临时房照。临时房照是镇政府正式颁发的，是由于政府工作环节上的原因，没有及时换发正式房照，补偿中不应该不承认。第四，要求补偿价格合理。你们认为开发商压价，损害了大家的利益，要求政府给做主。"说完后，副市长征求大家是否还有什么新的意见。大家都表示没有新的意见。

副市长最后发言说："现在我对大家提出的四个问题作简单的回答。对于第一个问题，在问题还没有与开发商协商好之前，暂时停止房屋拆迁工作。对于后三个问题，市政府将立即组成工作组，按照有关政策规定，逐一调查、核实，并在最短时间内给你们明确的答复。"之后，副市长向农民传达了 2004 年 9 月 24 日经市政府第 26 次常务会议讨论通过《关于加快松北开发建设的决定》，介绍了松北区开发的意义、发展目标和前景，以及开发以后将给所有农民带来的好处。最后代表市政府表示，政府一定会将好事办好，希望农民也应该支持政府工作。同时也严厉地批评了农民用堵路堵门的上访形式来解决问题的做法是完全错误的，甚至是违法的。

听了副市长的批评后，10 名代表立即承认了错误，表示吸取教训，坚决改正，并代表村民向市政府和市民道歉。

尾声

两周以后，市政府与松北镇政府和开发商协商后，拿出了最后的处理意见。其基本内容是：一是按照国家已经出台的货币补偿办法，核定并发放农民拆迁补偿金额。是货币补偿，还是换置楼房，由农民自主选择。二是在特定情况下的时限内发放的临时房证给予承认。三是按国家政策规定，政府参与，逐家核实调查，确定补偿标准。四是待正式签订协议后，开始拆迁。

案例评析

一、背景理解

（一）群体性突发事件的国内、国际环境分析

1. 国内环境分析

社会转型期是群体性突发事件频发的社会环境因素。中国正处在急剧的社会转型期，从社会整体的层面来看，社会转型的内容主要包括以下4个方面。

（1）经济层面的转型。我国是传统的农业大国，自19世纪40年代开始了社会转型，而在20世纪80年代以来进入了更大规模、更深层次、更广领域、更加快速的全面社会转型，从农业自然经济、手工业、计划经济转变为工业化、市场化、商品化、市场经济。

（2）社会层面的转型。随着19世纪40年代各帝国列强用大炮打开了我国封闭的大门，从此与世界有了更多的来往和交流，在经济层面转型的基础上也开始了社会层面的转型，这主要是从伦理化、同质化、乡土化转变为法理化、异质化、城市化。

（3）政治层面的转型。经济层面和社会层面的转型必然会产生政治层面的转型，这主要是体现在从集权化、神秘化、权力本位转变为民主化、透明化、公开化、权利本位。

（4）文化层面的转型。我国20世纪初发生的五四运动可以说是文化层面转型的重要标志。文化转型主要是从单一化、贵族化转变为多元化、大众化。

中国的社会转型的特征主要表现为急剧性、整体性、全面性、深刻性、差异性、非均衡性等。这样的社会转型不可避免地带来社会结构的急剧变化和社会利益的迅速分化，带来社会利益关系的重新调整，导致人们利益需求、生活方式、价值观念、行为模式的多样性。[1]

---

[1] 中国行政管理学会课题组. 中国群体性突发事件——成因及对策［M］. 北京：国家行政学院出版社，2009：3.

目前，我国进入全面建设小康社会和构建社会主义和谐社会的新时期。经过30多年的改革开放和20多年的社会主义市场经济的发展，国内的社会环境已经发生了非常巨大的变化。随着我国改革开放不断深化和市场经济的继续发展，这种变化仍然在继续。各种新情况、新问题、新矛盾不断涌现，并以各种不同的形式表现出来。转型期群体性突发事件就是各种利益主体之间的矛盾、摩擦和冲突的突出体现和过激的表现。[1]

2. 国际环境分析

当今，随着全球化进程的加速，人员流、物流、信息流、资本流的跨国界流动不断加强，国家与国家之间、地区与地区之间的相互依赖程度更加紧密，相互之间的影响不断增强。经济合作、政治格局都在发生变化，某一国家一旦发生某一事件都有可能波及其他国家甚至全球。20世纪90年代末的东南亚金融风暴、2008年美国的次贷危机就是有力的例证。同样，有的群体性突发事件也会产生同样的效应，如果处理不好的话，有可能会迅速扩散，从局部到整体，从国内到国外，甚至可能成为全球性的问题。

随着现代化科学技术的发展和工业化的推动，我们正在从一个现代性的社会进入一个新型的风险社会。过去的生活经验、技术手段和组织制度，已不足以使我们防止、规避和应对新的社会风险的威胁，当这种不确定性的新的风险威胁来临时，群体性事件就有可能发生。

3. 案例中群众性事件的社会环境分析

从案例的资料中我们得知，松北区的区划过程经历了20多年的历程。从1983年开始，它由农村人民公社改为乡镇，通过区划改革，松北区的行政级别不断提升，行政区划分也不断改变。由于社会组织结构的改变，该区域的经济模式也发生了转变，人们的生活模式与新的区划改革要求也发生了一定的冲突，比如，农民仍然需求保持农舍般的生活，希望可以养鸡养鸭等。但是，随着城市化的进程，这些生活模式受到了挑战。昔日的农民今天转变成了城市的居民，这不是简单的身份转变，这意味着生活、工作方式的转变。过去靠种地获得生活的来源，今天要就业学习新的工作技能。这些都会给当地的农民在思想理念和价值取

[1] 中国行政管理学会课题组．中国群体性突发事件——成因及对策［M］．北京：国家行政学院出版社，2009：4.

向方面带来冲击。另外，在松北区区划改革的过程中同样发生了利益主体之间的矛盾。从上访群众反映的情况看，他们认为乡镇政府与开发商共同损害了他们的利益。这种利益主体之间的矛盾在社会转型期内是不可避免的，这就需要进行协调和平衡。从松北区的发展规划来看，松北区在近段时期将发生巨大的变化，这些变化一方面加快了江北地区城市化进程，为黑龙江省哈尔滨市的经济发展带来繁荣；另一方面也势必会引发各种矛盾和冲突。通过近几年的回访调查，事实证明后来在该地区还发生了几起群体性事件，也出现了个别干部贪污腐败现象，因此而受到党纪国法的处理。

（二）群体性突发事件性质、特征分析

1. 群体性突发事件的性质

群体性事件的性质就是指这一事件区别于其他事件的根本属性。正确把握群体性突发事件的性质是有效处理群体性突发事件的前提和基础。就其性质而言，我们认为，我国发生的大多数群体性事件属于人民内部矛盾。

第一，新中国成立已经60多年了，当前的中国社会已经不存在普遍的阶级斗争和敌我矛盾，社会主义国家已经消灭了阶级剥削和压迫，人民的利益在根本上是一致的。“一般来说，人民内部矛盾，是在人民利益根本一致的基础上的矛盾。”❶ 因此，各种群体性突发事件，从本质上讲，属于人民内部矛盾问题，而非敌我矛盾。

第二，我国目前社会中的群体性突发事件的性质是非政治性的。一些人发起或卷入群体性突发事件的一个主要目的就是为了维护和实现自己的利益诉求，以此方式来寻求社会公正、公平等。这种利益冲突往往是一种非理性化的冲突，目标是有限的，它的目标绝不是反党和反政府，不存在政治和意识形态的因素。总之，群体性突发事件中在很大程度上表现为相关群体实现和维护自己群体利益需求的一种非制度性的参与性行为。事实证明，几乎所有的群体性突发事件都是广大群众为了解决某些具体的问题和矛盾而引发的，只要这些问题和矛盾得到一定程度的解决或缓解，事件基本上就会平息或结束。

❶ 毛泽东．毛泽东选集（下册）[M]．北京：人民出版社，1986：758.

第三，尽管在我国某些群体性事件中发生了少数人煽动不明真相的参与者或利用群体事件进行敌对行动和违法行为，并造成了一定的政治影响，但对大多数参与的群众来讲，仍然是具有人民内部矛盾的特点。在认识和处理上要区别对待。这类少数含有一定敌对性质和对抗的群体性事件，并不能在总体上改变对群体性突发事件属于人民内部矛盾性质的总体认识和判断。

基于以上对群体性突发事件的一般性分析，我们认为，案例中发生的群体上访市政府事件的性质是属于人民内部矛盾。尽管在某种程度上它影响市内交通和违反《社会治安条例》，但从总体上来讲，其目的是为了引起省、市政府的重视，帮助解决现实中的实际问题，并要求主持公道等。因此，这是一起具有人民内部矛盾性质的群体性事件。

2. 群体性突发事件的特征分析

1）群体性突发事件的一般性特征

我国社会转型期群体性突发事件的一般性特征如下：

（1）群体性。顾名思义，群体性突发事件具有很明显的群体性。与个体闹事的事件不同，群体性突发事件的主体多是一些具有相同利益诉求的群体，这些群体一般是在相关利益受到威胁、危害或损害的时候，相聚在一起，希望通过某种特定的方式来表达自己的利益诉求，维护和实现自己的利益。

（2）表现方式的多样性。群体性突发事件的表现形式多种多样，但是可以归为两大类：一类是和平式的组织性集会、上访、“散步”、静坐等；另一类是具有暴力色彩的械斗、集体围攻、堵塞交通、纵火焚烧等打砸抢式的非制度化方式。由于群体性突发事件缺乏规范的组织，同时也容易情绪化而失去理性，很容易在群体事件过程中失去控制，造成很严重的危害社会和人身安全的后果。

（3）突发性。群体性突发事件的发生常常具有偶然性和突发性。经常是人们在对自身利益的诉求时，情绪变得越来越激动，稍有刺激和激发，人们就很容易冲动，发生过激的行为，产生群体性突发事件。

（4）难以预测性。由于群体性突发事件的突发性，也就派生出它的难以预测性。首先是对它是否发生、何时发生、在何地发生难以预测，其次是对它的发生走向难以预测，再次是对它的结果难以预测。这给如何处理群体性突发事件带来极大的难度。

（5）结果的破坏性。群体性突发事件常常是具有对抗性、非理性、情绪化和破坏性的行为，其结果不仅对社会心理和政府形象造成严重冲击，而且还会造成经济损失、社会安全和人民生命财产等方面的危害。

2）群体性突发事件的具体特征

群体性突发事件除了以上一些一般性特征之外，还有以下具体的特征：[1]

（1）利益的主导性。这是我国近年来所发生的群体性突发事件的显著特征之一。社会主义市场经济建设的转型期内我国社会利益不断分化，人们的利益意识、法律意识、维权意识在不断增强，利益矛盾冲突以及由此所引发的群体性突发事件也日益增多。

（2）诱因上的多样性。群体性突发事件的诱因却是非常复杂的：既有现实的，又有历史遗留和积累的；既有社会环境因素，又有经济利益因素；既有利益群体之间的冲突纠纷，又有干群关系、警民关系恶化的因素等。

（3）参与主体的多元性。过去，群体事件的参与者多数是拥有较少的资源，在各方面均处于弱势地位的群体。但是，随着社会转型的加速，市场经济的快速发展，目前的群体性突发事件的参与者呈现出多元化趋势。一方面说明群体性突发事件诱发因素不断增多；另一方面也表明我国民主政治、法治建设还不能满足人们的基本需求，利益表达、民意诉求渠道和机制尚未建立健全。

（4）行为上的偏激性。尽管我国发生的大多数群体性突发事件是由非对抗性的人民内部矛盾所引起的，但是，目前我国人民内部矛盾的对抗性程度在增强，矛盾激化的程度在增加，行为过激性质加强。这些偏激性行为主要表现为：①围攻和冲击党政机关，在党政机关门口聚集、静坐；②堵塞交通，如堵路、卧轨；③武装械斗，造成严重的人员伤亡；④打、砸、抢、焚烧公共财产等。

（5）影响的冲击性。近年来我国发生的群体性突发事件的数量、参与人数、事件规模都呈上升、扩大态势。这在国内外都造成了非常严重的影响。它不仅影响了人们的正常生活、工作和社会秩序，也影响了人们的健康心理，使人们失去了安全感；它不仅损害了党和国家的形象，也给国家和人民造成严重的经济损失等。

---

[1] 中国行政管理学会课题组．中国群体性突发事件——成因及对策［M］．北京：国家行政学院出版社，2009：11．

（6）处理的艰难性。由于目前群体性突发事件是多元主体多种利益矛盾的集合，历史与现实问题的交织，近期利益与长远利益，局部利益与全局利益，个人利益、群体利益、公共利益等各种利益矛盾的纠结，使得处理的难度加大。

结合案例中所描述的群体性事件，基本上都反映出上述各项一般性特征和具体特征。深刻详细地了解这些特征和特点，有利于我们更好地处置群体性突发事件。

二、问题诊断及原因分析

（一）群体性突发事件的成因分析

1. 国内外学者及专家对群体性事件成因的分析

关于群体性突发事件的成因和条件的研究，国内外学者和专家都提出了许多不同的观点和理论：

斯米尔塞提出“价值累加理论”，他认为，集群行为实质上是人们在受到威胁、紧张等压力的情况下，为改变自身的处境而进行的努力。他分析了导致集群行为发生的六个“必要且充分的条件”：环境条件、结构性压力、诱发因素、行动动员、普遍情绪的产生或共同信念的形成、社会控制机制。❶

美国学者格尔提出了“相对剥夺论”。他认为，导致群体性事件的最主要的原因在于对“相对剥夺感”的回应。相对剥夺感就是人们对期望得到的和实际得到的价值满足之间的差距所产生的感受。他根据期望的变化和实际得到满足的变化将“相对剥夺感”分为四种不同形式：期望型相对剥夺、持续型相对剥夺、递减型相对剥夺、渐进型相对剥夺。

台湾学者吕世明运用社会学中的“自力救济”理论来解释群体性事件形成的原因。❷“自力救济”就是指人们主观地认为自己的权益受损，社会正义不能伸张，因而采取法律之外的行动，也就是示威、街头抗议、封锁、强制性破坏活动等。吕世明认为，“自力救济”导致群众事件的原因，主要包括：沟通表达意见的管道不够畅通、群众环保意识得到提高、法律未能适应社会的变化以及法律

❶ 周晓虹. 现代社会心理学［M］. 南京：江苏人民出版社，1991：433.

❷ 吕世明. 警察对群众事件的应有认识［J］. 世界警察参考资料，1989（6）.

执行过慢、经济问题带来的后果、争取政治资源的群众路线。

国内学者对群体性突发事件的成因研究主要是从20世纪80年代开始的。由于研究的视角不同，他们对群体性事件的成因有着不同的认识。

有学者从宏观的角度研究群体性事件的成因。如罗裕聪从静态结构和动态结构分析了群体事件的原因。他将群体性事件的原因划分为根本原因、基本原因、直接原因三类。

陈晋胜从宏观上将群体性事件的成因分为五类：政治成因、经济成因、法治成因、文化成因和社会成因。

吴明君认为，群体性事件的发生既有社会环境、政策等宏观方面的原因，也有个体、群体心理等微观方面的因素。他也提出了群体性事件产生的五种成因：第一，转型期社会张力的增大引发群体性事件；第二，转型期人们需求增长与需求满足滞后之间的矛盾激发群体性事件；第三，转型期社会控制弱化导致群体事件；第四，转型期个人现代化受挫诱发群体性事件；第五，转型期社会不公引起群体性事件。❶

综合以上国内外学者专家对群体性事件成因的分析，结合我国群体性事件的特征，我们可以得知，我国群体性突发事件的发生与我国社会转型期经济、政治和社会发展存在凸显问题和矛盾是密不可分的。我国群体性事件的发生既有宏观社会背景的因素，又有微观的具体直接原因。就每一起具体的群体性事件发生的成因而言，引发群体性事件的宏观社会背景因素基本相同，但触发群体性事件的具体直接原因却各不相同。在处理群体性突发事件时，我们都应该从宏观社会背景因素和具体直接原因进行分析，并采取适当策略和方法进行处理。

2. 案例中群体性事件的成因分析

从全国的范围来讲，类似案例中的群体性事件的社会背景都有其共同的因素，就是在城市化进程中出现的各类问题和矛盾引发了群体性事件。经过30多年的改革开放，20多年的社会主义市场经济建设，中国进入全面建设小康社会和构建社会主义和谐社会的新时期。随着我国城市化建设速度不断加快，由此而引发的各类矛盾和冲突也不断增多。这是引发群体性突发事件的宏观社会因素。

❶ 中国行政管理学会课题组. 中国群体性突发事件——成因及对策［M］. 北京：国家行政学院出版社，2009：17－20.

从案例背景资料中我们了解到：自20世纪80年代以来，松北区一直处在改变之中，区划改革必然带来行政体制上的变动、经济转轨、城市化等，这是一个非常典型的社会转型。这样的社会转型不可避免地带来社会结构的急剧变化和社会利益的迅速分化，带来社会利益关系的重新调整，导致人们利益需求、生活方式、价值观、行为模式的多样性。社会转型、经济转轨是引发群体性突发事件的社会经济根源。

利益分化和利益格局的重新调整，造成一些群众心理失衡，相对剥夺感增强，不满情绪加剧，从而引发群体性突发事件。松北区500多名农民到省政府门口要求解决问题的一个直接理由就是，他们认为镇管委与开发商在城市道路扩建、农民房屋拆迁过程中侵害了他们的利益。为了维护自己的利益不受侵害，采取较为过激的行为寻求更上级政府的支持，这是引发群体性突发事件的直接原因。

基层组织的管理不善，干群关系紧张，化解矛盾不及时或不力，从而引发群体性突发事件。据调查分析显示，群体性突发事件产生的直接原因80%以上来自基层。基层组织作为预防和处置群体性事件的第一道防线，如能发挥自己应有的作用，许多问题和纠纷完全可以消失在萌芽之中，不至于使矛盾扩大。案例事实表明，聚会在省委门口的群众对区、镇组织的领导不信任，不听从他们的劝说，仍执意要求省、市领导出面解决问题，这都说明基层组织在处理事件过程中存在一定的问题，也是引发这场群体性突发事件的原因之一。

从上访群众自身的原因分析，有些群众维权意识增强，但守法意识薄弱。在我国民主政治发展过程中，人们的民主意识和维护自己合法权益的意识有了明显的增强，但是在自己的利益受到损害时，他们不懂得用民主、法律的手段维护自己的合法权益，缺乏用民主、法律方式解决问题的信心和耐心，如果在短期内得不到满意的解决，就容易情绪冲动，失去理性，采取一些非理性的极端行为，甚至违法的手段向政府施压，以达到解决问题的目的。这也是引发群体性突发事件的原因之一。

（二）组织管理沟通存在的问题及原因分析

有研究表明，70%以上的管理工作是在沟通中完成的，70%以上的管理问题是因为沟通不畅造成的。[1] 从案例事件反映的事实来看，群众的利益诉求比较简单，并不复杂，是比较容易解决的。为什么这次群体性事件没有被避免呢？我们认为，引发这次群体性事件的根本原因是组织管理沟通存在问题。

1. 基层组织沟通不足，引发矛盾冲突上移

根据组织管理沟通原理，组织成员通过正式沟通渠道无法得到自己需要的信息，或无法表达自己的需求，他们就会寻找其他的沟通渠道来达到自己的目的。如果基层组织能将矛盾化解在基层，就可以完全避免这起群体性上访事件。化解矛盾的一个主要方法就是加强与群众的沟通。虽然案例中没有更多的事实反映基层组织与群众沟通的情况，但是，群体性上访事件本身足以反映基层组织在沟通方面存在的问题。张副市长在处理事件过程中与群众对话沟通，很快就使事情得到解决，看来沟通的作用还是非常重要的。

2. 政府组织内部上下级之间沟通不足，造成群体上访事件

从案例事件分析，我们认为，政府组织内部上下级之间的沟通不足。作为基层组织，在实施落实市政府建设开发松北区的规划实践中，应该与上级组织保持紧密的联系，对可能发生的一些问题要尽早预测，尽早发现，尽早处理。在社会转型期，城市化进程中，会出现许多新情况、新问题、新矛盾，这都需要各级组织加强沟通，不断研究这些新情况、新问题、新矛盾，迅速制定出应对的措施和方案。

3. 对群体性突发事件的预警不足，没有将冲突解决在基层

群体性事件成为突发性事件，主要是一些管理人员对事发前的症状缺乏敏感性，缺乏预警意识。预警意识就是对问题发生的可能性给予高度的重视，无论事情会不会发生，只要存在发生的可能，都应该准备必要的预案，不能有侥幸的心理，不能麻痹大意，更不能表现出冷漠的态度，对群众反映的问题应该予以足够的重视。从案例的基本信息中，我们可以判断，案例中群众反映的问题在事发之前是与基层组织反映过的，在没有得到重视和回复的情况下，他们才走上了上访的道路。

[1] 宋振杰．自我管理——经理人九大能力训练［M］．北京：北京大学出版社，2007：2.

4. 缺乏系统的沟通机制和监管机制

在组织管理沟通中，存在着正式沟通与非正式沟通、单向沟通与双向沟通。政府部门的公共沟通是一项系统工程，必须建立健全完善的组织沟通机制和监管机制。完整的沟通机制包括了沟通政策的制定及实施、沟通平台的搭建、沟通制度的建立与落实、沟通反馈与回应等。从案例的情景描述来看，无论是基层组织，还是上一级的政府组织，在建立完善的组织沟通机制方面都存在一定的缺陷。主要的表现就是没有一个平等对话的交流平台。这个交流的平台需要政策和制度及人员来落实和保障其运作。

三、案例评析

（一）沟通策略理论评述

玛丽·蒙特（Mary Munter）在她的《管理沟通指南——有效商务写作与交谈》[1]一书中提出了管理沟通策略理论。管理沟通策略理论基于沟通过程的五大要素提出各要素的运用策略，即沟通者策略、沟通对象分析策略、信息组织策略、渠道选择策略和文化背景策略。

1. 沟通者策略

沟通者策略的内容分为三个部分：沟通目标、沟通风格和沟通者的可信度。沟通者，作为沟通的主体，在信息沟通活动开始之前应该确定沟通的目标。为了达到这一目标，沟通者必须针对沟通对象——信息接收者，分析自己的沟通影响力，选择合适的沟通风格。

1）沟通目标

任何一项管理沟通活动都具有明显的目标和目的。其目标可分为三个层次：总体目标、行动目标和沟通目标。

- 总体目标：这是沟通者的综合目的，它概括性地表述沟通者所希望实现的情景。
- 行动目标：这是指导沟通者实现总体目标的具体的、可度量的并有时限

[1] ［美］Mary Munter. 管理沟通指南——有效商务写作与交谈［M］. 第8版. 钱小军，张洁，译. 北京：清华大学出版社，1999：6－30.

的行动措施。

- 沟通目标：在行动目标的基础上，使沟通目标更为具体，明确确定了沟通者希望对方对沟通活动做出的反应。

2）沟通风格选择

沟通风格是指我们采取怎样的沟通形式进行沟通。在我们确定了沟通目标之后，我们就要选择适当的沟通形式。至于采取怎样的沟通形式才是最合适的，没有一个固定的模式，而是要根据不同的情景，不同的目标、不同的沟通对象来决定。一般来讲，沟通形式分为四种：告知、说服、征询和参与。对沟通者来讲，这四种沟通形式的使用与信息内容的控制和受众参与度有关。前面两项告知与说服形式的沟通的特点是沟通者对信息内容的控制程度高，但是受众的沟通参与度较低；而后两项征询与参与形式的沟通的特点是沟通者对信息内容控制的程度较低，但是受众的沟通参与程度较高。

在使用上述沟通形式时，沟通者不可能只使用一种沟通形式，必须根据不同的沟通情景作出合适的选择。首先，沟通形式是为沟通目标服务的，要根据沟通目标的要求，选择合适的沟通形式；其次，根据受众的情景选择适当的沟通形式；再次，根据信息的内容选择与其相适应的沟通形式；最后，沟通风格的选择还决定于沟通者期望受众做出怎样的反应和反馈。

3）沟通者可信度

在沟通活动中，沟通双方之间的关系直接影响到沟通的效果。这种关系的关键在于双方之间相互的信任，也就是我们常讲的可信度。可信度不仅仅是对信息内容的信任，更重要的是对信息传递者的信任、信心以及信赖。当信息的接收者对信息的发送者产生了信任和信赖后，他们对信息内容的理解和态度将都会做出积极的反应和反馈。

根据 French，Raven 以及 Kotter 的理论，沟通者可信度由五大因素构成。它们是身份和地位、良好的意愿、专业技术、形象和气质、共同价值观。

(1) 身份和地位，主要是指沟通者所承担的职位等级和具有的头衔高低。与沟通对象相比，沟通者的身份和地位较高，其沟通的影响力就较大，并具有较高的可信度。一般在建立初始可信度时重点强调沟通者的身份和地位。

（2）良好的意愿（goodwill）[1]，主要是指沟通者个人良好的人际关系、良好的“长期记录”和给人的信赖感。我们可以理解为沟通者在沟通对象心目中的印象和口碑。一般对于建立后天可信度具有较好的效果。

（3）专业技术，主要指沟通者的专业知识水平，或某一领域的专家，其中包括专业工作经验和经历。在建立初始可信度和后天可信度方面都具有较好的效果。特别是在沟通说服对方，解决专业性问题时，利用专家和专业技术特长的策略，能达到预期的目的。

（4）形象和气质，主要是指沟通者的外貌形象和内在的气质。在沟通过程中，沟通者能够很好利用其身体语言和语言技巧，增强个人的感染力，让对方有喜欢你的欲望，特别有利于建立沟通者的初始可信度，给听众（读者）造成良好的“第一印象”，为建立后天可信度奠定基础。

（5）共同价值观，这属于文化概念的范畴。强调共同价值观，是一种文化认同策略，让听众（读者）感觉到“我们是一起的”。一般都用于沟通开始的时候，与听众（读者）建立共同点和相似点，以便后面观点的展开。听众（读者）也容易接受其观点和思想。

我们了解了这些因素后，在应用可信度策略时，就能通过强调自身的初始可信度和增加后天可信度来不断提高自己的综合可信度。

初始可信度 初始可信度是指在沟通开始之前，或刚刚开始时，也就是受众在接受沟通者所传达的信息之前，或刚接触沟通者时，对沟通者产生的印象，或沟通者在受众心目中的形象。因此，沟通者的初始可信度可能与其身份、代表的角色以及与受众曾经有过的接触有关。

后天可信度 与前者相比，后天可信度是指沟通者与受众沟通之后，也就是受众在阅读或倾听了沟通者所表达的信息内容之后，对沟通者产生的印象和看法。即使受众对沟通者在事先并不了解，但是，沟通者通过高超的沟通技巧，具有说服力地表达了受众接受的观点，从而赢得受众的信任和尊重。因此，获得后天可信度的最明显的办法就是对受众进行深刻分析，把握好整个沟通过程，在受

---

[1] Goodwill 在许多译本中都被译为“良好的意愿”，但是从英文的原意上来讲，该词蕴涵着比“良好意愿”更广的含义。在朗文当代英语词典中的解释是：kind feelings towards or between people and a willingness to be helpful; the success of a company, and its good relationship with its customers.

众面前作出令人折服的表现。

评述：沟通者策略理论主要是为沟通主体解决如何对沟通对象施加影响，提高自身的沟通影响力提供了策略选择。沟通者策略的前提是确定不同层次的目标，目标之间存在紧密的联系。其基本选择是在目标内容与沟通对象分析的基础上选择合适的沟通风格。其核心是提高沟通者在沟通对象心目中的可信度。有效沟通的法则之一就是：要让对方接受你的观点和思想，先让对方接受你本人。

2. 沟通对象分析策略

沟通对象分析策略，需要研究解决以下四个方面的问题：第一，他们是谁？第二，他们了解什么？第三，他们的态度如何？第四，如何激励他们？

（1）他们是谁？

“他们是谁”主要是分析沟通对象，充分了解沟通对象的类型和特征，并确定重点的沟通对象。按照沟通对象的人数来划分，我们可以将沟通对象分为个体和群体。由于个体沟通与群体沟通存在着一定的差异，对沟通对象的个体和群体的分析方法也有所不同。对沟通个体的分析主要是了解他们各自的教育层次、专业知识背景、社会阅历、年龄、性别、个人兴趣爱好以及他们的价值观念、期望和态度等。对沟通群体的分析主要是了解群体特征是什么，立场如何，群体文化，包括他们的共同规范、传统、行为方式和标准、价值观念是怎样的。

（2）他们了解什么？

“他们了解什么”主要是分析沟通对象对信息内容和背景知识了解和掌握的情况。该分析帮助我们解决三组问题。

第一，他们已经了解和掌握了哪些信息背景知识？对这些信息背景知识的需求程度如何？信息背景知识对理解即将传递的新信息起着非常重要的作用。

第二，他们需要了解和掌握哪些新的信息内容？对这些新的信息内容的需求程度如何？对这些新的信息内容的了解和掌握需要从两个方面来分析，一方面是沟通主体期望沟通对象了解并能够理解的新的信息内容；另一方面是沟通对象期望自己得到的新的信息内容。

第三，他们在沟通的风格、渠道或格式方面更偏向于哪一种？有沟通专家讲，在沟通过程中，信息固然重要，但沟通方式比信息内容更重要。这说明采取怎样的方式进行沟通直接影响到沟通对象对信息内容的理解。

（3）他们的态度如何？

“他们的态度如何”主要是预测和分析沟通对象在沟通过程中可能产生的情感反应。这种情感反应一般包括两个方面。一是信息接收者对信息发送者的情感反应。同样的信息由不同的人发送可能会产生不同的接受效果。二是对信息本身的情感反应。对信息接受者而言，我们的信息所属的优先级程度如何？信息内容是否引起他们的兴趣？这些信息对他们所关注的事情和利益将会产生何种程度的影响？在群体沟通中，可能存在三种不同的态度者：支持者、中立者和反对者。首先我们要预测和分析这三种不同态度者在群体沟通中各自所占的比例情况，然后根据比例情况选择应该采取的沟通策略。对于兴趣较高者，我们可以直接引入主题，不必花太多的时间去引发他们的兴趣；对兴趣较低者，而且又是必需的沟通对象，我们就要应用一些激励技巧引发他们的兴趣。

（4）如何激励他们？

无论信息接收者的态度如何，他们都需要在沟通过程中得到激励。根据人们对影响力、说服力、驱动力的研究，证明有大量有效的沟通激励技巧存在。我们可以从以下三组技巧中选择将对特定沟通对象产生最佳效果的一项或几项。

第一，通过听众（读者）利益进行激励。利益激励是最基本的激励方式之一。利益激励可分为物质利益和精神利益、有形利益和无形利益、长远利益和近期利益等各种不同类型的利益。无论采用哪一种利益激励，沟通激励的要点都是强调信息中可能使听众（读者）受益的要点，并且让他们明白和理解自己是受益者。沟通者必须明白其利益是对方所需求之一，才能达到激励作用。

第二，通过沟通者可信度激励。应用沟通者的可信度作为驱动手段，是激励听众（读者）的较好方法之一。一般沟通者在听众（读者）对主题的涉及或关注程度较小时，使用可信度激励的意义就比较大。在影响可信度的五大因素中，下列3大因素激励技巧值得我们注意。①利用“共同价值观”的可信度和“共同出发点”的激励技巧。②利用良好意愿和“互惠”的技巧。这种技巧是利用人们常有的“投桃报李，礼尚往来”的心理，让听众（读者）明白，只有在你给予利益的前提下，你才能获得利益；或通过自己的让步，才能争取他人的让步。在人际交往过程中，人们的思想往往受“互惠互利”原则的影响，因而即使不甚情愿也会主动让步或不期然地获得利益。③利用地位可信度与惩罚的技巧。这是管理中的一种极端手段，万不得已不要使用这种方式。但是在某种特殊情况或紧急情况下，使用这种手段将会产生一定的效果。即使使用地位可信度与惩罚的技巧，那么在使用时也要保持极度谨慎。研究人员发现，惩罚会导致人们紧张、对立、恐惧、厌恶甚至仇恨等情绪。在使用过后，沟通者最好采取一些相应的安抚手段，平息其情绪。

第三，通过信息结构进行激励。无论是口头沟通，还是文字沟通，沟通者所组织的信息结构将会对信息传递的结果产生影响。组织有策略性的信息结构将会对听众（读者）产生激励影响，反之，将会产生消极影响。一般的信息结构都由开头、正文和结尾三大部分构成。开场白是信息沟通的关键，是否能在开场的10秒钟内吸引住听众（读者），将决定这次沟通的成败。开场白不仅要引发听众（读者）的兴趣，也是引入主题的前奏，通过怎样的方式引出主题正文，一直保持听众（读者）的兴趣，同样起着非常重要的作用。结尾将是对沟通内容的高度概括和总结，对主题核心思想的强调，同时也要做到前呼后应的效果。

评述：沟通对象分析策略是管理沟通策略中最为重要的，也是起着关键作用的沟通策略。其策略为沟通者提供了如何分析了解沟通对象的基本方法，如何针对沟通对象的需求，引导和激励沟通对象的步骤和技巧，最后达到沟通的目的。沟通对象分析策略是整个管理沟通策略的内核，其他四项策略都因沟通对象分析策略而确定或改变。

3. 信息组织策略

信息组织策略主要是解决三大问题：一是怎样强调信息，引发听众（读者）对信息内容的兴趣，并且将兴趣一直保持下去；二是如何组织信息，就是将思考过程中一些零散的、杂乱无序的想法和念头变为有序的、层次分明、思路清晰、结构严谨、逻辑严密的观点和思想；三是如何使信息组织更有策略性，更有说服力，更让人信服。

评述：信息组织策略是在前面沟通者策略和沟通对象分析策略的基础上对所要发送的信息内容如何组织的策略建议。其要点是如何强调主流信息，如何使信息更有逻辑性和说服力，如何做到整体结构合理、层次分明、连贯紧凑、结论明确。

4. 渠道选择策略

渠道选择策略建立在对以下问题的分析上：

(1) 书面沟通，还是口头沟通?

(2) 正式沟通，还是非正式沟通?

(3) 个体沟通，还是群体沟通?

(4) 是即时反馈，还是控制信息的接收?

(5) 需要听众（读者）高参与，还是低参与?

(6) 是集中传递，还是分散传递?

评述：渠道选择策略的要点是根据信息内容和沟通对象沟通行为习惯选择他们喜爱的沟通方式。首先，渠道选择策略要解决沟通效率的问题，要考虑信息传送的速度、传送范围、信息反馈等；其次，更重要的是解决沟通对象是否能够从心理上接受信息的问题。有专家讲过，用对方喜欢的方式与对方沟通。

5. 文化背景策略

文化背景策略主要研究和分析沟通双方或多方的文化背景因素对整个沟通过程中各要素的影响。也就是说在应用以上各项沟通策略时要注重各自的文化因素所产生的影响。文化背景策略建议沟通者与人沟通时要给对方造成“我们的感觉”，利用“同理心”使对方更容易接纳沟通者和接受信息内容。

评述：文化内涵的实质包含了文化价值观、信仰、行为规范、风俗习惯等。首先，沟通是人类交流信息的一种行为，文化对这种行为有着一定的规范作用；其次，人类沟通中使用最多的是语言和非语言，语言和非语言都是文化的产物；再次，人际沟通传递的不仅仅是信息，还有各自的思想、观念、情感、态度、期望等，而这些都与人们的认知有着密切的关系，文化对人们的认知会产生重要影响；最后，人们的沟通技能和习惯有相当一大部分是在他们生长和受教育的文化背景中习得的，这种文化潜移默化使他们产生了对沟通的形式和方式的偏好。世界上各个国家、民族都有着自己的文化，而且这些文化都不相同。在应用管理沟通策略的时候，我们一定要注意到沟通双方文化背景对沟通策略的影响。

（二）张副市长成功沟通的策略评析

1. 沟通者策略的应用

根据沟通者策略理论，沟通者的沟通目标非常清晰，并且设立相应的行动目标和沟通目标。从张副市长的第一沟通目标来看，她遵循群体性事件处理的基本原则：慎用警力，驱离现场。通过与群众的简单对话，并自己带头上大客车的行动，达到说服群众跟随离开现场的目标。在沟通风格上，她明显地使用了说服和引导的风格。她之所以能够达到目标，有效地使用说服风格，都在于她很成功地使用了可信度策略。

在沟通者策略的可信度方面，张副市长首先利用沟通者可信度中的地位头衔的作用，向大家自我介绍，“我是本市副市长，……”。顿时，现场就安静下来，起到了静场的作用。紧接着她利用群众的疑惑，说出“我就是你们选出来的副市长”，这是她赢得群众初步信任的关键。在处置群体性突发事件时，沟通者首先要获得群众的信任，才能够对他们展开劝阻和说服工作。接下来她向群体表达了良好的意愿，激发了群体对她的进一步信任。比如，她讲：“你们应该相信政府能够按政策办事。你们到这里来，就是找政府解决问题的，我是受政府的委托来与你们讨论和解决问题的。”在沟通者策略中的形象与气质方面，张副市长的行为和胆量无疑都表现出政府领导的正面形象，在群众中受到赞誉。通过沟通者可信度策略的应用，张副市长拉近了与沟通对象的距离，立刻被沟通对象所接受。随后，张副市长趁热打铁开始说服工作，劝导群众离开现场。

另外，张副市长的沟通策略应用也建立在对群众信任的基础上，她相信群众是讲道理的，相信群众不会伤害到她，相信只要诚恳地与他们沟通，他们会听从政府的，所以她才能够自信地采取一系列沟通策略取得劝导的成功。

2. 沟通对象分析策略

张副市长的劝导工作能够成功，一方面是她正确地使用了沟通策略，另一方面她能够准确分析沟通对象，准确地把握住沟通对象的心理状态和心理需求，顺势利导地处理问题。在她获悉事件发生时，她遵循“第一现场”的原则，立即驱车赶往省委门口。在前往的路上，她一直在思考和回忆松北区的基本情况：区划改革带来的变化，面临的主要现实问题等。很快她对事件的由来和问题的根源基本上就有了初步的判断和预测。她根据群众聚会在省委门口上访的行为，分析他们此刻的心理状态就是“我们就是要到上级领导部门来解决问题的”。同时，她充分利用这一心理因素，开展一系列劝导工作。在与群众的一段对话中，她是这样讲的：“你们应该相信政府能够按政策办事。你们到这里来，就是找政府解决问题的，我是受政府的委托来与你们讨论和解决问题的。”以至于在最后劝导一些仍抱有怀疑态度的群众时，她仍然是以这种群体心理作为劝导的突破口。她对已经上车的群众讲："你们告诉车下的农民，他们要是不跟我走，那我也不走了，看看谁来解决问题。"最后车下的群众也一起跟着上了车。张副市长成功地将松北镇的农民带离了现场。

3. 沟通渠道选择与信息组织策略应用

在沟通渠道选择方面，张副市长将与群众对话解决问题的地点选择了松北镇，而不是省委的某个会议室，这是一个非常具有策略性的选择。首先，将对话解决问题的地点放在松北镇，遵循了属地解决的原则。问题出在什么地点，就在什么地点解决。第二，回到镇上解决问题，可以疏散省委门口聚集的群众。如果将解决问题的场所选在了市区，聚集的群众得不到疏散，有可能还存在一定的安全隐患。第三，回到镇上对话解决问题，可以达到现场办公的效果，也可以及时了解各方的情况，协调解决紧急的问题。第四，在群众自己的地盘上议事，群众会增强主人翁的感觉，同时也能得到群众的信任。

在信息组织策略方面，张副市长首先是强调了对方的信息关注点，对对方要求解决问题的需求表示理解，而并不是一开始就指责对方过激的行为，这样可以达到与群众对话的目的。其次是用简单的逻辑推理来说服对方。比如，我们是来解决问题的，而马路上不是解决问题的地方，因此我们必须换一个地点来解决问题，这是我们要离开马路的充分理由。这种简单的逻辑组织增强了语言信息的说服力。回到镇上与群体代表对话时，张副市长首先是倾听代表的发言，然后概括总结他们反映的问题，以此反馈核实代表的问题，最后作出结论和承诺。在信息交流沟通的过程中，结构合理，层次分明，节奏适中，体现了较高的沟通效率。

4. 文化背景策略应用

在整个群众性事件的处置中，文化策略始终起到非常重要的作用。在沟通中，文化策略主要是在与对方沟通时营造一种和谐的沟通氛围，在心理上感觉到我们是一体化的，彼此的心理距离逐渐走近，减少和消除沟通心理障碍。张副市长的一句"我就是你们选出来的副市长"达到了与群众沟通的效果。接着，"你们应该相信政府能够按政策办事。你们到这里来，就是找政府解决问题的，我是受政府的委托来与你们讨论和解决问题的。"这些语言更加增加了双方的相互信任，满足了群众对政府依靠的心理。在对话的地点选择上，回到镇上的选择也包含着一定的文化策略。咱自家的事，在咱自家门口解决。

（三）张副市长的群体沟通技巧评析

1. 说服激励的技巧

在沟通对象分析策略中，如何激励听众（读者）列举了三个要点：通过听众（读者）的利益需求进行激励；通过沟通者的可信度进行激励；通过信息结构进行激励。分析整个说服激励过程，张副市长综合利用了以上三个方面的激励要素。首先，她通过可信度激励赢得了群众的信任和支持，改变了部分群众的态度，获得了他们的信赖。其次，她认真分析了事件的由来和群众的利益诉求，利用利益激励的方式，劝导群众跟随她上车回到镇上去解决问题，因为他们到市里来就是找领导解决问题的。再次，她利用可信度激励中的地位奖惩技巧对抱有怀疑态度的部分群众进行激励。比如，“如果你们不跟我走，那我也不走了，看谁来给你们解决问题”。最后，她在分析了群众态度转变的基础上，充分利用积极态度的群众去做抱有中立态度甚至怀疑态度群众的劝导工作。

2. 倾听的技巧

在回到镇上之后，张副市长开始了与群众的对话。在整个对话过程中，她首先采取了倾听的技巧。倾听是沟通中是一项非常重要的技巧。倾听是一种态度。倾听的表现让对方感觉到你的诚恳和重视。案例中这样描述：“副市长认真地听取每位农民代表的发言，一边听，一边做记录，有时还停下笔提一些问题，有时用专注的眼光注视着讲话人，不时地点点头，鼓励对方说下去。”倾听也是沟通互动的一个重要环节，它能够鼓励对方发表意见，谈出自己的真实想法。

3. 反馈的技巧

在倾听了所有群众代表的发言之后，张副市长必须对这些发言和意见进行总结概括。这里，她的总结概括的技巧表现得非常明显。一般来讲，群体发言可能比较零散，利益表达也比较个性化，对这些零散的个性化的意见需要归纳总结，概括出比较集中的、重要的、具有共性的观点。最后，她将大家的发言概括为四个问题，并对这四个问题一一作了回应。从双向沟通的原则来看，这就是有效沟通的一个重要环节：反馈。通过反馈，沟通者可以进一步确认对方的真正思想和观点，避免误解；而听众（读者）也可以了解到对方是否理解了自己的意图和意思。反馈的另一重要作用就是在沟通中起到互动和激励的作用。

4. 批评的技巧

这起群体性突发事件虽然事出有因，但是必定造成了不良的影响。对于这些过激的行为，作为副市长，她必须提出批评，否则就是对这种行为的纵容。如何批评、何时批评都会对处理事件的效果产生影响。在听众（读者）分析策略中，我们可知，沟通者可以利用沟通者可信度与惩罚的技巧。批评已经是比较轻的惩罚了，但是如果批评不当，可能会激发矛盾。因此，批评是一项非常技巧性的沟通。从案例中我们可以看到张副市长的批评技巧。首先，她选择了较为合适的批评时机。如果在事件的开头就对他们的行为提出批评，不仅达不到批评的效果，反而可能会破坏了双方沟通的基础，当对方看不到自己的问题能够得到解决的希望时，任何批评他们都不会接受的，可能还会引发更大的冲突。因此，张副市长在事件结束时，群众提出的问题有了解决的希望的情况下，对他们提出严厉的批评，这时他们才会欣然接受。其次是批评的方式上，她采取就事论事，避免上纲上线。再次是批评的态度上，既严厉，又中肯。最后，在批评的基础上提出希望和鼓励。

5. 直接对话的技巧

张副市长在处置这起群体性突发事件过程中，采取的一个非常重要的沟通方法就是与群众直接对话。与群众直接对话需要非常高超的沟通技巧。从案例中我们看到，张副市长体现出一位领导者在处置危机事件时所具备的素质和勇气，有高度负责的责任感，遇到问题能够挺身而出，上一线解决问题。另外，通过与群众直接对话使我们了解到对话的基本程序和要求：①对话之前，应当通过各种途径了解引发群体性事件的原因和实质，了解群众的诉求和意见，分析事件的矛盾所在及利益冲突的焦点；掌握相关的政策、法规和条例，对事件的处理要做到心中有数。②在与群众直接对话的过程中，领导者要表现出解决问题的诚意和信心，耐心地倾听群众的意见表述和利益诉求，细心地答疑解难，做到实质问题不回避，敏感问题不绕道，缺点过失不粉饰，责任失误不推卸，过分要求不迁就，合理要求不拖办。③对话之后，应当立刻做好落实工作，对在对话中承诺的事情要协调有关部门尽快落实，并将落实情况及时反馈。对群众反映的问题和疑问，要尽快检查核实，属实的事情要尽快解决，属于误会和理解有误的要及时解释和解答。

四、对策与建议

（一）处置群体性事件的基本原则、步骤和方法

为了妥善处理群体性突发事件，保持社会的稳定与和谐发展，我国各级政府不断总结经验，遵循处置群体性事件的基本原则，采取正确的措施和方法处置群体性突发事件。

1. 应遵循的基本原则[1]

（1）按照人民内部矛盾处理的原则。前面我们分析了群体性突发事件的性质，基本上属于人民内部矛盾。在处理这类事件时，原则上应当按照人民内部矛盾进行处理。坚持和把握好这一基本原则，对于正确处理群体性突发事件、维护社会稳定、将消极因素转化为积极因素、更好地维护人民群众的根本利益、促进社会和谐发展，都具有非常重要的意义。

（2）尽早化解的原则。按照应急管理的基本原理，对于突发事件的处理应该是越快越好。尽早化解包含了两层意思：一是尽早，二是化解。一旦事件发生，就必须尽快地介入处理，控制事态的进一步发展，降低对社会的危害程度。一般来讲，群体性突发事件中初发阶段，参与的人数和规模都是有限的。如果不能及时地应对和处理，随着时间的推移和气氛的感染，就会有更多的人被卷入进来，情绪也会变得越来越激烈，事件也就会越来越难处理。实践经验告诉我们，处理群体性突发事件的一个基本原则是“早发现、早报告、早控制、早解决”。

化解的原则，就是因势利导，避免激化矛盾，掌握处理事件的最佳时机，果断决策。根据实际情况，打破常规和工作程序，特事特办，急事急办，防止局势恶化。既要灵活处理，也要坚持原则，防止无原则地迁就不合理和不正当的要求。

遵照尽早化解的原则，一旦发生群体性事件，应当立即采取相应的行动措施，着眼于将事态化解于初始阶段，化解于基层，化解于当地。

（3）依法处理的原则。依法处理是指依照法律规定和法制原则处理群体性突发事件。群体性突发事件一般会伴随有不同程度的违法行为，但在依法处理方

[1] 中国行政管理学会课题组. 中国群体性突发事件——成因及对策［M］. 北京：国家行政学院出版社，2009：126－132.

面，应该与一般意义上的非法行为进行区别。首先应该对群体性突发事件的事由进行分析，如果群众的要求具有合理的因素，只是一时得不到解决，而采取了过激的行为，其目的是希望通过扩大事态引起广泛重视，尽快解决问题，那么应该以做好转化工作为主，从方向上设法将群体性行为导入法制化轨道，使无序转化为有序，从对抗转化为对话，从非法转化为合法。如果群体性突发事件所发生的行为过分激烈，造成了对社会和人民财产安全的危害，那么就应该依照法律规定采取行动制止这种行为继续发生。对于卷入不合法活动的大多数群众来讲，主要是说服、教育、劝阻、解释等方式，示之以法，使他们按照合法的途径来解决问题。对于不听劝阻，继续违法行为的，应当果断依法处置。

（4）慎用警力的原则。慎用警力包括了慎用警力，慎用警械武器，慎用强制措施。由于大多数群体性突发事件的性质属于人民内部矛盾，在处置过程中，主要是通过疏导教育、劝阻解释等非强制性手段来解决，以防止侵犯广大人民群众的合法权益。慎用警力不等于不用。对于行为恶劣、破坏社会公共设施、严重影响交通秩序、造成公共财产损失和人员伤亡等严重后果的行为，则需要果断使用警力，控制事态发展，维持社会秩序，防止造成更大损害。慎用警力要把握好时机。能不用警力解决，尽量不用；该用警力解决，果断使用。

（5）当地领导负责的原则。当地领导负责的原则是指群体性事件发生后，所在地点的党政领导应当负起领导责任，特别是对规模较大的群体性事件，主要领导负总责，主管领导抓落实。一旦群体性事件发生，当地各级各部门主要领导尽快赶赴现场，亲临现场指挥、协调处理，并对处理结果负有政治责任。从政治责任角度讲，由于事发地领导者的处理不当、行动迟缓、躲闪回避、久拖不决等失职失误行为，导致事态扩大或反复发生并造成严重不良影响的，有关领导应负有政治责任。对于上下推卸责任的，上级领导部门应当追究不称职和不尽职领导的责任。

（6）妥当善后的原则。妥当善后是指事态基本平息后，应当积极稳妥地处理好与事件相关的事宜，如兑现承诺、改进工作、解决实际问题等。对于能够解决的问题，应该立即协调有关部门尽快解决；对于暂时不能解决，需要一定时间来解决的问题，应该加强沟通，说明情况，得到理解，并努力创造条件解决问题。事态平息，并不意味着问题的解决。事件所反映的许多深层次的矛盾和问题，也不是一朝一夕就能解决的。只有从根本上消除引发群体性事件的因素，处理工作才算真正结束。因此，妥当善后也包括当地领导认真分析事发的原因，从根本上和源头上着手解决问题，杜绝和防止群体性事件再次发生。

2. 处置群体性事件的基本步骤和方法

（1）迅速控制事态，防止事件升级扩大。群体性事件所反映的问题不是个体的问题，而具有一定的代表性，具有一定的社会共性，并有一定合理的因素。如果不能及时化解，它可能就会迅速蔓延扩大，带来更大的影响和危害。因此，迅速控制事态，防止事件升级是处置群体性事件的第一要务。控制事态的主要做法就是现场沟通、正面接触、耐心劝导、稳定情绪、通过各种方式疏散聚集的群众。在劝导教育无效的情况下，必要时可以采取一些强制手段。

（2）启动应急预案，成立事件处理领导小组。对于群体性突发事件的处置应该按照应急管理的原理，启动应急预案，成立一个由各部门组织的事件处理领导小组。根据对群体性事件诱因的分析，引发群体性事件的诱因具有多样性的特征，往往基层组织和单一组织都很难解决问题，这就需要一个较高层级的机构来领导和指挥，协调合作，才能及时全面地控制和解决群体性事件。

（3）提出解决问题的整体方案对策。首先，事件处理领导小组要尽快收集信息，了解事件背景，认真听取群众的诉求，找到问题的症结，确定解决问题的难易程度。其次，在了解和确定了事件问题的关键之后，迅速协调有关部门，针对群众提出的合理要求，讨论确定解决问题的整体方案和具体措施。最后，制订备选方案，做好多种准备。对于可能出现的极端情况，应有处理预案，一旦出现情况，立即果断处置。

（4）统一和协调行动。处置方案确定之后，组织实施方案，各方统一行动是处理群体性突发事件的关键阶段。处理一宗群体性事件可能涉及许多部门，比如有关经济、公安、法律、各级政府职能部门等，也会涉及一些财物资源，因此，在处理群体性事件时调用人力和物力必须服从统一的指挥和安排。在统一的指挥和安排下，协调行动，充分利用各方资源，发挥各方优势协调合作，全面解决问题。

（5）主导舆论导向。群体性事件发生后，各种传闻、猜测、小道消息都会广泛流传，使参与的群众的思想和情绪产生波动和混乱，社会上广大群体也无法准确判断事件的真伪，容易受到蒙蔽。因此，处理群体性突发事件，一定要充分重视舆论导向的作用，利用各种宣传媒体，对事件进行正面的实事求是的宣传报道，让广大群众及时了解事件的真相和处理的情况。

（6）组织纪律约束和法律措施。在处理群体性突发事件过程中，通过组织纪律约束和法律措施对参与群体性事件人们的行为进行有效的限制和制约。组织纪律约束就是利用各种组织的联系和影响，约束或劝阻组织成员中止参与影响社会稳定的突发事件，放弃过激行为，限制和降低群体性事件的影响。法律措施，首先是对群体性事件的参与者进行法制教育，提高法制意识，防止严重的违法事件发生。如果发生严重的违法越轨行为，对国家和社会造成严重损害的，就应当依法采取果断措施。

（7）与群众直接对话。政府领导与群众进行直接对话，是妥善处理和化解群体性突发事件的一个有效方法。一般来讲，群体性突发事件多数都是涉及群众的切身利益的具体问题，站在群众自身角度具有一定的道理，其中并不存在根本的利害冲突，基本属于人民内部矛盾。如果有关领导能够及时出面与群众直接对话，认真倾听群众的意见和诉求，解答群众的问题和疑虑，表明政府的态度和诚意，解释和阐明政府的相关政策，就可以获得群众的理解和信任，消除误解和对立情绪，双方就可以坐下来共同商讨解决之策。

（二）处置群体性突发事件的组织管理沟通

组织管理沟通一般分为两个层面：组织层面和沟通个体层面。有关管理者个体层面在处置群体性事件中的沟通策略与技巧在前面案例评述中已经进行了论述，下面着重谈一谈组织层面在处置群体性事件中的管理沟通活动。

1. 建立社会预警沟通体系，铺设社会沟通网络，及时掌握和处理预警信息

群体性事件的预警体系就是政府有关部门经常超前研究和分析社会生活中可能产生的矛盾和问题，特别是在该地区即将发生重大变化的时候，比如，旧城改造、区划改革、产业升级和改产、企业改制、改组和调整等，政府主导部门要协调相关部门建立上下沟通畅通的信息通道，及时了解和掌握社会动态、相关利益群体的利益诉求，超前分析和研究可能发生的矛盾和问题，制定相应的应急处理措施。在组织沟通方面，一方面是注重信息的收集工作，了解民情，掌握动态；

另一方面要做好各项政策的解释和说明，让公众及时了解政府的工作重点、政策导向、公众利益和社会发展要点。在沟通制度方面，要建立健全重大问题预警排查机制，严格执行重大信息报告制度，定期排查和及时掌握本地区、本系统、本单位的不稳定因素，超前预测可能发生的群体性突发事件，有针对性地采取相应的防范和控制措施。

2. 加强政府公共政策分析过程中的沟通，提高政府公共政策的决策水平

在社会转型期，各项经济社会的改革将带来人们经济社会生活的转变。政府也将会出台相应的改革措施和政策，这些改革措施和政策势必影响到公众的利益。因此政府在各项政策分析的整个过程中应该做好全过程的沟通工作。在政策、决策出台之前，政府相关部门要认真做好调研和预测工作，广泛听取各方意见，保证各利益群体都能够参与政策的调研工作；在政策出台之后，政府相关部门要组织信息反馈，根据反馈的意见作出相应的调整；在政策实施执行过程中，做好各项监管工作，发现问题，及时沟通，调查研究，将问题解决在萌芽状态。

3. 建立健全社会不同群体的利益诉求机制和沟通平台

我国目前群体性突发事件多数是由于不同群体的利益关系和利益冲突而引发的。本案例中所反映的事由正是如此。调节社会上不同利益群体之间的利益关系和利益冲突，最根本的途径就是建立健全能够充分反映不同利益群体的利益诉求机制。建立健全不同群体的利益诉求机制主要从以下几个方面着手。

（1）建立健全社会基层议事制度。在社会基层组织中建立和完善群众议事制度，对一些重大的与群体利益密切相关的问题采取集体讨论，民主决策，以保证人民群众依法参与管理社会公共事务和公益事业，直接行使应有的民主权利。同时，基层组织的议事制度能够为群众提供表达自己利益诉求的机会和平台，及时化解各种利益矛盾。

（2）充分发挥“人大”和“政协”的利益表达功能。“人大”是人民群众选举代表组成的权力机关，人大代表的重要职责就是能够代表和反映人民群众的利益，反映人民群众的意愿和要求。同时，也要充分发挥“政协”的作用，团结社会各界人士，广泛联系群众，促进民主参与，参政议政，协调各方关系。

（3）充分发挥群众团体和其他社会组织的桥梁纽带作用。工会、妇联、团委等群众团体组织是在党的领导下开展工作。其工作职责和任务，就是发挥党联系各阶层群众的桥梁和纽带作用。一方面代表和反映群众的意愿和心声，组织群众参与国家事务、社会事务和基层事务的管理；另一方面宣传和传达党组织的各项方针政策，以及与群众密切相关的改革愿景。同时也协调各方利益关系，解决利益矛盾冲突。

（4）进一步改进和完善信访工作。信访工作一直是我党坚持的一项联系群众的工作。在社会转型期，面对许多新问题、新变化，信访工作也要适应新的要求，不断改进工作方式，充分发挥信访工作的作用。首先，加强对信访工作的领导，各级党委、政府主要领导不仅亲自抓信访工作，而且要定期参加接访工作，解决处理重大信访问题；其次，不断完善和加强信访工作机制，建立健全各项信访制度，如交办、催办制度，定期答复制度，主办责任制度，督促检查制度，信访工作领导责任制等。最后，要增强信访部门的协调督办功能，使群众反映的问题能够及时得到答复和解决。

（5）充分发挥大众传播的舆论导向和监督功能。在当今信息化时代，信息传播技术和手段日新月异，电视、报纸、杂志、网络等大众传媒的信息传播功能越来越快速，越来越发达，越来越发挥着重要的作用。通过大众传媒的各种渠道，不同利益群体可以反映自己的要求和呼声，表达自己的利益诉求，引发社会的讨论，使群体利益诉求更加合理化。另外，也可以对社会的不良行为和现象进行批评和监督，也可以抑制一些不合理的要求。

4. 加强组织管理沟通培训，提高政府人员的组织管理沟通能力

组织管理沟通工作是要靠具体的人来实施完成的。在实施组织管理沟通过程中，沟通策略与技巧又直接影响到沟通的效果，因此，各级政府应该组织相关的管理沟通培训不断提高政府人员的组织管理沟通能力，以适应不断变化和发展的社会公共管理沟通的要求。首先，培养正确的沟通理念，端正沟通态度。在处置群体性突发事件时，态度是第一位的。沟通者以正确的态度对待群体性事件，是处理事件的关键；其次，开展沟通策略培训。沟通要讲究策略，通过沟通者的策略性沟通产生影响力，说服和化解矛盾，解决群体性问题；最后，进行沟通技巧技能的培训。沟通是一门科学，也是一项技巧性极高的行为体系。无论是预防群体性事件发生，还是处理群体性事件，都要求我们政府领导和公务员具有较高的沟通技巧。

结　论

基于以上的案例分析和评析，我们可以得出以下结论。

1. 群体性突发事件属于人民内部矛盾。在处置该类事件时，我们应该按照处理人民内部矛盾的基本原则和方法进行处置。其基本原则是：社会稳定的原则、尽早化解的原则、依法处理的原则、慎用警力的原则、当地领导负责的原则、妥当善后的原则。

2. 组织管理沟通是预防、化解和处置群体性突发事件的主要措施和方法之一。为提高公共政策制定的科学化和民主化程度，所建立的一系列机制都离不开组织管理沟通。例如，问题察觉机制、沟通协调机制、公众参与机制、专家咨询机制等都需要良好有效的组织管理沟通才能顺畅运作。

3. 组织层面的管理沟通体系应该贯穿于处置群体性突发事件的始终，从预防、预警到处置，从化解冲突到善后处理等，都要有完整的管理沟通机制，该机制主要是建立健全各项管理沟通制度。其中包括正式沟通和非正式沟通；搭建干群之间双向沟通的平台，使双方或多方能够沟通互动，共同解决问题；建立利益诉求机制。

4. 在处置群体性突发事件过程中，沟通者个人层面的沟通策略与技巧起着非常重要的作用。这是组织管理沟通体系中个人环节的具体体现，沟通活动最终都是在人与人之间发生，因此，沟通者个人必须掌握和灵活应用沟通策略和技巧，以达到预期的沟通效果。各级政府组织要通过培训和实践不断提高沟通者的沟通策略和技巧。

参考文献

[1] 中国行政管理学会课题组．中国群体性突发事件——成因及对策［M］．北京：国家行政学院出版社，2009.

[2] 毛泽东．毛泽东选集（下册）［M］．北京：人民出版社，1986.

[3] 周晓虹. 现代社会心理学［M］. 南京：江苏人民出版社，1991.
[4] 吕世明. 警察对群众事件的应有认识［J］. 世界警察参考资料，1989（6）.
[5] 宋振杰. 自我管理——经理人九大能力训练［M］. 北京：北京大学出版社，2007.
[6] ［美］Mary Munter. 管理沟通指南——有效商务写作与交谈［M］. 第8版. 钱小军，张洁，译. 北京：清华大学出版社，1999.

2. 丰泽湖山庄

——政府公共管理沟通探讨

内容摘要： 随着我国社会主义市场经济的深入发展，私有经济和私有财产已成为我国经济发展中的重要组成部分。同时，“小我”与“大我”，“私权”与“公权”的矛盾也就不可避免地产生冲突，公民的维权意识和法律意识不断增长，这无疑是对我国各级政府公共管理的考验。本文以一个真实案例为背景，揭示和分析了政府公共管理沟通中存在的问题及原因，提出政府公共管理沟通的相应对策和策略，并对如何提高政府公共管理沟通能力作了进一步的探讨。

本文共分两大部分。

第一部分是案例描述。该部分根据事件发展线索详细客观地描述了事件的始末。详细地描述了山庄业主维权过程，从非理性维权转变到理性的维权；同时也对政府的应对行为进行了客观的描述。

第二部分是针对冲突双方在事件中的行为表现，依据管理沟通、沟通策略、公共政策分析等相关理论分别对政府和业主在处理冲突事件中的问题进行分析，揭示案例的主要问题，分析问题产生的主要原因，并在此基础上为政府部门如何实施公共管理沟通化解类似事件提出建设性的对策与建议。

关键词： 政府部门；公共管理；公共沟通；沟通策略

案 例 正 文[1]

引言

2003 年 12 月 6 日，SZ 市丰泽湖山庄住宅小区内挂满了黄丝带。

这一天，被警方拘留近一个月的 3 位业主和两名小区保安被警方释放。丰泽湖业主们以满眼的黄丝带迎接 5 人回家。

5 人回家，使小区的业主们悬了一个月的心放了下来。这 3 位业主和两名保安是在上月 10 日因业主反对修路而导致的堵路风波中被警方带走的。

12 月 17 日政府部门发布的消息说，快速路将于本月 28 日正式动工。

堵路事件

2003 年 11 月 9 日，丰泽湖山庄的业主们从小区内的一个公示牌上得知有一条快速路将从他们住宅小区内穿过。按照规划，小区已经建好的幼儿园和会所将会被拆掉，同时也将影响到小区的二期工程。这样一来小区的规模及人口密度受到限制，一些原来规划的超市等大的项目都将化为乌有。发展商已于今年 9 月交清了二期工程的地价款，并于 10 月 17 日依法取得了工程规划许可证。据了解，快速路的修建也是在 10 月份决定的。丰泽湖山庄的业主们对政府的规划感到突然，因为这个规划事先并没有对公众进行公示。

11 月 9 日这天，丰泽湖山庄的业主们在不安中度过；晚上他们决定到市政府反映情况。

11 月 10 日早上，300 多名业主及家属分坐 4 辆大巴出发，上午 9 点左右，业主们抵达市政府，要求与领导见面。约一小时后，市政府信访办接待了业主代表，不久，市规划与国土资源局有关负责人召集 6 名业主代表商谈。

但商谈结果不能令业主满意，因为国土规划局领导表示，南线方案（也就是通过丰泽湖高架桥方案）基本已成定局。“国土规划局负责人说他们向领导提交

[1] 案例来源：2003 年 12 月 23 日南方都市报《保卫家园 但不再以堵路的形式——丰泽湖山庄业主维权之路》。案例分析部分经暨南大学管理学院 2005 级 MPA 学员讨论，由沈远平教授修改编写。

了北、中、南3套修路方案，有关领导最后拍板，决定使用南线方案。”

在政府不容商量的态度下，业主感觉自己已经沦为弱势群体，再也等不及通过法律途径解决与政府的矛盾。

堵路事件是在业主们离开政府信访部门之后发生了。

10日中午12点多，上访业主乘车返回小区，聚在小区门前不肯散去。在丰泽湖山庄入口20米开外，就是最为繁忙的交通枢纽——HD检查站路段。当时许多业主情绪开始激动，场面也有些失控，少部分业主开始呼喊“堵路去，堵路去”。（参见图2－1）

图2－1　丰泽湖山庄平面图

300多名业主坐在路上。此时距业主们知道快速路将穿过小区的时间不过24小时。到当日下午3点半，堵路已达两小时，被堵车流一直延伸到口岸，被堵的车鸣喇叭，硬闯都不得过。

500多名警察和保安员前来维护秩序，但是，他们看上去却无能为力。交通堵塞一小时后，大批民警、保安员及武警战士赶来增援。警车开着喇叭喊话，提醒业主这是违法行为，并要求共产党员和公务员马上离开。在民警劝导下，部分业主开始陆续离开，但大部分业主仍坐守马路阻止车辆经过，交通运输完全瘫瘓。数分钟内，赶来的保安员及民警开始列队，业主也开始向小区内退去，但就在此时，后退的业主与赶来的保安员发生冲突。

激进的维权方式以3名业主和3名小区保安被警方带走收尾（11月16日放回1名保安）。警方这样解释，为保证交通干线的通畅，在特检站官兵的协助下，警方采取了强制措施。经调查取证，带头堵路和殴打现场值勤人员的闹事者已触犯刑律，被警方依法予以刑事拘留。

南坪快速路的规划

据市有关部门介绍，南坪快速路即《××市干线道路网规划》“一横八纵”建设计划中的“一横”，是贯穿城市东西走向，连接南北走向8条道路的一条快速路（参见图2－2），对于缓解城市日趋严重的交通形势，构筑高效、快捷、全市一体化的城市交通网络，以及推进特区外城市化进程都将起到至关重要的作用。在规划设计过程中，经过调研考察，专家论证，对“一横”线路共设计了北、中、南三套可选方案供领导决策。通过对三套方案的比较论证，最后决定采用南线方案。主要的理由是整条线路沿线拆迁量较小，对建成的居住区影响不大。该方案一期工程建设对丰泽湖山庄小区有一些影响，当初的设计距离目前最近的住宅也有152米。

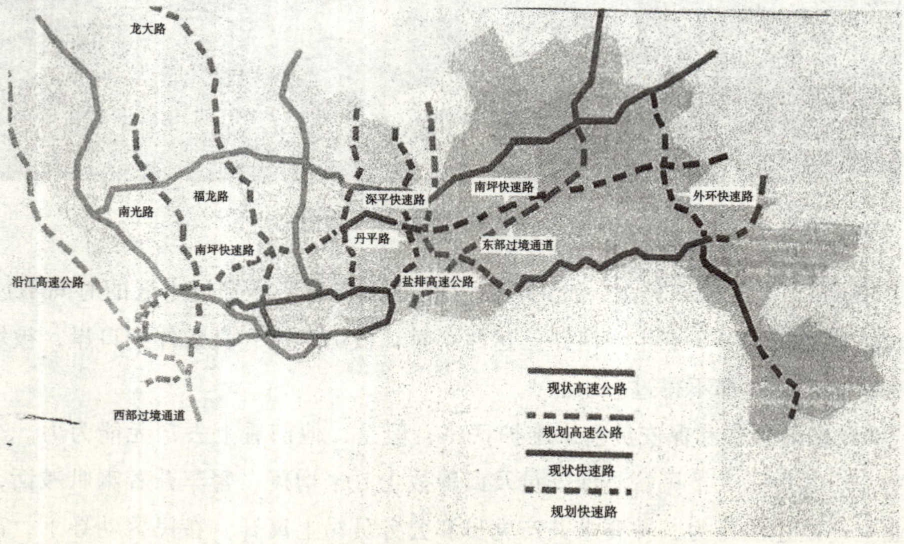

图2－2　××市城市一横八纵快速路规划图

登报致歉

堵路维权事件发生近一周后，事态仍陷入不明了状态：政府部门未对修改规划方案表态。

倒是该市一家党报的一篇评论员文章引起了业主们的关注，他们认为这篇文章透露了政府对堵路事件的态度。文章写道：目前市民群众十分关注生活环境质量，维护个人利益的维权意识加强；但在如何对待城市发展全局利益与个人利益的矛盾方面，部分市民则不愿承担社会责任，不能顾全大局，表现得不够理智，有的甚至将个人权利主张无限扩大，部分市民未能理解，在交通形势日趋严重的今天，政府推进市政建设，其个人本身也能够从中获益。“不顾一切地以过激的堵路等形式表达自己的诉求”，是“部分市民法治意识淡薄”，市民不应该“不尊重规划的法定性和权威性”。

到 11 月 16 日，堵路维权事件中 6 名被抓者只有 1 名保安被释放，其他 5 人仍被拘留。

小区业主开始意识到堵路的严重后果，并进行反思，有业主表示，他们之所以想去堵路，也是受到其他小区维权行动的影响，“以前其他小区的业主和欠薪民工都堵过路，不但没有受处罚，反而解决了问题，我们头脑一热，也就走上了马路。”许多业主反思称，他们当时的确不知道堵路是违法行为，会给其他市民及整个社会造成如此严重的影响，“我们为我们当天的行为表示后悔，也想向因此而受到影响的市民、政府真诚道歉，并保证，小区以后的维权行动都将在合法范围内!”

为了防止再发生类似不理智的行为，丰泽湖山庄的业主干了三件事：第一，召集 20 多栋楼房的业主选出业主代表，成立业主委员会筹备小组，统一规范业主行动，以改变目前无组织的混乱局面；第二，筹委会紧急聘请一名律师担任法律顾问，为以后的维权行动提供法律指导；第三，通过在媒体刊登启事，向市民及政府部门真诚致歉。

11 月 17 日，丰泽湖山庄业主道歉启事出现在报纸上。这一举动在全国引起轰动，一篇文章认为“这是破天荒的一件事”。

业主们表示：“刊登启事向市民致歉有两层意思，一层意思是真的对堵路行为表示后悔，另一层意思也是为了向政府表明一种态度，就是希望政府能酌情考虑，对快速路规划予以修改，对5名被抓的人给予从轻处理。”

媒体立即对此事给予极大关注。11月18日，一家报纸署名“秋风”的评论员文章这样评价：“我们对这些公民表示敬意，他们是一群勇于承担责任的公民。从他们身上可以看到，我们的公民已经具有了某种程度的可贵精神，一种公民美德正在悄然形成。”“不过，回到令他们表示道歉的事件本身，我们又不能不感到遗憾……现在，他们为自己的不当行为向社会、向政府道歉了，他们显示出了负责任的公民精神，下一步会是什么结果呢？有没有相应机构承担责任，妥当而公正地解决他们的问题？”

召开研讨会

11月23日，丰泽湖山庄业主委员会筹备小组向社会各界，以及市政府、规划与国土资源局、住宅局等有关部门发出邀请，举办“法治公民意识的觉醒研讨会”，共同探讨一条公民理性维权的道路。

当天下午，研讨会召开，在研讨会上，每当维权专家表明“维权要在理性、合法下进行”、“丰泽湖山庄环境优美，快速路横穿小区的确会损害业主的权益”等观点时，场内外听众都爆发出热烈的掌声。

“既然说我们为不冷静行为而致歉是破天荒的一件事，是中国在法制化进程中普通市民向法治市民转变的一个起始点，那我们就要将这件事彻底搞明白。”丰泽湖山庄业委会筹备小组有关人士这样说。

丰泽湖山庄没有忘记适时表达自己的目的，恳求政府维持已批准的丰泽湖山庄总体规划，将高速路避开丰泽湖山庄小区。

市政府及相关部门缺席研讨会。

11月21日，一则消息引起人们的强烈关注。该消息称，11月20日下午，20多名西部通道接线工程沿线居民代表被市政府邀请到政府常务会议室，听取政府及有关部门对该工程环境影响的评估结果，并且直陈了自己的意见。西部通道工程已于8月28日开工建设。该工程除合作建设的SZ湾跨海大桥外，双方还各有5公里的接线工程。SZ侧接线要经过繁华的建成区，沿线居民住宅、企事业单位较多。

舆论认为，此举预示着政府姿态的转变，政府已经开始关注业主维权的声音。这其中就有丰泽湖山庄业主的功劳。

“政府已经邀请西部通道接线工程沿线居民代表进行沟通，那么丰泽湖山庄问题的解决也不会遥远。”丰泽湖山庄业主代表说，政府规划欠妥并不是什么大不了的事情，只要进行深入调查，做好与各方的沟通工作，找出各方面都基本满意的方案，事情就解决了。

但就在此时，一场由本地一家媒体发动的“小我”必须服从“大我”的讨论，令丰泽湖山庄业主改变了态度。

到省政府反映情况

11月28日，300余名丰泽湖山庄的业主自发到省人大、省政府反映情况。“这次维权行动是自觉有序的，甚至连大声说话的都没有。”一位业主回忆说。

“我们不能坐下来等了，必须继续理性维权，所以才有了这次上访。”丰泽湖山庄业委会筹备小组有关人士说，那家报纸精心策划关于“小我”“大我”关系的大讨论，矛头直指丰泽湖山庄业主。业主们由此判断政府并没有听取他们的意见、考虑他们的利益。

省政府信访处领导了解情况后，立即电话通知SZ市政府尽快召集相关部门领导火速赶往现场协调。当日下午4时许，SZ市相关部门领导驱车抵达省府，随后与业主代表进行了长达两个小时的座谈。最后，SZ市政府表示，将尽快拿出一套合理的、科学的、能充分考虑老百姓利益的设计方案。

终于与市政府相关部门的领导坐在了一起，沟通，交换意见，并得到了市政府的明确表示。为配合市政府督促有关部门合理修改快速路规划，原定的3000人游行活动以及集体停止供楼的维权行动最后取消。

对丰泽湖山庄业主维权行为的看法

“丰泽湖山庄业主的维权行动意义重大，已经站在全国的前列，给全国业主维权行动起到示范作用，让人们知道只有通过理性的、强调法律的途径，才能真正做到维权。”中国行政法专家章剑生教授认为，从全国范围来看，业主维权仍停留在“闹”的原始状态，即人们普遍认为的“大闹”大解决，“小闹”小解决，“不闹”不解决的状态。丰泽湖山庄业主维权行动不停向理性化发展，说明业主使用法律武器维护权利的意识不断增强，并且对政府有所触动，促进政府有针对性地提高依法决策、依法行政、依法管理、依法办事的水平和能力。

中国法学专家许志永表示，从不理性到回归理性，然后向理性维权纵深发展，这条意义重大的维权之路或多或少带些功利色彩。在强势的政府面前，丰泽湖山庄业主为维护自身权益，在自觉与被迫的态度转换之中，最终选择了一条并不顺畅的理性维权道路。走上这条路，与业主自觉转变有关，与业主被逼无奈有关，同样与政府态度至今不明确有关。多方因素交织着，最终铺就一条全国瞩目的公民维权之路。

有专家认为：“在丰泽湖山庄业主不理性的阶段，政府的姿态同样显得不理性。在整个中国社会向法制化迈进的今天，部分公民理性意识、法制意识逐步觉醒，政府也应该相应地回归理性，回归到法制化轨道，让双方重新走到法律框架下的良性互动状态下，这样才能避免人民内部矛盾激化，减少人民内部矛盾。”政府必须照顾到利益受损者，透明化、法制化、理性化地平衡利益受损者的要求，简单地强调“小我”必须服从“大我”不妥当，因为人民的政府服务的对象就是每一个公民。

“丰泽湖山庄维权之路”会在中国公民维权史上留下一笔。中国行政法学专家章剑生教授表示，虽然（起初）业主的行为有所过激，但如何保护弱势群体的权益值得全社会思考。

尾声

经专家评审，政府坚持采用南线方案。其后，丰泽湖山庄业主表达了不同意见。

快速路规划会不会作修改？将作怎样的修改？市政府有消息显示，规划部门对已经提出的多重方案都作出了设计论证，但综合各方面因素的结果表明，行经丰泽湖山庄的线路方案是最佳选择。因此，目前所做的工作只能是对快速路丰泽湖路段的线位方案进行修改，将道路对小区的影响减至最低，修改方案将经过法律程序作出选定。市规划与国土资源局一位官员日前表示，规划部门今后在每条道路规划完成初稿后，除了仍将通过展示厅展示、网上公示等方式公开信息外，还将考虑通过媒体发布规划方案，以更好地让公众及时了解信息。

2004 年 6 月 29 日，市人大常委会就快速路丰泽湖路段的线位方案举行听证会，参加听证会的代表来自社会各界人士，以便听取社会各界人士对方案的意见。规划部门听取了各方意见，进行深入调查研究后，对该路段的线位方案进行了反复修改和完善，提出了 4 套供选择的方案。经专家评审，认为 4 套方案的环境影响都可以接受，各有特点。但综合分析认为，第四套方案远优于其他方案，建议采取该方案。该方案为：线路再南移 138 米，沿丰泽湖山庄四期南部用地红线边缘通过丰泽湖山庄四期未建用地，比较范围内线路长 4821.8 米，丰泽湖山庄附近线路为一同向曲线，圆曲线半径分别为 1000 米、600 米，夹直线段长 512 米，开挖后山体形成的最高边坡 70 米，原定的 400 米的下沉式通道延长至 480 米。线形满足规范要求，基本合理。此线位距现有最近住宅 369 米，幼儿园 215 米，会所 276 米，线路经过丰泽湖山庄规划用地时，全部采用钢筋混凝土梁板结构覆盖，上面种植爬藤绿化。本方案造价为 7.86 亿元。

案例分析

一、背景理解

（一）业主维权行为分析

1. 理性转变，公民法制意识觉醒

在丰泽湖山庄业主维权事件发展过程中，业主们的维权之路经历了上访市政府—堵路—登报道歉—专题研讨—上访省政府—市政府谈判这样六个阶段。在这次维权事件中，业主相对于政府而言，是弱势者，因此在维权的初始阶段，业主采取了非理性的激进方式进行维权，这也是由他们的弱势地位所决定的。业主们获知快速路通过小区的信息来源途径并不是从政府公开渠道得到的，而是从小区的公示牌上得知，信息的不对称在此显露无遗。而业主得知消息的时间距离快速路计划动工的时间已经非常紧迫，在有限的时间里，业主们如果想得到政府的重视，获得与政府谈判的筹码，必须采取及时而又有效的措施。刚开始，丰泽湖山

庄的业主们还是按照正式的途径到市政府反映情况，表达自己的诉求。但是，第一次上访市政府有关部门的强硬态度使得业主们走上了不理智的堵路维权道路，既给公共利益造成了损失，也没达到自身想要的结果。业主们为什么会做出如此不理智的行为？一方面是他们感到自己是弱势群体，在强势的对方不予理会的情况下，采取过激行为来引起对方的关注，想迫使对方能够重视自己的意愿。但是这一行为严重地违反了国家的有关法律，是一条行不通的路；另一方面，这种行为也反映了我国当时的一个比较普遍的怪现象，“大闹大解决，小闹小解决，不闹不解决”。堵路事件之后，业主们进行了反思，总结经验教训，开始探索一条合法的理性维权道路。他们首先组织起来，聘请法律顾问，对自己不理智的维权行为进行深刻的检讨，并登报道歉，召开研讨会，这些都可以看做是公民法制意识在实践中的觉醒。在此过程中，业主们一直注意运用法律作为自己维权的有力武器，通过建立组织，聘请法律顾问，规范自己的维权行为，表现出法制公民现有的理性。这些行为表现引起公众的关注，争取了公众的同情与支持，同时也向政府不断表达自己的意愿，希望政府能够走到与业主谈判的道路上来。

2. 精心策划，巧妙运用“推”和“拉”的谈判策略

业主们采取一系列理性维权行为后，市政府有关部门依然保持着沉默。在这种情况下，业主们最后到省政府上访，通过省政府的协调，终于使市政府有关部门走到了与业主们谈判的道路上来。分析丰泽湖山庄业主们的整个维权过程，他们从自己的弱势地位出发，采取了弱者的谈判方法，运用适当的沟通策略和谈判策略，最终达到了他们的目的。

谈判的目的是解决僵局，但在解决僵局之前，必须先有一个僵局、维持一个僵局。无论是势均力敌的强—强对手，还是势力悬殊的强—弱双方，如果有一方不愿意谈判，使得僵局消失，谈判就很难发生。一般情况下，强势不愿意与弱势谈判，强势自认为自己可以解决问题，这时，弱势就必须想办法把强势“推”或“拉”到谈判桌上。为了能使对方坐下来谈判，首先要制造和维持一个僵局。一定要先把问题变成双方所共同面对的问题，使任何一方都不能靠一己之力来解决这一问题，谈判才有可能发生。

作为弱者，只有一个办法，就是把自己变大，让强者不能为所欲为，逼对方与自己谈判。其主要的策略是“小题大做”制造僵局。策略运用的方法有：增

加“议题”，或称为“挂钩”策略、结盟和升高情势。❶

根据以上的谈判原理，丰泽湖山庄业主们所采取的登报道歉、召开专题研讨会、上访省政府等行为都可以理解为谈判弱势方采取的谈判策略。这一系列行为都能体现出“挂钩”策略、结盟和升高情势策略的运用，目的就是要能够与市政府有关部门坐下来谈判。

（二）政府行为分析

1. 维护强势地位，坚持规划的合理性

市政府规划建设“一横八纵”道路，目的是为了缓和城市日益紧张的交通问题，从公众利益上来说，维护的是整个城市市民的公众利益，其规划从设计程序和方案验证，最后决策并无过错。而这“一横八纵”中的“一横”也即本事件中引起争议的南坪快速路，市政府也是在规划的三套备选方案中选择最合理的一条。可以说，这个规划方案是经过比较论证后得出的合理结果。因此，对于这个规划方案不能从根本上否定。在谈判中，这一点也是谈判的根本原则问题。这就是政府一直坚持采用南线方案的理由。

根据谈判的规则，对谈判的各方来讲，谈判都有一定的利益界限。卷入谈判的各方都有自己的利益底限，在保证自己最低利益的基础上，都会极力争取更多的利益。但是，争取各自利益不是不讲原则的。在整个事件过程中，政府从城市建设的全局出发，坚持维护大多数公众利益，坚持维护规划的正确选择，这是政府及有关部门应该做的。同时市政府及有关部门最终也考虑了丰泽湖山庄业主们的合理利益要求，讨论修改快速路的线位方案。在事件后期，政府按照法律程序，协商、沟通、召开听证会，多方征求意见，最后方案得以通过。这些也表明政府在依法办事、依法行政、与公众沟通等方面有了很大的进步。

2. 依法平息堵路事件，沉默应对挑战

对于丰泽湖山庄业主采取堵路的激进方式来进行维权，市政府依据法律采取了果断的措施，维护了交通的顺畅，保证社会的稳定和安全，保障了公众利益，这是正确的。对于丰泽湖山庄业主们后来频频发起的理性维权行动，希望与市政

❶ 王淑贤．商务谈判——理论与实务［M］．北京：经济管理出版社，2003：15．

府有关部门展开谈判，解决问题，市政府有关部门却保持了一定的沉默。对于这种沉默，存在许多不同的理解。根据谈判的原理，我们可以把这种沉默理解为谈判中强者的一种策略，即身为强者，掌握着谈判的控制权，自认为自己可以独自解决问题，不作回应是希望既成事实，以达到迫使弱者退让的目的。但是政府的这种沉默也为其本身带来了一定的不利影响，在公众日益关注的情况下，在省政府的协调下，市政府还是不得不坐到谈判桌前，与业主展开谈判，而业主通过一系列的造势，已经获得了相当的谈判筹码，这也是后来改进方案一再难以通过的原因之一。虽然政府在丰泽湖山庄业主维权事件中，前期一直保持沉默，但是在其他事情上却做出了相应的反应和反馈，比如案例中所描述的政府召集西部通道接线工程沿线居民代表召开座谈会听取意见。在丰泽湖山庄业主维权过程前期，政府没有给以及时的回应和反应，也许是政府还没有找到合适的机会。无论怎样理解政府这一沉默行为，有一点是政府部门必须要思考的：面对公众日益增长的法制意识、维权意识以及理性维权行为，我们政府将该如何面对和应对。

二、问题诊断及原因分析

虽然案例的结尾是皆大欢喜，有了一个圆满的结局。看完案例后，我们不得不深思，这一事件难道就不可以避免吗？是否就不应该发生？如果是的话，问题出在哪儿呢？我们认为，这一事件是可以避免的。市政府从城市发展的全局出发，制定的《××市干线道路网规划》的决策是正确的，而且决策的程序和方法也没有大的问题，为什么最后还会发生这样的事件？问题主要是政府的公共管理沟通没有到位。

（一）政府沟通行为分析

1. 政府内部沟通分析

从案例中我们不难看出，市政府在规划修建南坪快速路的过程中，内部沟通存在问题。丰泽湖山庄原来规划的超市等大型项目，发展商已于9月交清二期工程地价款，并于10月17日依法取得工程规划许可证，而南坪快速路的修建也是在10月份决定的。从上述情况来看，主要涉及了两个部门：发展商的工程地价款是交给了政府的有关规划部门，并从市政府有关城建部门取得了工程规划许可证，也就是说丰泽湖山庄的二期工程的规划是符合政府的规定要求和程序的，并且已经取得合法证照。而作出修建南坪快速路规划的部门应该和批准丰泽湖山庄二期工程规划的部门是同一个部门。按照正常的业务流程，一项工程的开工，必须首先向规划部门报送规划报告，划定红线后才可在许可的范围内进行设计，其次需向规划部门缴纳工程地价款，然后在取得工程规划许可证后才可以动工建设。而丰泽湖山庄二期的规划与修建南坪快速路的规划同时由规划部门通过，在同一个地块出现两个互相矛盾（或者是重合）的工程规划项目，不能不说是政府的有关部门内部沟通出了问题。政府部门内部是如何沟通的？为什么会出现这种情况？由于案例中缺乏更多的描述，我们也就无从知晓了。

2. 政府对外沟通分析

在丰泽湖山庄事件中，政府的对外沟通也存在问题。政府在南坪快速路的规划中未意识到外部沟通的意义，未能及时让公众了解相关信息，导致了事件的严重化。在丰泽湖山庄事件发生后，市政府规划部门的一位官员事后表示，规划部门今后在每条道路规划完成初稿后，除了仍将通过展示厅展示、网上公示等方式公开信息外，还将考虑通过媒体发布规划方案，以更好地让公众及时了解信息。这样的表示实际是对过去不妥当做法的默认，也揭示了政府在对外沟通中手段的单一以及方式的简单化，同时也表明政府及有关部门意识到了政府公共管理沟通的重要性，并承诺今后在这方面大力改进。

对于政府有关部门在公共管理沟通方面的不足，丰泽湖山庄业主们在维权过程中尖锐地指出政府有关部门在规划的沟通方面违反了有关法律的规定，如违反了《中华人民共和国城市规划法》第 22 条，《××市城市规划条例》第 14、第 15 条，违反了《中华人民共和国工程建设标准强制性条文城乡规划部分》之《城市居住区规划设计规范》GB 50180—1993 部分，违反了《中华人民共和国合同法》等规定。这不仅反映了政府有关部门公共管理沟通的问题，而且也反映出了政府有关部门在这次谈判中陷入被动局面的原因之一。

其次，政府有关部门在公共管理沟通方面漠视了沟通对象的情感需求和信息需求。实际上，丰泽湖山庄的业主们对政府的城市道路建设规划还是能够理解的。一些业主们认为：“规划部门在确定道路规划前，应该事先向业主公示方案，给个时间让业主参与意见，政府也应该坐下来和业主协商赔偿事宜。”在对事件进行反思时，一位山庄业主委员会筹备小组成员说："一个事前没有任何征兆的临时规划突然摆在面前，甚至没有给人留出时间去宽容和理解政府的行为。面临失去美好生活环境及物业贬值的业主们，在首次上访无果的情况下，只能以激进的方式走在维权的路上。"丰泽湖山庄是政府城市道路建设规划受到影响较大的地方，也是公共管理沟通的主要对象。我们判断，政府起初忽略了管理沟通的作用，而是想采取简单的行政手段来解决问题。

在这起事件中还有一个值得思考的问题就是，政府虽然没有与业主进行有效的外部沟通，但是是否已经与发展商进行了相应的沟通？在整个事件中，只看到业主在为维权奔跑呼吁，未发现发展商的踪影，发展商却坐山观虎斗。按照正常的推理，南坪快速路开通给发展商造成的损失应该比业主的更重大，但是并未见发展商与业主们一样开展维权的各种活动。而业主们得知快速路通过小区的消息却是从小区的公示牌上而来。这样的情况下，比较可行的推理应该是政府在规划这条快速路的时候与发展商有过一定程度的沟通，并且已经达成一定的协议，唯有如此，才能解释受到更大利益损害的发展商未参与维权事件的理由。

3. 政府部门职能与沟通分析

政府部门职能的不同也决定了其所采用的沟通方式与策略的不同。在丰泽湖山庄事件中，政府部门与公众的沟通主要涉及的职能部门有市政府办、规划国土局、信访办以及警方。市政府规划设计"一横八纵"道路建设，目的是为了缓解城市日益严峻的交通状况。这种涉及全市甚至周边地区重大公众利益的消息发布应该由市政府及时发布消息，并做好宣传动员工作，这项工作无疑应该由市政府办主办，由规划国土局协办。遗憾的是，在丰泽湖山庄事件中，我们没有看到上述的两个政府部门对这一沟通过程做出任何努力。在丰泽湖山庄业主得知南坪快速路要通过小区消息到市政府上访后，与他们直接进行沟通的是市政府信访办。信访作为中国颇有特色的一种公众反映诉求的渠道，目的也是为了更好地处理人民内部矛盾，将矛盾、纠纷化解在基层。同样很遗憾的是，在第一次接待业主上访的时候，政府的信访部门未发挥到化解矛盾的作用，而是采取回避的态度，将矛盾直接推给了市政府的主管部门，而主管部门由于此事已成定局，采取过于强硬的态度更是激起业主们后来采取激进堵路方式的一个诱因。在这一沟通过程中，双方的沟通是比较失败的，都没有达到自己的沟通目的。在业主们采取了“堵路”方式维权后，警方的及时介入是正确的。在业主的行为违反了法律的规定，给公众利益造成损失的时候，警方依据职权，果断采取措施，及时控制了局面。但是在双方交涉过程中，警方与业主的沟通能否有更好的方式，以比较温和的对话代替相互间激烈的对抗，这是我们进一步思考的地方。

（二）业主沟通行为分析

在这一事件中，业主的沟通策略也是存在问题的。首先是采取了堵路这样的激进方式，不仅违法，而且也无法达到业主希望的结果，可以说是“损人不利己”。但是这种不正确的沟通方式，却也是业主在先遵循正常途径反映情况无果而又紧急的时候无奈的选择，之后业主也意识到自己的错误，做了纠正。其次是对非正式沟通途径的忽视。从事件的发展来看，业主一直都是通过正式沟通途径要求与政府有关部门开展谈判，而在此过程中双方的对立比较激烈。从登报向政府和市民致歉到召开理性维权研讨会，最后到省政府上访，无一不把矛头直接指向对方。这种沟通方式不仅仅是给自己造势，给对方施压，而且在心理上也给对方造成压力，也可以理解为对政府权威的一种挑战。在双方对立严重的情况下开展正式沟通其实是比较难以达到较好的效果。也许业主应该深思一下，为什么发展商也受到重大利益损害而未展开维权活动？发展商与政府的沟通是否也值得业主们学习借鉴？利用一切能利用的资源展开与政府开展多种渠道的沟通，或者为政府沟通回应创造一个良好的机会，顺势与政府采取较为温和的沟通，也许是比双方直接坐到谈判桌上讨价还价更好的解决方法。我们认为，在整个事件过程中，政府对事件也表示了一定的回应和态度，比如，政府召集西部通道接线工程沿线居民代表召开座谈会听取意见，这可以被理解为政府已经意识到公共沟通的重要性，并采取行动纠正过去的做法。

（三）问题产生的主要原因分析

1. 对信息透明度与公众知情权的分析

丰泽湖山庄维权事件反映的主要问题是政府公共管理沟通的问题。在当前政府的公共管理沟通中，如何把握信息透明度的“度”是一个难题。这样的问题即使是在西方发达国家，也是政府为之头痛的问题。总体来说，在与公众沟通中，并不赞同把所有的信息告知所有的人。信息的透明度应与国民素质（或者是国家意识）成正比。如果一个国家公民的国家意识普遍淡薄，那么信息的高透明度对这个国家来说，并不是一件好事。没有强烈的国家意识，公民就不会自觉维护国家的利益，在这样的情况下，信息中的不利因素会被无限放大，导致国家利益或者是公众利益的严重损害。国家需要做好提高公民国家意识的工作，这也是公民应自觉提高的素质。

对于公众知情权也是近年来比较热门的话题。按照现代公共管理的要求，应该有公众参与的管理。公众知情权其实与信息透明度两者之间是相辅相成的。信息透明度高，说明公众获得的信息越多，政府对公众的知情权就越开放，反之亦然。是否尊重公众的知情权，也是衡量一个政府行政素质的关键因素。在本事件中，市政府及有关部门对丰泽湖山庄业主们的知情权无疑是压制的，这可从业主获知消息的来源看出端倪。

2. 对政府公共管理沟通理念及沟通策略运用的分析

随着我国社会主义市场经济的深入发展，私有经济和私有财产的出现，公众维护自身权利的意识逐渐提高，必然会产生“私”与“公”，“小我”与“大我”的矛盾。面对新形势下出现的种种矛盾，政府该如何应对？首先是管理理念要适应新形势的要求。在公共管理沟通中，树立正确的管理沟通理念，改变传统的单向沟通模式，倡导双向沟通、互动式沟通。从案例中的一些事实来看，修建道路的信息没有适时向公众公开，对待业主们上访的强硬态度，面对业主一系列的理性维权活动保持沉默，以及被认为代表政府声音的“小我”必须服从“大我”的讨论等，这里都可以看到一些传统的公共管理沟通的痕迹。也说明政府及有关部门公共管理沟通理念需要改变。

管理沟通是一种双边的影响行为的过程，在这个过程中，一方（信息源）有意向地将信息通过一定的渠道传递给意向所指的另一方（接收者），以期唤起特定的反应或行动。由此我们可以看出，管理沟通具有明确的目标、很强的针对性和指向性。管理者要想达到管理沟通的目标，必须充分发挥管理沟通的作用，采用适当的沟通策略。管理沟通将能起到三个方面的作用，即交流信息、说服和激励。[1] 但

[1] ［美］诺曼 B. 西格班德，亚瑟 H. 贝尔．经理人员的沟通［M］．北京：机械工业出版社，1998：8

同时也应指出，在管理沟通中，说服是最花时间成本的。根据案例描述的事实分析，可以作出这样的推测，由于政府也意识到说服丰泽湖山庄业主接受南坪快速路方案是极度困难的事情，因此才会采取不公布信息（或小范围公布）的做法。对业主的上访态度强硬，企图以既成事实迫使业主就范。但在信息日益公开的今天，这样的策略显然并不成功，政府应该做的是提高自身的说服力。政府在制定任何一项公共政策或决策的时候，由于多方利益难以平衡，肯定会遭遇到各种不同的态度，有人持积极态度，表示支持；有人可能会抱着中立的态度，观望等待；有人持反对态度，坚决抵制。在与这些不同态度的对象进行沟通时，政府应该采取适当的沟通策略，比如沟通对象分析策略，认真分析他们的类型，分清哪些是主要的沟通对象，哪些是次要的沟通对象，哪些是可以争取说服的对象，分析他们所持态度的根本动机和利益关系所在，弄清他们所知所需，引导他们走到各方利益一致的地方。在沟通对象分析策略的基础上，通过沟通者策略、信息组织策略、渠道选择策略和文化策略展开全方位的沟通，唯有如此，政府与公众的沟通才能达到双方比较满意的效果。

三、对策与建议

（一）公共政策分析与公共管理沟通

随着现代政府管理职能的转变，公共政策分析与公共管理沟通日益受到政府和公众的重视。在现代政府公共政策分析和公共事务管理中，信息管理与沟通、民主参与和公众参政议政、政策合法化已成为政府在公共政策过程中必须履行的不可缺少的重要管理职能。

1. 公共政策分析过程中的信息管理与沟通

根据公共政策分析理论，“现代化、科学化的公共政策决策系统（政策系统）是由信息、咨询（参谋）、决断、执行和监控等子系统所构成的大系统。政策过程及其各项功能活动是由这些子系统共同完成的，这些子系统各有分工，相互独立，又密切配合、协同一致，促使政策大系统得以顺利运行”❶。在这些子

❶ 陈振明. 公共政策分析［M］. 北京：中国人民大学出版社，2005：62.

系统中，我们不难看出，信息和咨询（参谋）都是与沟通活动紧密相关的。而且这两项子系统是公共决策系统的基础，同时沟通活动贯穿整个政策过程。“公共决策的过程就是信息的输入、转换和输出的过程，即从信息系统那里输入决策所需要的信息，掌握人民大众对政策的要求和意见，形成决策问题，经过研究、咨询之后制定、出台政策，通过正常实施把信息输送出去，再将其作用反馈回来，并据此调整和完善政策，对它的要求是客观、准确而又及时。”❶

2. 民主参与是方案规划的一项重要原则

政策制定过程中一个最重要的环节就是方案规划。政策问题一旦被提上议事日程，接着就进入分析研究并提出解决办法，也就是方案规划阶段。陈振明教授提出了方案规划的基本原则：信息完备原则、系统协调原则、科学预测原则、现实可行原则、民主参与原则和稳定可调原则。“方案规划中民主参与原则首先就体现在政策是否能够真正反映人民的要求和愿望，是否能够最终使群众获得利益和实惠。坚持民主原则，还要求政策能保证人民在国家政治、经济、文化生活等各个领域中，享有同等的权利和利益分配；保证广大群众直接参政议政，在参与政策制定的各个活动环节中，充分发挥主人翁的作用。”❷ 如何坚持民主参与的原则，充分发挥参与者的积极性，需要政府部门制订相应的沟通方案。

3. 政策合法化保证决策民主化、科学化和法制化

“政策合法化是一个吸收民众参与决策、加强政治沟通与协调的过程；也是一个决策选优，对决策方案不断修改、完善，对不良方案过滤、淘汰的过程；更是一个坚持由法定的决策主体，依照法定的权限和程序进行决策，对决策行为实施法制监督的过程。”❸

在前面案例问题诊断分析中，我们就已经谈过，政府在制定和实施《××市干线道路网规划》中的一横的快速路设计方案中忽略了政策合法化这一原则，使自己在后来的沟通谈判中陷入比较被动的局面。因此，政府及有关部门必须坚决贯彻依法行政的原则，按照法律所规定的程序和步骤做好每一项政策的调研、制定、颁布和实施的合法化工作。

---

❶ 陈振明．公共政策分析［M］．北京：中国人民大学出版社，2005：66.
❷ 陈振明．公共政策分析［M］．北京：中国人民大学出版社，2005：193.
❸ 陈振明．公共政策分析［M］．北京：中国人民大学出版社，2005：198.

4. 公共政策分析过程中各阶段的特点分析与沟通对策

公共政策分析与制定的过程须经过调研、制定、颁布、实施四个阶段。这四个阶段都离不开沟通。因此沟通的重要性在此可见一斑。沟通的策略和方法非常多，可以是告知、说服、征询和参与等。政府在制定南坪快速路修建方案时，完全可以邀请利益攸关方参与，把各方的利益考虑在内，平衡各方的利益，选择最适合的方案，把利益受损方的受损程度尽量降低。下面我们从公共政策分析的基本原则和不同阶段的工作特点分析如何实施公共管理沟通。

（1）政策调研过程中的沟通

一项公共政策的出台，从方案提出到调研，从方案设计到形成定稿，从方案通过到最后实施，首先经历的第一个步骤毫无疑问是政策调研。在丰泽湖山庄事件中，市政府在形成“一横八纵”道路建设方案的过程时，在政策调研阶段缺乏与公众沟通。这项政策对于缓解城市日益严峻的交通状况具有非常重要的意义，市政府如果在政策调研时能够广泛地征求市民的意见，通过各种新闻媒体渠道宣传该项政策的必要性、迫切性以及重要性，将会取得广大市民的支持，那么即使会受到丰泽湖山庄业主们的反对，但从大范围来讲，支持比反对的意见要多，推行该政策时受到的阻力将会比现在事件中受到阻力要小。另外，如果市政府及有关部门主动征求受到该项方案影响的业主们的意见，和他们共同分析问题，商讨解决措施，或者在不违背基本方案原则的基础上，提供可选择的解决方案，或通过法定的决策程序，例如方案公示，召开听证会，征询社会各界意见，扩大市民参与范围等，也许事情的结果可能是另外一种情境。

（2）政策制定时的沟通

在政策制定的过程中，市政府是从专家拟定的三套备选方案中选择了最经济、对市区居民住宅区影响最小的南线方案。这就是说，该项方案是经过对比论证后的选择。在政策制定的过程中，政府及有关部门作了充分的调研，从城市建设的全局出发，听从了专家的专业分析，最终作出的决策是正确的。但是为什么正确的决策还会受到如此大的责难？在这个过程中，政府与公众的沟通同样存在问题。任何一项公共政策都无法让所有的人满意，政府所要做的就是尽可能协调各方的利益，将利益受损者的损失降低到最低限度，并给予合理的补偿。在丰泽湖山庄事件中，既然政府的决策是合理的，并且有专家的论证，那么就可以让公众了解这部分信息。在现代公共管理中，认为公众都是理性人，他们会根据利益最大化的原则，自觉地选择对自己最有利的方案。在市政府选择南线方案的过程中，只要政府适当引导，广大市民的考虑也会倾向于该方案，如此，在整个城市范围内，丰泽湖山庄业主的反对意见将变为少数，如果政府在此时能适时表示给予适当补偿，或谈判讨论确定方案的线位，对整个政策制定而言，成本也是比较经济合理的。

(3) 政策颁布实施时的沟通

一项公共政策的形成，最重要的是能顺利得以实施并产生所要达到的效果。如果前面几个阶段的沟通工作做好了，在公共政策实施阶段就能够比较顺利。反之，在这个阶段遇到的障碍和麻烦就会更大。市政府制订的“一横八纵”交通道路方案，所要达到的目的就是改善城市日益严峻的交通状况。在该项政策颁布实施时，市政府应注意做好以下几方面的沟通：首先要做好对市民国家意识的教育。只有提高市民的国家意识，充分认识到个人对社会、对国家的责任，才是实行高度信息透明的前提。其次要有畅通的政府回应渠道。在政策颁布实施过程中，要保证市民有畅通的渠道反映他们的意见，并且政府要对这些意见有及时的反馈。最后，在一项公共政策制定并颁布开始实施后，原则性的问题是不容许讨价还价的，在遵守基本原则的情况下，针对实施过程中出现的可以改进的方面，政府可以吸取公众意见，进行有益的改进。

（二）管理沟通策略与公共管理沟通

玛丽·蒙特（Mary Munter）在其《管理沟通指南——有效商务写作与交谈》一书中，提出了管理沟通策略理论。[1] 其沟通策略基于沟通过程的五大要素，提出了沟通者策略、读者（听众）策略、信息组织策略、渠道选择策略和文化策略。

在沟通者策略中，关键要点是确定沟通目标、选择适当的沟通风格和沟通者的可信度。关于沟通风格提出了四种不同的沟通风格：告知、说服、征询和参与。在具体沟通过程中，沟通者根据自己对沟通内容的控制程度和沟通对象的参与程度，可以采取四种不同的沟通策略，即告知、说服、征询和参与。如图2－3

[1] [美] Mary. Munter. 管理沟通指南——有效商务写作与交谈 [M]. 4版. 钱小军，张洁，译. 北京：清华大学出版社，1999：3.

所示表明了信息内容控制与受众参与度的关系。如何选择适当的沟通风格，必须依照沟通主体与客体的关系、信息背景及沟通者的目标等因素。

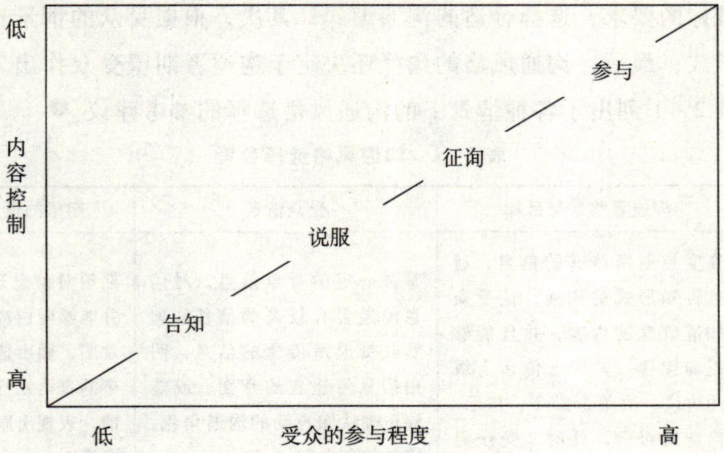

图 2-3　沟通风格图

资料来源：[美] Mary. Munter. 管理沟通指南——有效商务写作与交谈 [M]. 第 4 版. 钱小军，张洁，译. 北京：清华大学出版社，1999：5.

告知策略一般用于沟通者在权威或信息掌握程度上处于完全的控制地位，沟通者仅仅是向对方叙述或解释信息或要求，沟通的结果在于让受众接受你的意见和要求，但不需要他们参与意见。

说服策略一般是沟通者在权威或信息方面处于主导地位，但受众有最后的决定权，或受众的意见将会影响沟通者的决策，只能向对方说明做或不做的利弊，争取对方赞同沟通者的意见和决策，以便能够使决策顺利实施。沟通者的目标在于让对方根据自己的建议或决策去实施所期望的行为。

征询策略一般是沟通者希望自己的意见和建议得到受众的认同，或者沟通者希望对方提出自己的建议和想法，以充实和补充原来的意见和建议，最后作出双方满意的决策。

参与策略具有最大程度的合作性，沟通者最初可能没有形成最后的建议，需要通过共同讨论去发现解决问题的方法，最后作出决策。[1]

[1] 魏江，严进. 管理沟通——成功管理的基石 [M]. 北京：机械工业出版社，2006：92-93.

在选择上述沟通风格时，沟通者不可能只使用一种沟通风格形式，必须根据不同的沟通情景作出合适的选择。首先，沟通风格形式是为沟通目标服务的，要根据沟通目标的要求，选择合适的沟通形式；其次，根据受众的情景选择适当的沟通风格形式；最后，沟通风格的选择还决定于沟通者期望受众作出怎样的反应和反馈。表 2－1 列出了各种情景下的沟通风格选择的参考建议。❶

表 2－1　沟通风格选择参考

沟通风格	沟通者情景与目标	受众情景	期望的反应与反馈
告知	高度控制所传递的信息，通过告知形式的沟通，让受众知道信息的内容，并且能够正确理解。多用于传达上级的决议、决策、指令、指示、信息通报等。此时，受众只是信息的接受者或倾听者。	掌握一定的背景信息，对信息传递者有较高的信任，理解或赞成所传递的信息，明白信息传递者的意图，或能够正确认知自己的沟通角色，接受信息内容。	期望对信息理解和赞成，并能够明白沟通者的信息意图，做出信息传递者期望的言语或行动反应和反馈，表现出服从和支持的态度。
说服	完全控制信息内容，通过说服形式的沟通，能够对信息内容达成一致意见和共识。多用于协调各种不同意见，以采取一致行动，或使对方接受和采纳自己的观点或建议，影响或改变信息接受者的态度和行为。	对所传递的信息在理解上存在差异，或有不同的意见和看法，而且这种意见和看法将对信息传递者产生较大的影响，在某种程度上会影响到决策的形成或决策的执行。	期望能够理解信息内容和信息传递者的意图，改变态度和行为，与信息传递者达成一致。尽管有不同意见，但也能按照信息要求做出信息传递者期望的反应和反馈。
征询	通过征询形式的沟通，了解更多的信息，或征询意见和建议；多用于沟通者需要更多更具体的信息，或了解信息接受者的意见和看法，以帮助自己作出更准确的判断和决策。沟通者需要控制信息主题和方向，控制征询过程中的互动环节。	信息接受者掌握一定的信息，了解具体的情况，对信息有一定的判断和理解。所征询的信息内容与自己的工作有着密切的联系，并关注着自己的切身利益，被征询者多数都乐意提供所掌握的信息和意见。	期望被征询者能够提供自己所需要的信息，表达出他们的意见、建议和态度。在某种程度上，被征询者是信息的提供者，而征询者却成为信息的接受者，但仍拥有最后的决策权。

❶ 沈远平，沈宏宇．管理沟通——基于案例分析的学习［M］．广州：暨南大学出版社，2009：57.

续表

沟通风格	沟通者情景与目标	受众情景	期望的反应与反馈
参与	通过参与形式的沟通，与信息接受者共同研究和解决问题，互通信息，达到信息共享，形成共识，以形成最终的决策。多用于减少决策执行中的偏差或阻力，吸纳执行者共同参与决策过程，激励参与者的积极性。	受众的情景与征询的情景似乎一样，所不同的是征询的受众只是提供相关的信息，表达自己的意见和看法，而决策不受此影响；而参与的受众的意见将会对决策产生一定的影响。	期望受众能积极参与决策过程，提供相关的决策信息，并共同研究讨论，帮助选择正确的决策。参与的不仅是建议和意见，而且还包括他们的情感和归宿感。

上述四种策略中，前两者统称为指导性策略，一般来说，当沟通者认为沟通的目的在于通过告知和说服让受众了解信息内容，并得到他们对信息的理解和赞成时，可采用这种指导性策略。后两者统称为咨询性策略，当沟通者认为沟通的目的在于通过咨询受众的意见或吸引他们参与，以便于他们对信息达成共识，或共同寻求解决问题的办法作出决策时，可采用咨询性策略。指导性策略重在能力，咨询性策略重在态度。

由此，市政府及有关部门是在确定自身与公众在修建南坪快速路这项公共政策中的关系如何的基础上，决定了其采用何种沟通策略的。在丰泽湖山庄事件中，市政府及有关部门最初采用的是告知策略，也就是认为不需要丰泽湖山庄业主的参与意见，所以信息的发布、业主上访后的强硬态度都是基于市政府及有关部门认为自己在权威和信息上处于完全控制地位而定的。随着事件的逐渐发展，尤其是在后期省政府的干预下，市政府改变策略，采用了说服策略和征询策略，包括与业主谈判，提出改进方案，对改进方案举行听证会等。这是市政府及有关部门在逐渐认识到公众沟通在政策执行中的作用后对沟通策略采取的改进措施。

（三）公共沟通策略应用

通过以上分析，针对丰泽湖山庄事件的具体情况，依据管理沟通的基本原理、策略和方法，对如何在丰泽湖山庄事件背景下政府实施公共管理沟通提出以下两套公共沟通策略方案。

策略一：以指导性策略为导向的公共沟通

以指导性策略为导向的公共沟通，其基本思路是政府采用沟通中的指导性策略，主要是说服策略，并配合使用告知策略。具体方案步骤如下：

第一步，充分准备，细心策划公共沟通。根据玛丽·蒙特（Mary Munter）的《管理沟通指南——有效商务写作与交谈》中的沟通策略原理，即沟通者策略、沟通对象分析策略、信息组织策略、渠道选择策略和文化策略，❶ 对管理沟通的五大主要因素认真分析。作为沟通的主体，市政府及有关部门对沟通的目标和内容适当控制，同时又要让沟通对象适度地参与，将沟通对象的思路引导到与市政府一致的轨道上来。在目标的确定上，市政府及有关部门要确定这次沟通的总体目标、行动目标和沟通目标。简言之，沟通目标是争取公众对政府修建“一横八纵”道路网络规划方案的支持和认可；沟通的内容是修建“一横八纵”道路网络的紧迫性、必要性与重要性以及方案的基本思路和设想；沟通的基本策略和方法是指导性策略，即说服与告知的结合。同时，要对沟通对象进行认真细致的分析，这次沟通的对象是全体市民，而不仅仅是丰泽湖山庄的业主们。按照沟通对象类型分析，分清哪些是主要的沟通对象，哪些是次要的沟通对象，他们的特征特性是什么，他们的需求是什么，他们将是怎样的态度，通过沟通者和沟通对象分析，制定出信息组织策略、渠道选择策略和文化策略。

第二步，通告信息，让公众了解制订规划方案的背景。通过各种沟通渠道和宣传途径，让公众了解本市目前交通状况的严峻性，其交通现状严重地阻碍了城市经济社会的发展，给公众的生活和工作带来诸多的不便，最后达成共识，即不解决城市交通问题，城市的继续发展将受到阻碍。让公众首先在心理上认识到市政府修建道路的重要意义，并让公众感受到修建道路将能够获得自身的利益。公共沟通的渠道和宣传途径有许多，政府及有关部门要进行统一组织、统一策划、统一部署、统一实施，避免发生信息冲突和宣传口径不一致的现象。

第三步，依法沟通，保证信息发布程序的合法化。公共沟通是政府公共管理中一项非常重要的内容，必须像其他公共事务管理一样依照相关的法律程序逐步实施。按照《中华人民共和国城市规划法》第 22 条和《××市城市规划条例》

❶ ［美］Mary. Munter. 管理沟通指南——有效商务写作与交谈［M］. 4 版. 钱小军，张洁，译. 北京：清华大学出版社，1999：3.

第14、第15条规定，市政府及有关部门组织对城市修建“一横八纵”道路网络的总体规划和总体布局草案和内容公开展示30日，征集社会各界和公众的意见。同时说明理由，为什么市政府选择修建“一横八纵”道路网络的方案，对各项备选方案进行简要的比较说明，以此告知公众，最后选择的方案是最经济合理的，让大部分公众通过比较得出与政府选择达成共识，从而接受和赞成市政府修建“一横八纵”道路网络的整体方案。在整体方案获得认同后，至于方案中的一些细节问题，就比较容易解决了。

第四步，重点沟通，谈判协商解决难点。在整个修建“一横八纵”道路网络的方案沟通中，无疑丰泽湖山庄的业主是这次沟通的重点对象，有一定的沟通难度。通过以上几个沟通步骤，市政府已经赢得了公共沟通的大背景。在此基础上，重点是与利益受到影响的丰泽湖山庄业主们沟通，市政府及有关部门遵循有关法律程序，与业主进行正式沟通和非正式沟通，必要时可以通过谈判，寻求双方满意的解决方案，将修路带来的损失降低到最低限度。案例后一阶段的事实也证明政府与丰泽湖山庄业主们的沟通是成功的。但是，如果政府能够把握住最佳的沟通时机，也许沟通的成本会降低许多，同时也可以避免发生一些不该发生的事情。

策略二：以咨询性策略为导向的沟通

方案二的基本思路是政府采用沟通中的咨询性策略，主要是征询策略与参与策略的结合。具体方案如下：

第一步，广泛沟通，开展城市道路建设大讨论。政府确定这次沟通的对象主要是市区的广大市民，同时也面向丰泽湖山庄业主，沟通的内容不是讨论是否要修建“一横八纵”的道路网络，而是如何解决城市严峻的交通问题。讨论的结果可能是议题宽泛，众说纷纭，难以集中公众的意见。但这并不重要。政府本次沟通的目标是通过讨论引发公众对城市交通建设重要性的认识和关注，同时也让他们感受到政府对城市交通建设的重视和态度。

第二步，立项调研，广泛征集公众意见和建议。在政策调研阶段，一方面向广大市民征集对解决城市交通问题的基本想法和期望，同时也提供政府及有关设计部门和专家设计的方案供市民讨论。在这个阶段的沟通互动中，涉及交通道路规划专业方面的内容，在政府及有关部门与公众之间存在信息不对称的情况，政府及有关部门可以采取沟通者策略，利用专家权威的影响力，多一些引导性沟通方式，使广大市民公众了解和理解政府对设计交通道路建设的基本原则、方针和思路。在此过程中，通过沟通引导市民同意政府设计的备选方案，并最后形成提交听证会进行听证的3~4套方案。

第三步，依法听证，实施民主决策过程。对经过广大市民讨论与论证后选择的最后3~4套方案举办听证会，邀请有关专家、各界市民代表共同参加听证会，听取市民对方案决策提出的意见和建议。最后，政府及有关部门根据听证会的意见和建议作出决策，并依照有关法律规定的程序上报审批，获得批准后，予以公布。

第四步，沟通细节，解决疑难问题。在城市交通道路建设总体规划方案获得批准后，接下来就是对实施方案的细节和难点进行沟通。毫无疑问，丰泽湖山庄将是这个阶段沟通的重点，同时也涉及许多实施方案的细节问题。在综合考虑各方利益关系的基础上，与丰泽湖山庄的业主们进行协商谈判，在不违背总体规划方案的原则情况下，讨论道路的线位方案，同时也不排除采用其他补偿方式。必要时，可以重复第三步骤对各种方案进行决策的过程。

3. 业主维权过程中的政府应对策略

以上两项建议的设计主要目的是避免本案例所发生的维权事件，使政府政策或公共事务决策能够按照民主法制的轨道，通过与社会公众广泛充分的沟通，得到公众的理解和支持。但事实上丰泽湖山庄的维权事件已经发生，政府就应该积极应对和处理。在丰泽湖山庄业主维权过程中，政府及时地纠正了一些违法的行为，制止了非理性的维权活动，控制局面，保证了社会的安定和维护了社会治安。这些都是政府积极反应的一面。但是，在面对丰泽湖山庄业主们后来有组织、有秩序、有步骤的理性维权活动时，却一直保持沉默的态度。只是在业主维权活动不断升级，最后到省政府反映情况，在省政府的协调和压力下，市政府才真正开始应对这次业主维权活动。按照查尔斯·E. 贝克（Charles E. Beck）的观点：组织中的人们不可能不进行沟通，即使沉默也传达了组织的态度；沟通是指组织中被理解的信息而不是发出的信息。[1] 我们该怎样理解政府的沉默呢？如果沉默是对丰泽湖山庄业主们维权的反应的话，那么是否它是合适的？是否存在另

[1] ［美］查尔斯·E. 贝克，管理沟通——理论与实践的交融［M］. 康青，王蔷，冯天泽，译. 北京：中国人民大学出版社，2003：5.

外更好的沟通回应方式？我们认为，首先，丰泽湖山庄业主们对修建南坪快速道路的态度，政府应该早有所预料，对于此事早晚是要摆在谈判桌上解决的。在对待业主第一次上访时应及时安抚业主的情绪，要求业主派出代表或者组成业主委员会来代表业主反映意见。其次，在安抚业主以及要求业主派出代表征集意见的过程中，政府应利用时间来做好各种应对措施，如准备谈判的材料、公众舆论的支持、对谈判如果破裂的安排、后备方案的选择等。最后，利用政府自身掌握资源的控制性优势，通过一边与业主谈判，一边争取公众支持，适度对业主让步等方式，避免事态恶化，防止违法事件的发生，从而达到解决问题的目的。如果能达到这样的结果，那么后面的事情也就不会发生了。事件既然发生了，也有它积极的一面。一方面公众法律意识得到了提高，维权行为更加理性；另一方面也给政府公共管理沟通如何改进和提高带来了更多的思考。

四、对对策与建议的评估分析

1. 管理沟通是实现公共管理目标的重要途径

从丰泽湖山庄事件可以看到，管理沟通在公共管理中起着非常重要的作用。首先，管理沟通不仅仅是政府公共管理的核心任务，而且是实施公共管理的必要手段和途径。在现代公共管理中，公众的参与意识越来越强烈，如果政府与公众的沟通不及时，或不充分，就无法实现对公共事务的有效管理。其次，通过管理沟通，可以促成公众对变革的支持。管理的根本目的在于变革，而变革过程必然会遇到各种阻力和障碍，管理沟通的目的就是要消除这些障碍，实现变革。最后，管理沟通既是组织信息的正式传递，又包括人员、群体间的情感互访。建立起互相了解、互相尊重的信心与信任，是建立新型现代政府与公众关系的一种追求。前面提出的对策与建议，无论是策略一，还是策略二，都是出于为实现以上目的而设计的，一方面依据管理沟通的基本原理，充分发挥了管理沟通的作用和功能，有效地实现促进和服务于公共管理的目标；另一方面为了达成公共政策分析目标，根据公共政策分析的步骤，设计相应的管理沟通的具体步骤，达到了管理沟通为公共管理服务的宗旨。

2. 倡导双向的管理沟通，促进沟通双方的进步和提高

有效的管理沟通离不开及时地传递充分和不失真的信息以及积极的反馈。丰

泽湖山庄事件对政府提高公众参与意识方面有重要的启示。沟通的过程除了信息的传递，还有信息的反馈。案例中所表现出来的最突出的问题就是政府向公众的信息传递与公众向政府的信息传递存在不对等的现象。公众缺乏向政府传递信息的渠道和表达自己诉求的沟通平台，而政府对公众的信息反馈又不够及时，也不够重视。设计的两个方案都把政府对公众信息传递的反馈作为一个重要的步骤，倡导双向的沟通，实现双方沟通的互动，通过提高公众的参与意识以及参与程度达到促成公共政策顺畅有效实施。

3. 策略选择评估分析

（1）策略一的评估分析

策略一是针对政府在权威和信息上处于主导地位而设计的，具有明确的方案选择导向性。在方案中虽然给予公众一定的选择权，但是对于丰泽湖山庄业主而言，决定权并不在他们手上，可以说是政府利用公众的权利取得了修建南坪快速路的决定权。在方案的可操作性上，这套方案所采用的成本比方案二要小，减少了前期发动阶段，直接进入征询公众意见的步骤，通过倾向性的信息披露，引导公众向政府所要达到的目的进行选择。但是该方案可能会造成部分公众特别是丰泽湖山庄业主与政府公共关系的损害，因为对于丰泽湖山庄的业主而言，政府对其采用的是告知策略，而又通过了公众的选择隐秘地实现这一策略，如果不能处理好对这些业主的精神或实际利益补偿，方案的最终实施仍会存在困难。

（2）策略二的评估分析

策略二是针对公众国家意识比较高而政府会采取高回应度的情况而设计的，这个方案更符合现代民主政府的要求。但是，在目前大部分公众国家意识尚未提高的状态下，这个方案的实施需要巨大的成本，有可能会延误改善交通状况政策的实施。同时在该方案中虽然给予了各种利益集团或个人充分表达意愿的渠道，但是要对这些意愿进行分析选择，并且引导公众选择政府希望的方案，难度无疑比方案一更大，所需要的成本也更大。在操作上，该方案所需要的时间与人、财、物等方面的资源也比方案一耗费更大。

除了以上两项策略外，我们还可以创建更多的策略方案。无论怎样的公共沟通策略方案，我们都必须对社会环境、主要公共服务任务的特点和性质、公众的态度等因素进行深刻地分析，结合公共政策理论和公共管理沟通原理，制订相应的公共沟通策略方案。

结　论

1. 管理沟通在政府公共政策分析过程中占据非常重要的地位

管理沟通的作用主要是交流信息、说服和激励。政府与公众之间的关系也可以通过沟通得到改善。加强政府与公众的沟通，有利于双方及时顺畅交流信息，公众获得受重视的满足感，政府可以及时发现公众的需求，从而调整政策。加强公共政策分析过程中与公众的沟通，政府能及时对公众进行分析，形成双方共同的价值观，有利于提高政府的说服力与可信度。加强政府与公众的沟通，能够激励公众的公共事务参与意识与国家意识，有利于公共管理双方共同利益的达成。

2. 改革和完善政府公共沟通机构的职能，提高政府公共管理沟通能力是当前政府公共管理中一项重要任务

正是由于管理沟通在政府公共管理中具有如此重要作用，政府部门的沟通职能需要进一步加强和改善。目前我国各级政府设置的公共管理沟通机构主要是信访办。其主要的职能是接待群众来访，协调反映情况。在解决群众来访问题上却还要依靠具体的主管部门。在协调过程中，一是延误时间，不能及时解决问题，可能给来访者造成相互推诿的印象；二是信访办的职能有限，只能起到信息记录和信息传递的作用，有时可能成为矛盾的挡箭牌或缓冲器。面对不断变化的形势，首先要改革和完善政府公共沟通机构的职能，增强其协调功能，扩大其公共沟通权限，参与协调解决公共管理事务等；其次是建立信息沟通制度，如信息发布制度、领导大接防、重大事件听证会等；最后是提高政府公共沟通能力，举办各类管理沟通培训，学习和掌握基本的公共沟通理念、策略和方法，不断改进和提高政府公共管理能力。

参考文献

[1] 王淑贤. 商务谈判——理论与实务 [M]. 北京：经济管理出版社，2003.

[2] [美] 诺曼 B. 西格班德，亚瑟 H. 贝尔. 经理人员的沟通 [M]. 北京：机械工业出版社，1998.

[3] 魏江，严进. 管理沟通——成功管理的基石 [M]. 北京：机械工业出版社，2006.

[4]［美］玛丽·蒙特. 管理沟通指南——有效商务写作与交谈［M］. 4版. 钱小军，张洁，译. 北京：清华大学出版社，1999.

[5]［美］查尔斯·E. 贝克，管理沟通——理论与实践的交融［M］. 康青，王蔷，冯天泽，译. 北京：中国人民大学出版社，2003.

[6] 陈振明. 公共政策分析［M］. 北京：中国人民大学出版社，2003.

3. 番禺垃圾焚烧发电厂

——公共政策制定中的公共管理沟通探讨

内容摘要：广州市番禺区生活垃圾焚烧发电厂待建项目在2009年9月进入公众视野后，引起了一些番禺市民和业主的反对，并由此引发了一系列的各方关注与讨论，政府与市民和业主开展了一系列的沟通讨论。从这一事件中我们注意到政府在公共政策制定过程中如何实施有效的公共管理沟通的重要性。政府公共政策制定过程的前期缺乏程序化、民主化和科学化，缺乏必要的公共沟通，而公民的维权意识和法律意识不断增长，这就成为公众与政府关系紧张，引发市民与政府沟通谈判的主要诱因。

本文分为两个部分：第一部分是案例正文，第二部分是案例分析。案例正文以番禺垃圾焚烧厂建厂事件为背景，客观地描述了事件的由来、发展和结束，并且较详细地述说了市民与政府领导就垃圾焚烧厂建厂选址与垃圾分类处理的沟通事件。

第二部分依据公共政策分析理论和公共管理沟通原理分析政府在此事件中公共管理沟通存在的问题及原因，以及对后期阶段政府理性诚恳地与市民沟通讨论并取得比较理想的效果进行评述。最后，在此基础上探讨政府部门在公共政策制定过程中如何通过公共管理沟通提高公共政策决策的科学性、民主化和合法化，提出对策与建议，提高政府公共管理沟通能力。

关键词：政府；公共政策；公共管理；管理沟通

案例正文[1]

背景

番禺是广州南面珠江口西北岸一个滨江临海的小县城，2000 年被划入广州市区，以满足广州对土地不断增长的需求。与珠三角的其他地方不同，番禺一直是个农业地区，没有东莞那样林立栉比的工厂，因此避免了严重的污染。在城市化的过程中，房地产产业成了番禺的支柱产业。通往广州市区的地铁线周边，大型住宅区、停车场和商业设施随处可见。番禺分散了广州中心城区的人口压力，较低的房价吸引了很多人来此买房安家，同时也带来了各种各样的问题，其中之一就是不断增长的垃圾。

被纳入广州市区之后，番禺区的户籍人口只增加了6 万人，但流动人口却增长了一倍以上。这个总人口 250 万人的城区现在每天产生 1600 多吨生活垃圾，有一座日处理能力 1200 吨的垃圾填埋场和 5 座每天处理 600 吨垃圾的小型填埋场和焚烧场。番禺不仅要处理本地的垃圾，还要承接来自中心城区的生活垃圾。随着填埋场即将填满封场，垃圾处理的难题困扰着当地政府官员。

规划选址，拟建垃圾焚烧厂

为了能够一劳永逸地解决这个问题，他们决定建一座每天能处理 2000 吨垃圾的焚烧发电厂。2002 年，番禺区人大常委会审批通过广州市番禺区生活垃圾处理系统规划。选出大石镇现有的会江垃圾场等 11 个地点，作为番禺区未来生活垃圾处理设施的选址地点。2004 年 8 月，番禺区沙湾河道以北的垃圾焚烧项目获批准立项，初步拟选址于石碁镇凌边村一带，但在征地过程中受到当地居民抵制。番禺区政府拟考虑大石镇会江和石碁污水处理厂旁的选址。2006 年 8 月，广州市规划局批准番禺区生活垃圾综合处理厂选址大石会江村与钟村镇谢村。厂址

---

[1] 案例资料来源：广州市番禺区简介，http://baike. baidu. com/view/3125117. htm；番禺事件，http://baike. baidu. com/view/3125117. htm；广州番禺区委书记就垃圾焚烧项目与居民对话，http://www. jfdaily. com/a/769752. htm，2010 年 1 月 5 日访问；案例分析部分由暨南大学管理学院 2009 级行政管理专业硕士生讨论编写，指导老师沈远平教授修改编写。

选就在距离广州碧桂园3公里之外的会江村。看上去，这是个一举多得的决定。首先，番禺区的土地紧张，改填埋为焚烧有利于节约用地；而会江村本来就有一座垃圾填埋场。这座垃圾填埋场曾改建为简易的垃圾焚烧厂，但因为严重污染环境而停止运行，新的焚烧厂一旦上马，可以看做“综合整治”的一部分。更何况这还是最流行的潮流，并且一向受到中央政府的鼓励和支持的。

选址从2003年开始，2006年选定了会江村，但一直到2009年9月，人们才从网上知道这个消息。

这个漫长的过程中，陆续有零星的关于垃圾焚烧厂的信息发布出来，但从来没有引起过当地居民的注意。事后媒体的调查显示，番禺区政府对垃圾焚烧厂选址一事刻意保持沉默，连这块地皮所在的会江村的村民，大多数也对此一无所知。区政府领导人在接受中央电视台采访时证实了这一点。他说，只有小范围的人（会江村村长和少数村民）才知道此事。直到3公里以外的小区居民介入此事，信息垄断的局面才被打破。

项目选址获得通过，政府颁布通告

2006年8月25日，历经三年多调研和选址论证的广州市番禺区垃圾焚烧厂取得了广州市规划局下发的项目选址意见书。

2009年2月4日，广州市政府发出通告，决定在番禺区大石街会江村与钟村镇谢村交界处建立生活垃圾焚烧发电厂，计划于2010年建成并投入运营。市政府发布《关于番禺区生活垃圾焚烧发电厂项目工程建设的通告》，该公告表示：“违反本通告，拒绝、阻碍国家工作人员依法执行职务的，由公安机关依照有关治安管理处罚的法律、法规规定处理；构成犯罪的，依法追究刑事责任。”

2009年4月1日，番禺区市政园林局获得国土部门批准的土地预审报告。

进入公众视野，引发市民反对

2009年9月起，广州番禺大石的居民从媒体、网络等民间渠道得知当地要建垃圾焚烧厂。据媒体报道称，规划在番禺大石街会江村附近、日处理2000吨垃圾的生活垃圾焚烧发电厂可能在国庆节后开工，2010年亚运会前投入使用。

从9月份开始，番禺某些小区和乡镇的居民以各种形式表达自己的诉求和意见。比如，以“看片会”的名义聚在一起讨论如何采取行动，网上贴帖发表文章和倡议，广州本地报纸也陆续报道相关新闻，同时也陆续发生一些个体的极端行为。

10月23日当天，一些业主和记者来到环卫局，携带此前由网友们共同拟好的《反对兴建垃圾焚烧处理厂的意见书》和收集好的各大楼盘数千人的签名，递交给政府官员。接待业主们的是一名处级官员，答应“2个月内给予回复”。

10月25日下午，番禺大石数百名业主发起签名反对建设垃圾焚烧发电厂的抗议活动。

10月30日，番禺区政府召开了解释垃圾焚烧疑问的新闻发布会。就是在这次会上出现的四位专家，后来广受网友诟病。

11月5日，广东省省情调研中心对垃圾焚烧厂8公里内的12个小区调查证明，97.1%受访居民反对建垃圾焚烧发电厂。同一天，广州市《番禺日报》以头版头条报道《建垃圾焚烧发电厂是民心工程》，称番禺区人大代表70多人视察了项目选址现场，认为这是“为民办好事、办实事的民心工程”。

11月6日，广州市政协委员韩志鹏建议，在当前市民激烈反对建垃圾发电厂的情况下，因势利导推进垃圾分类。据相关人员观察，同一天，之前积极跟进的广州各大媒体要么失语，要么改口，广州电视台、《广州日报》先后报道番禺和广州政府将“依法推进垃圾焚烧项目”。

11月14日，广州规划局表示2006年便批准了番禺垃圾焚烧厂的选址工作，正在配合环卫部门进行环评。强调如果通不过环评，规划局不会发出规划许可证。

11月22日，广州市政府召开新闻通报会，市政府副秘书长吕志毅称，垃圾焚烧和垃圾分类两者都是广州垃圾处理方式坚定不移的发展方向。

11月21~22日，CCTV公开报道广州番禺垃圾焚烧厂这一全国性的公共政策事件。CCTV的《新闻调查》栏目专门派遣记者来到广州，采访了一些业主，并走访了大石镇会江村、李坑、永兴村等地，实地了解了民意，观察了现实的生态环境，并采访了一些相关官员及学者。这些人在报道的节目中称，“说出了我们想说的话”。而《人民日报》的报道则被业主理解为是来自更权威机构的表态。

沟通互动，出现转折

11 月 23 日是广州市城管委成立后首次局长接待日，几百名反对兴建焚烧厂的番禺区居民先后赶到城管委和信访局前上访，随后到广州市政府门前“散步”。接访人员坚持根据信访条例规定，上访者必须选派 5 名代表陈述意见，但这个提议始终被遭到拒绝。人群中有人喊着“我们不要被代表”。也不断有人出面向上访者宣读广州市市长张广宁在一封群众来信上的批示，批示要求广州市有关部门和番禺区政府认真听取公众意见，妥善处理此事，但这并没能安抚上访者的情绪。

毫无疑问，这是一件非常罕见并且严重的事件。广州市副市长苏泽群接到报告后亲自前往接访，但由于在选派代表的问题上存在分歧，副市长先是在广州市信访局的办公室里等了 3 个小时，下午又赶到番禺区信访局等待，却一无所获。他距离上访人群最近的时候只是一墙之隔，双方却始终没能碰面。

更具戏剧性的是，当天上午，正值番禺区部分居民在广州市中心“散步”的时候，番禺区区长召开了“创建番禺垃圾处理文明区工作座谈会”，与约 30 多名小区业主进行面对面谈话，称“环评不通过不动工，绝大多数群众反映强烈不动工”。30 名居民代表参加了会议，并且在会场看到了番禺区区长楼旭逵。据《番禺日报》次日的报道说，与会的居民代表对区长亲自参加了会议感到非常意外。

12 月 10 日下午，番禺区就垃圾焚烧处理问题的计划与思路与市民和媒体进行座谈。在介绍会上，番禺区公布了刚刚出台的《创建番禺垃圾处理文明区工作方案》和《番禺区垃圾分类收集综合利用方案》征求意见稿，❶ 从即日起开展全民大讨论，并在三个试点小区启动推行垃圾分类。

按照这个方案，垃圾处理大讨论将分为四个阶段。首先是大讨论大宣传，以使广大市民了解本区目前垃圾处理的难度与形势，认识到番禺的垃圾只能在区内处理，并共同寻求相对合适的处理方式。其次，他们将倡导人人参与垃圾分类减排，从源头做起，减少垃圾产生。再次，他们将让市民了解项目建设的法定程

❶ 资料来源：广州市番禺区人民政府门户网站，http://www.oeeee.com/a/20091216/818038.html. 2010 年 1 月 20 日访问。

序，参与项目可行性研究、选址调研、论证和环评工作，科学合理地决定垃圾处理方式和选址。最后，围绕垃圾综合处理项目科学监管的主题展开工作，以实际工作成效消除公众疑虑。每个阶段干什么，都有明晰的时间表。

书记亲临小区与居民对话，共商垃圾处理难题

12月20日上午，番禺区委书记谭应华应丽江花园业主代表邀请，与小区居民面对面交流，来自华南板块各小区的约50名业主代表参加座谈会，座谈长达3个多小时。谭应华书记在业主代表座谈会上表示，垃圾焚烧发电厂项目已停止，“以后垃圾处理以某种方式落在什么地方，要达成共识，要大多数周边的人同意才行，这个比例要达到75%”。

12月20日这天一大早，书记提前来到丽江花园小区，用他自己的话说，“业主邀请我27日来，我想能不能早点，越快越好。”于是，按照书记的意思，与业主座谈的日期就定在12月20日。此时100多名业主代表也来到了现场。

据了解，丽江居委会在去年选出68名居民代表，因有31名外出联系不到，前日以现场报名后抽签的方式，邀请丽江花园31名业主参会，但只有8人符合条件。而一些没有代表证或邀请函的业主无法入场，认为自己“被代表”了。他们聚集在会场门外，要求进场参加座谈。谭应华书记走到座谈会会场门外，表示有空位的话就可进来，他邀请了15名业主代表入场，“我诚心诚意地跟大家商讨垃圾分类这个事情，但参与座谈的有些是老同志，外面太冷，就不到室外了。”

丽江花园有业主事后在业主论坛表示：“从这点看，谭应华书记还是抱着听民意的目的来的，态度还是很诚恳的。”

引起公众讨论的疑点

（1）根据2006年广州市规划局下发的《番禺区生活垃圾综合处理厂的选址意见书》，建设单位必须在一年有效期内领取建设项目用地预审报告，但番禺区市政园林局直到2009年4月才获得国土部门批准的土地预审报告。这意味着，这份选址意见书其实是失效的。对此，番禺区政府的领导承认“程序上是一个缺陷”，但同时表示，“这不是一个不可完善的问题，我们可以重新申请”。

（2）11月4日，广东省省情调研中心发布的民调数据显示，对于不赞成垃

圾焚烧厂的原因，94.4%受访者选择了“因垃圾发电厂建设与民生息息相关，政府有关部门在决策过程中未能广泛征求民意”这一项。从2004年确定选址，2006年通过选址审批，5年来对于公众没有情况通报，没有听证，没有征求意见。直至2009年9月，一则媒体通报的消息“由广日集团投资两亿元的广州市番禺区生活垃圾焚烧发电厂即将进行环评，环评通过后立即破土动工，预计明年建成”，才“惊醒”了周边30万居民。人们质疑的一个重要焦点就是：政府信息透明不够，征询民意不够。

根据记者调查，番禺区区政府的操作程序虽有不少瑕疵，但大体“合法”。因为，按照我国现行体制，决策程序就是政府内部讨论—专家咨询、论证—作出决策方案—征求民意—定案。

但是，这种传统的“听取公众意见”的方式，也备受质疑。找几个人开个座谈会，就算征求公众意见？把方案往报纸、网络上一贴，公众究竟提了什么意见、这些意见是否被采纳，没有了下文。这样的“民主座谈会”、有公示无回应的“单向沟通的民主”，对于解决番禺垃圾风波，显然是苍白的。

(3) 官方的选址周围是人口稠密的居住区，仅仅诸如丽江花园、华南碧桂园、广州奥园、南国奥园、祈福新村、星河湾等大型楼盘的居民就超过30万，再加上钟村镇与大石镇及会江、上滘、厦滘等已经城镇化的众多村落，总人口在70万~100万。可以说，从全世界的范围看，还没有一个国家将垃圾焚烧项目建在人口如此密集的地方，西方国家基本上都是建在工业区的。这一点成为番禺项目争议的一个主要焦点。

此外，番禺项目距西南的亚洲最大火车站“广州新火车站”不足3公里，距“新火车站规划区”只有几百米；项目东边1公里处是广州唯一国家5A级风景区香江野生动物园。上述区域又构成“广州新火车站—汉溪长隆”广州城市次级中心区域。

(4) 复杂的承建运营商。2009年7月，广日集团宣布，广州市政府已经将广州市生活垃圾的终端处理专营权授权给了广日集团。也就是说，理论上，广日控股公司“垄断”广州垃圾，然而广日集团没有独吞这个大蛋糕，而是与广州诚毅科技开发有限公司（台港澳合资的广东立信企业有限公司旗下子公司）共同出资3亿元，成立一家名为广州环保投资有限公司，全面负责生活垃圾处理业务。其中广日集团出资1.53亿元，占51%；诚毅科技出资1.47亿元，占49%。广东立信企业有限公司是一家台港澳合资公司，依靠为广东移动公司开发电子计费器起家。与广日集团公司类似，其也没有从事垃圾焚烧处理的技术和经验。

广州环投公司成立后，立即介入李坑垃圾焚烧发电厂二期工程建设。2009年6月25日，广州环投公司在广州市工商局注册登记成立了“广州禺山环保能源有限公司”，公司注册资金为1.85亿元。随后，广州禺山环保能源有限公司成为番禺生活垃圾焚烧发电厂的建设单位，并于今年9月开始进行工程监理招标。

（5）四位环评专家被怀疑“做垃圾焚烧生意”？

12月2日，网友质疑四位环评专家身份：为做垃圾焚烧生意。

教育部固废处理与环境安全重点实验室主任、清华大学教授聂永丰，申请了“立转炉式生活垃圾热解气化焚烧炉”专利，是此项专利的发明（设计）人。

声称“烤肉产生的二噁英比垃圾焚烧高1000倍”的舒成光，被曝是全球最大的垃圾处理企业之一美国卡万塔的中国区副总裁、首席技术专家。

中国科学院生态环境研究中心二噁英研究室主任、研究员郑明辉，郑明辉2007年曾在《人民日报》上称二噁英是“定时化学炸弹”，在座谈会上却将二噁英称为“可以控制的老虎”。

环境保护部华南环境科学研究所副所长许振成，则因为华南环境科学研究所正是该垃圾焚烧项目的环评单位被质疑。网友在爆料时还附上了详细的资料出处。

案例分析

一、背景理解

（一）国内外城市垃圾处理现状

城市生活垃圾通常是指城市区划内人们在日常生活和生产活动中，如居民生活、商业活动、旅游、市政维护、企事业、机关单位办公等过程中所产生的固体废弃物，包括厨余物、餐饮残余物、废纸、旧织物、旧家具、玻璃陶瓷碎片、废旧塑料制品、煤灰渣、废交通工具等。城市生活垃圾是城市污染的主要来源之一，世界各国由于经济状况、人们生活习惯的不同，导致了城市生活垃圾的产量及性质的不同。但是，随着城市的发展，城市规模和人口的增长，城市环境问题日益突出，生活垃圾污染呈现日趋严重的趋势，垃圾包围城市的现象屡见不鲜，生活垃圾占用农田、污染水源，这些都已成为世界性的话题。如何经济有效地处理城市生活垃圾成为世界各国普遍关注的问题，也是不断研究和寻求解决的难题。我国在城市化的过程中，也面临同样的问题，垃圾处理与生活环境之间的矛盾日益突出，寻求更好的处理垃圾的技术成为备受关注的话题。一些发达国家在经历了垃圾处理的惨痛的教训后，建立和完善了垃圾回收、处理和资源化的各种制度，不过由于各国垃圾性质、经济实力、地理资源、技术手段、法律政策等方面的差异，导致了不同国家甚至不同城市垃圾处理过程和方式的不同。

1. 国外垃圾处理现状

世界各国对生活垃圾的处理及污染治理的技术的发展一般是随国情而异的，目前国际上对生活垃圾的处理通常以填埋、焚烧和堆肥三种方式为主。20 世纪 90 年代以前，大多数国家的生活垃圾处理方法以填埋法为主，随着城市和经济的发展，越来越多的国家采用焚烧技术对垃圾进行处理。目前，美国、英国、意大利等以卫生填埋为主，日本、丹麦、荷兰、瑞士等国采用焚烧法处理垃圾的比例都接近或超过填埋法，而堆肥法在国外已较少使用，芬兰、比利时的使用比例较大。

当前，美国城市生活垃圾处理中，回收所占比例为 30%、焚烧占 14%、填埋占 56%。其城市生活垃圾的收集、回收、处理、加工及销售是一个依靠商业模式来运行的系统的产业，由专门的废弃物收集处理的公司承包运作。居民每月交与市政管理部门一定的垃圾处理费，市政管理部门再与废弃物处理企业签订合同。商业化及规范化的垃圾行业运转模式，使得美国城市垃圾回收率不断提高，减轻了垃圾填埋处理和焚烧的需求，更好地实现了资源化的发展。

英国的垃圾处理一直以来由垃圾卫生填埋占据主导地位。但近年来，由于垃圾填埋占用大量土地资源，欧盟颁布了有关生活垃圾处理的新规定，要求在 2016 年以前生活垃圾的填埋量下降到 35%，2010 年垃圾回收再利用率达到 30%。为实现新的垃圾处理原则，英国将提高垃圾填埋税以缩减建立新的垃圾填埋场，并将陆续建立100个垃圾焚烧发电厂，同时出台了一套垃圾税收新政策，鼓励垃圾回收再利用，并建立了废物回收网站，帮助访问者在网上数据库迅速寻找到离家最近的废物回收点以及废物回收的种类和注意事项，回收的玻璃、电子产品等送到专业处理厂，进行循环再利用；采用小型堆肥设备对庭院和餐厨垃圾进行堆肥，以降低垃圾收集量，堆肥后再进行统一收集，进一步处理作为肥料出售，效益可观。

德国是世界上在环境保护领域处于领先地位的国家之一，其在生活垃圾的处理方面，坚持以预防为主，尽量减少垃圾的产生，因此德国的生活垃圾经回收后无用的垃圾并不多。同时建立基于封闭物质循环思想的二元废弃物处置系统，出台相应的法律、法规对生产者和消费者的责任进行了明确规定，以达到废弃物的资源化循环目的。德国也是世界上最早进行垃圾焚烧技术研究开发的国家，现有61个垃圾焚烧厂，焚烧能力为1400万~1500万吨/年，并用于热电联产。柏林、汉堡、慕尼黑等大型城市中，民用电10%~17%来自垃圾焚烧。到2005年德国已严禁建设填埋场，废除垃圾直接填埋方式，垃圾处理趋于彻底化和资源化。德国垃圾行业年产值约400亿欧元，是德国国民经济中的重要组成部分。

瑞士城市生活垃圾的回收率已经达到较高的水平，2000年其纸张的回收率已经达到64%。瑞士的城市生活垃圾处理大部分是通过焚烧方式处理，焚烧量约占80%，还有约15%的残渣、废物进入填埋场。瑞士政府规定，自2001年起，城市生活垃圾禁止直接进入填埋场进行填埋。即“填埋进入法”，城市生活垃圾必须经源头减量，分类收集，分类处理，资源充分利用以后，最终的惰性物质才能进行填埋处置。❶

日本在第二次世界大战后，以一种高资源投入、高环境破坏的方式迅速发展经济，但其国土面积狭小，自然资源匮乏，在经济发展的过程中产生了巨大的人口、资源和环境的矛盾。20世纪90年代开始，日本政府积极地引导对废弃物进行资源化处理，通过建立多层次多方面的法律体系，对废弃物进行处理和再利用。如《废弃物处理法》、《家电回收法》、《推进循环型社会形成基本法》等。

❶ 薛强，陈朱蕾. 生活垃圾管理与处理技术［M］. 北京：科学出版社，2007：32-33.

目前日本已成为世界上资源回收利用率最高的国家之一。日本的垃圾处理分为前端控制、中间处理和最终处置三块，前端控制主要是抑制垃圾的产生、垃圾分类收集及再生利用；中间处理包括垃圾焚烧、堆肥等；最终处置即最后阶段的卫生填埋处理。

2. 国内垃圾处理现状

改革开放以前，我国城市生活垃圾的处理水平一直很低，长期依靠填埋、堆放和其他简易的方式进行消纳，基本上没有进行无害化的处理，更谈不上资源化。虽然改革开放以来，我国城市垃圾综合治理发生了很大的变化，但是，垃圾污染的问题除在少数城市有所缓解外，大部分城市的垃圾处理问题依旧存在，并日趋严重，垃圾对环境的污染问题也日益突出。随着我国城市化进程的推进，城市规模、数量和人口的增加导致了我国城市垃圾的大幅度增长，城市垃圾管理承受着巨大的压力。“垃圾围城”的现象越来越严重，成为城市发展中的一道难题。

目前，从全国的总体的情况调查分析，全国有95%以上的城市生活垃圾采用填埋处理，而且预计在未来的一段时间内，卫生填埋处理仍将是我国大多数城市解决生活垃圾问题的主要方式。垃圾堆肥和焚烧处理所占比例较少。（见图3－1）从目前的运行情况看，由于堆肥机械设备技术水平较低，并且垃圾未进行有效的分类，堆肥产品肥效不高，也未能达到相应的经济效益。而焚烧处理技术在我国还远远落后于其他发达国家，在一些城市中甚至没有能够掌握相应焚烧技术的能力，但是随着城市的发展，单纯采用堆肥和填埋的方式已无法满足垃圾处理的需求，垃圾焚烧虽然成本高，技术复杂，但是已经相继在我国一些经济发达的地区开始建设和投入使用。其中，运转正常的垃圾焚烧厂大多数分布在东南沿海一带，绝大多数西部城市，则采用填埋或简易堆肥处理。

我国的垃圾分类回收及综合利用由于技术落后，加之没有相应的管理措施以及系统化的垃圾产业结构，长期以来依旧是依赖原始性的人工分拣，通常除却纸张、玻璃、塑料、金属等被分拣回收外，其他绝大部分垃圾被填埋或焚烧，相当多的可回收的垃圾没有得到及时处理，甚至包括一些对环境污染严重的垃圾，如电池等，也被混杂在普通生活垃圾中一并填埋，对环境造成严重的污染。

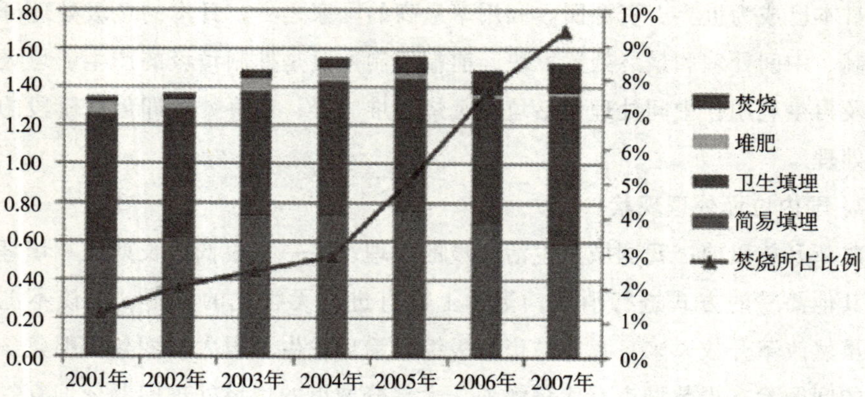

图 3－1　我国垃圾处理统计❶

（二）城市生活垃圾处理技术

目前国外发达国家的城市垃圾收集、运输和处理的管理与技术都已经相对成熟，城市垃圾问题已得到全世界的重视，观念上也从单纯地处理垃圾向资源化方向转变。在处理方面，目前各国广泛采用的处理方式主要有卫生填埋、堆肥、焚烧、综合处理四种方式。

1. 卫生填埋处置法

所谓的卫生填埋，并不是简单的垃圾填埋处理，而是对垃圾处理场按照环境卫生工程技术进行施工，使填埋的垃圾对周边环境不至于造成污染。

垃圾填埋是大量消纳垃圾的最有效也是最终的处理手段，也是目前我国主要采用的城市垃圾处理方式。

优势：操作简单，处理量大，技术成熟，投资和运行费用低，适用于所有类型垃圾。

劣势：填埋场需要占用大量的土地，处理周期长。在城市发展的过程中，填埋场的选址越来越困难；填埋垃圾混合程度高，可回收利用的部分一并被填埋，资源化程度低；垃圾有毒有害成分的存在，加之产生的垃圾渗滤液等问题会严重污染地下水及土壤，垃圾腐烂发酵后产生的臭气会污染大气，其中的甲烷等可燃

❶　陈佑钢，王宪周．城市生活垃圾处理技术综述［J］．设计与计算，2010（1）：2.

性气体又是火灾和爆炸的隐患。如果建设和管理不当，会造成环境深层次的污染问题。

2. 高温堆肥法

堆肥法是在人工控制的条件下，利用微生物对垃圾中的有机物进行生物分解的过程。堆肥可以产生一种稳定、卫生、有一定使用价值的农业肥料或土壤改良剂，对解决城市环境污染及实现城市生活垃圾无害化、资源化都具有一定的意义。

优势：作为生化处理技术，是无害化较为有效的方式，能有效处理易腐有机质（如厨余类垃圾），又可制造有机肥料，实现资源的自然循环。

劣势：由于目前我国城市垃圾大都采用混合收集的方式，垃圾中除混杂有机类可进行堆肥的物质外，还包括大量塑料、玻璃、金属等不易腐化的无机类物质，这些混合物的存在既会影响堆肥产品的肥效，同时该类肥料应用于农田，可能会由于某些重金属等有毒物质的存在污染土壤和水源。再者，堆肥法还存在投入的机械设备投资大、处理量小、环境卫生差的缺点。

3. 焚烧法

焚烧法是指将垃圾中的可燃物在焚烧炉中与氧进行高温燃烧反应，以处理和减少垃圾的过程。其实质为碳、氢、硫的氧化反应。目前在国外多种城市生活垃圾处理方式中，焚烧法已经逐渐成为被较多采用的一种回收热能的垃圾处理方式，在近年内得到了迅速的发展。

优势：处理量大，减容、减量化程度高，垃圾处理周期短，占地面积小，选址较为灵活，并可回收垃圾燃烧产生的热能。

劣势：垃圾焚烧处理的设备成本投入较大，运转费用高，技术和管理的要求高，对焚烧条件等管理不当会产生二噁英等有毒有害物质，对环境造成严重的污染。

4. 综合处理

所谓的综合处理，就是将卫生填埋、堆肥、焚烧等多种垃圾处理技术系统有机地结合运用，充分发挥各种垃圾处理系统的优势，以真正达到城市生活垃圾的减量化、无害化、资源化的目的。在综合处理中，针对目前生活垃圾成分复杂，混合程度高的特点，必须对垃圾进行分类回收，如此一来不仅可以回收有用的物质，大大减少垃圾量，也为后续的垃圾处理奠定了基础。之后再将其中的有机物质进行堆肥，易燃物质进行焚烧回收热能，最后的残余物再进行填埋。这样能够有效地实现垃圾处理的减量化、资源化的目标，也更好地保护环境，更易被公众所接受。

表 3-1　各种垃圾处理方法比较❶

比较内容		卫生填埋	高温堆肥	焚烧处理	综合处理
经济	单位投资	6 万～15 万元/t	5 万～40 万元/t	35 万～65 万元/t	15 万～30 万元/t
	运行费用（元/t）	50～80	50～110	150 左右	85 左右
	土地占用量	大	较大	较小	较小
环境	废气	产生沼气，加剧温室效应	发酵过程有臭味，排放酸性气体，并含有重金属	排放少量酸	有重金属
	废水	垃圾渗沥液	垃圾渗沥液（较少）	可能性很小	—
	土壤	渗沥液污染	重金属污染	气体污染物的沉降	—
技术	适用条件	各种生活垃圾	垃圾中易腐物占 40% 以上	垃圾低热值大于 4127kJ/kg	各种生活垃圾
	技术可靠性	可靠	较可靠	较可靠	较可靠
	操作安全性	好，但注意沼气爆炸	好	较好	较好
	管理水平	要求一般	要求较高	要求高	要求高
社会	公众满意度	要求一般	要求较高	要求高	要求高
	资源化	较差	较好	好	好
	减量化	不减量	20%	>80%	>90%

❶ 胡建平. 城市生活垃圾处理模式评价研究［D］. 华中科技大学硕士学位论文，2008（6）：12-13.

（三）番禺生活垃圾处理的难题

1. 番禺垃圾处理任务及现状分析

从1999年至今，随着城市的发展，广州市生活垃圾产生量10年翻了一番，目前，全市每天产生的生活垃圾已高达12000吨。广州市重新城区的生活垃圾都集中在兴丰生活垃圾填埋场和李坑生活垃圾焚烧发电厂处理，其中，兴丰生活垃圾卫生填埋场日处理7000吨，李坑生活垃圾焚烧发电厂日处理1000吨。另外4000吨垃圾，分别在番禺区、花都区、从化市、增城市当地处理。❶ 由于受容量所限，预计兴丰生活垃圾卫生填埋场将于2011年填满封场。

番禺2000年被划入广州市区，以满足广州对土地不断增长的需求。随着城市的建设发展和城市化的进程，番禺也得到了快速的发展，房地产更是成为其中的支柱产业，与此同时，流动人口的增加，番禺的垃圾也呈现不断增长的状况。

截至2008年，番禺区居住人口250多万，年产垃圾近60万吨。到2010年，每天将产生垃圾约2000吨。目前番禺区有一座日处理垃圾1200吨的垃圾卫生填埋场和5座日处理600吨的小型垃圾填埋场及焚烧厂。其中，日处理能力1200吨的火烧岗生活垃圾填埋场预计将于2012年填满封场。按照现有的垃圾处理设施的容量和处理量，在2~3年内，番禺区将无法应对每日2000多吨的生活垃圾处理，届时，番禺区将面临着垃圾围城的困境，而到那时，广州也会面临垃圾围城的巨大危机。

而由于番禺区土地资源短缺，山体少，已无法找到可以建设大型垃圾卫生填埋场的地方，而根据广州市社科院经济研究所研究员郭艳华的模型测算，如果全部采用填埋方式，广州在2015年、2020年、2025年分别需要用地约2979亩、6123亩和9327亩，广州将面临无地可用的窘境。因此不管是番禺区还是广州市，垃圾焚烧发电的处理方式是最符合目前城市现状的垃圾处理方式。

2. 垃圾焚烧处理的现状分析

目前，国内外最常用的生活垃圾处理方式主要有卫生填埋、堆肥和焚烧发电三种。卫生填埋是目前采用较多的垃圾处理方式，但由于其具有占有土地面积

---

❶ 该部分相关数据来源参考广州环保网（www.gzepb.gov.cn）。

大、渗滤液处理难度大等原因，正逐步被国内外所减少采用。堆肥处理由于占用土地面积大、产品质量难以保证等原因，其应用也呈现逐年下降趋势。焚烧发电方式以其占地面积小、无害化处理充分，减容减量明显、资源化利用率高等特点，已越来越多地被广泛采用。

据统计，目前有35个发达国家和地区建有2000多座生活垃圾焚烧厂。我国城市生活垃圾焚烧技术研究起步于20世纪80年代中期，从整体上讲，采用焚烧技术处理垃圾在我国尚处于起步阶段，这与我国城市垃圾中的可燃物含量较低，经济技术较差以及综合因素的影响有关。但是，随着我国国民经济的发展，城市化水平加剧，城市垃圾量也持续在增长，促使我国的垃圾焚烧技术也与之进步，尤其在我国经济发达地区得到了迅速发展，焚烧处理能力从2001年的6520吨/日提升到2005年的33010吨/日，翻了5倍。目前，我国已建成具有规模的生活垃圾焚烧发电厂60多座。

2007年9月，国家发展和改革委员会、建设部、国家环境保护总局联合颁布实施的《全国城市生活垃圾无害化处理设施建设“十一五”规划》指出：“焚烧处理可最有效实现生活垃圾的减容、减量、资源化”；“减少东部地区、经济发达地区的原生生活垃圾填埋量，节省土地资源，鼓励选用先进的焚烧处理技术。到‘十一五’末，东部地区设市城市的焚烧处理率不低于35%。”

具体到广州的实际情况，基于广州经济较发达、土地资源稀缺的现状，广州确定了生活垃圾终处理走向以焚烧发电为主，填埋和综合处理为辅。

2002年12月广州引进国际先进技术和设备动工建设第一座生活垃圾焚烧发电厂——位于广州白云区太和镇永兴村的李坑生活垃圾焚烧发电厂，并于2006年投入使用，日处理生活垃圾1000吨，截至2009年9月30日，该厂共焚烧处理生活垃圾127万吨，平均每年处理34万吨，累计发电4亿多度。

但是，由于焚烧技术对垃圾的低位发热值有一定的要求，通常要求低位热值大于4127kJ/kg，水分不高于54%，可燃物含量大于22%。但是目前我国城市生活垃圾混合程度高，垃圾中的可燃物主要是厨余类垃圾，并且塑料、废纸等高热值垃圾含量较小，由于垃圾燃烧不完全等原因所产生的二噁英等有毒物质的污染是目前我国垃圾焚烧的主要弊病。并且我国普遍小型简易垃圾焚烧场的存在，在垃圾处理技术上的相对落后和管理上的不足，更致使垃圾焚烧过程中有毒物质污染环境的问题存在。

可以说，广州大型垃圾焚烧场目前所掌握的相关垃圾焚烧处理技术是处于世界先进水平的，根据环保监测情况表明，其中的运行指标也符合规范要求。但是，在事件调查过程中，不少市民都反映，李坑垃圾焚烧场周边环境散发着恶臭，在焚烧场投入使用后因癌症死亡的村民比例上升。因此，民众抵制垃圾焚烧的情绪日趋剧烈，这也折射出我国垃圾焚烧场问题依旧严峻，推进垃圾焚烧依旧是城市发展的一大难题。

（四）对案例事件的理解

怎样看待这次番禺垃圾焚烧发电厂事件，我们首先应该把事件分为两个阶段：前期阶段和后期阶段。

1. 前期阶段：市民积极维权，策略沟通，促使事件发生转机

番禺垃圾焚烧发电厂事件从一开始就是讨论垃圾焚烧厂的选址问题，并没有进行是否需要建设的讨论。

从2003年到2006年的调研和选址讨论的整个过程中，尽管关于番禺区要建设垃圾焚烧厂的报道不断见诸报端，广州市国土局、番禺区政府、市规划局、市发改委也分别在自己的官方网站或有关新闻中披露这一工程的进展情况，但是从来没有引起过当地居民的注意。在事件发生后，根据媒体的调查显示，在整个调研选址的过程中，政府相关部门并没有通过正式或非正式的渠道向有关居民收集意见，而是始终保持沉默，致使当地居民对此事件大多一无所知，形成政府与公众信息不对称，甚至政府垄断信息的局面。

当事件通过网络等媒体进入公众视野后，起初相关市民自发组织签名反对等抗议活动，政府并没有积极地就事件本身以及公众的质疑作出回应，由此造成市民的抵触情绪越来越高涨，以至于在政府召开新闻发布会对垃圾焚烧相关问题进行解释时，相关的专家受到广大网友和市民的质疑，政府失去公信力。随后政府依旧保持强硬的态势试图推进垃圾焚烧发电厂的建设，事件进一步发展，市民维权行为的影响范围不断扩大，政府也逐渐意识到与市民进行公共沟通的重要性，意识到市民参与公共政策的必要性，开始逐步积极地与相关市民进行接触，倾听和收集相关的意见和建议，表现出充分尊重民意的态势。

2. 后期阶段：政府互动沟通，求得共识，促使事件得以解决

从后期阶段的沟通情况来看，无论是市政府，还是区政府，政府和党委的主要领导都非常重视与市民的沟通，并且都亲自与市民进行直接的面对面的对话，这些都取得了良好的效果。据市民的反映和网上的舆论来看，政府人员的沟通态度是诚恳的、虚心的、富有诚意的。在这些互动沟通的过程中，我们也看到了政府形象和行政行为都有了很大的改变，市民的满意度和信任度也在逐渐提高。比如，《创建番禺垃圾处理文明区工作方案》和《番禺区垃圾分类收集综合利用方案》征求意见稿的发布，就是互动沟通的结果。从文件的内容上看，主要是开展垃圾处理大讨论，并且设计了四大步骤和各个步骤实施的具体方案，里面也包含了许多尊重市民意见、加强双向沟通的富有意义的内容。这两个文件的出台不得不讲，这是政府公共管理沟通的一大进步。市、区两级主要领导亲自与市民进行面对面的沟通，这不仅表示政府领导对事件和民意的重视，认真倾听市民的诉求和意见，更重要的是拉近了政府与市民的距离，获得市民的信任，树立了良好的政府形象。通过多种渠道和多种形式的沟通，遵循“求同存异”的基本原则，与市民在许多方面达成共识，比如垃圾分类处理问题，得到市民的一致赞同和拥护，并表示积极试点实施。政府领导亲赴现场与市民面对面沟通，也遵循了第一现场的原则、直接沟通的原则。这些都是处理群体事件的基本有效行为。

3. 目前：垃圾处理难题仍未解决，沟通还需继续

番禺垃圾焚烧发电厂事件虽然告一段落，但是这个案例并没有尾声，垃圾处理的最终解决办法仍在思考之中，并没有作出最后的决策。垃圾分类处理是垃圾处理的前期工作，无论采取怎样的处理方案，垃圾分类处理都是有益处的。但垃圾分类不是垃圾处理的最后办法，它也不能最后彻底地解决垃圾处理问题。既然问题没有得到最后的解决，这件事情的沟通仍需要继续努力。在前面的背景分析中，我们列举出各种垃圾处理的方法，每一种方法都是有利有弊的，没有一个方法可以说是十全十美的。从全球范围来看，垃圾焚烧发电的办法有成功的案例，比如维也纳垃圾焚烧厂，但也有失败的。因此，我们不能一概而论就说垃圾焚烧发电厂不行。这里所涉及的因素很多，有技术方面的，有管理方面的，有垃圾前期处理方面的，等等。目前我们面临的垃圾围城问题非常紧迫，解决该问题已经到了刻不容缓的地步。政府要解决垃圾围城问题，既需要进行周密细致的政策分析过程，又要开展相应的公共管理沟通活动，求得政府与市民双方都满意的解决方案。

二、问题诊断及原因分析

（一）政府公共沟通方面存在的主要问题

1. 事件前期信息发布不透明，与市民沟通不畅

从2003年选址开始到2006年选定了会江村，当地的村民都没有得到过任何政府的公告和通知。建垃圾焚烧厂作为一项公共决策，政府应该让该政策的受众群体充分参与进来，公众参与公共政策的制定也是民主的体现。很遗憾的是自始至终番禺当地的居民连任何信息都没有得到，更不用说参与政策的制定了。从2003年到2009年这6年时间里，只有零星的信息发布出来，并且都是一些非正式的沟通，只有小范围的村民才知道此事，直到2009年2月4日广州市政府才发出正式通告，在此之前的政府网站上、政务公开栏目上面都没有公开发布过有关在番禺建垃圾焚烧厂的任何信息。如此重大的公共决策，没有一个完善的信息发布机制，甚至还有有意隐瞒相关信息的嫌疑，导致了后来政府公信力的下降。到后来公众得知消息后与政府对峙阶段，政府的信息发布仍然没有做到及时公开透明。比如，环评专家的相关信息、环评机构等，政府有关部门都没有作出正面的回答，在很多方面政府都垄断了信息，造成了公众和政府的信息不对称。

2. 政府对外沟通策略分析

忽视对外公共沟通。在2009年2月之前，政府与市民几乎是没有沟通的，番禺区政府在垃圾焚烧厂选址问题上一直保持沉默，没有告知当地的村民，可见政府是没有和公众进行有效的沟通。

单方面告知。2009年2月4日，广州市政府发出通告，决定在番禺区大石街会江村和钟村交界处建垃圾焚烧厂。该公告还表示，违反本通告，拒绝、阻碍国家工作人员依法执行公务的，按相关规定追究刑事责任。政府发布的公告带有强制性的口吻，是正式的沟通，但主导权还是在政府一方，公众很难和政府进行有效的沟通。政府也没有建立相关的公众信息反馈机制，公众的权利没有相关的途径得到表达，政府与市民很难形成有效的沟通，公众处于被告知的地位。

被动沉默应对。面对番禺居民的反对，政府采取的策略是比较被动的。政府都是在居民提出反对意见后才行动，比如，在居民将事态升情造势后，番禺区政府才召开新闻发布会。正是因为政府的被动才造成了民众对政府的不信任。政府漠视与民众的互动沟通，我们可以理解为是政府认为自己是强势博弈方的判断策略，直到后来面对居民的上访，政府仍然没有任何的退让，没有面对面与居民进行沟通，没有很好地安抚上访者的情绪，造成了后来事态的进一步恶化。可以说，起初政府是忽略了管理沟通的作用，想采取简单的行政手段来解决问题。面对公民权利意识的觉醒，重大公共政策的制定不能一味地追求效率而忽略民主程序和法律规定。而与公民的有效沟通正是民主的表现，面对公民的诉求，政府应该积极地面对和给予回应。现在的政府应该是为民服务，具有责任性和回应性的政府。政府沟通的被动性还体现在政府没有在整个事件过程中正确引导公众，没有正确引导事态的发展，没有正确引领舆论的焦点。对于垃圾焚烧技术的宣传几乎没有，政府应该大力宣传垃圾焚烧技术的科学性和安全性，让公众对这种垃圾的处理方法有正确的认识后，再考虑选址的问题。

3. 政府内部沟通分析

在整个番禺事件过程中，政府内部的沟通也存在问题。根据 2006 年广州市规划局下发的《番禺区生活垃圾综合处理厂选址意见书》，建设单位必须在一年内取得项目用地预审报告，但直到 2009 年 4 月才获得国土部门的审批。这其中是相关部门之前的沟通协调出问题，还是建设单位自己的问题我们不得而知，但程序上肯定是出了很大的问题，其中很大部分原因可能就是部门之间的协调出了问题。其实，在 11 月 14 日广州规划局表示不通过环评绝不动工的，然而在 11 月 22 日广州市政府召开新闻通报会却表示了坚定不移的发展垃圾焚烧的方向的言论，政府内部的口径没有统一，很明显是政府内部的沟通出现了问题。然而政府内部的沟通到底是什么地方出了问题，我们从案例中并没有看到更多的描述。

4. 政策制定过程中的合法性分析

在案例事件中政府行为的合法性也遭到公众的怀疑。首先，根据《中华人民共和国政府信息公开条例》第十八条规定，属于主动公开范围的政府信息，应当自该政府信息形成或者变更之日起 20 个工作日内予以公开。法律、法规对政府信息公开的期限另有规定的除外。如果说在 2008 年 5 月之前还没有修改法规的话，之前没有发布相关信息倒没有违法，但在该法规实行后，有关政府部门并没有按照该条款规定进行信息发布。2006 年制定的选址意见书直到 2009 年才发布。其次，政府的行为还违反了程序公正性原则。根据 2006 年广州市规划局下发的《番禺区生活垃圾综合处理厂选址意见书》，建设单位必须在一年内取得项目用地预审报告，但直到 2009 年 4 月才获得国土部门的审批，这就意味着这份选址意见书其实是失效的。并且在取得审批之前广州市政府便发布了关于建设垃圾焚烧厂的通告。政府的这些行为严重影响到政府的合法性和公信力，使得政府在后面与市民沟通中处于被动的地位。

（二）问题产生的主要原因分析

第一，政府信息发布缺乏透明度。毫无疑问，番禺事件是一个公共决策问题，公共政策的制定必须吸引市民参与进来。政府作为政策制定的主体，必须把制定政策的相关信息及时、透明地发布出来，让公众及时了解政府的政策来获取民众的支持和理解。面对公民参与意识不断增强，公民维权意识和公民社会的兴起，政府更应该进行阳光行政。广州番禺垃圾焚烧发电厂项目问题之所以风波骤起，正是因为这一对民众生活可能产生重大影响的项目，从选址、审批、征地，始终没有通报，没有听证，大多数人甚至不知道该项目的存在！政府没有满足公民知情权反而有意隐瞒，这是造成政府公信力下降的一个主要原因，以至于到了后面市民不相信政府。

第二，政府管理沟通策略存在问题。在传统的政府管理沟通中，大多数都是单向的沟通。随着我国市场经济的完善和发展，公众维护自身权利的意识逐步增强，政府在处理集体利益和个人利益时矛盾重重，面对日益兴起的公民社会，政府应该改变传统的管理沟通模式，与市民建立双向互动的沟通模式。在番禺垃圾焚烧厂的事件中，政府明显还是采用传统的管理沟通模式，政府机关内部普遍存在着“官本位”思想，缺乏服务意识与公众意识，公共部门与外部公众联系较弱，行政管理活动中仍然存在管理者居高临下、盛气凌人、不重视与群众的沟通，不愿意主动与群众沟通等现象。在事件前期，番禺区部分小区业主多次信访，要求与政府对话得不到正面的回应，导致市民对政府缺乏信任感，政府公信力大大下降，出现政府与民众冲突扩大化和复杂化的倾向。有效的管理沟通应该是双向的互动行为过程，双向沟通必须建立一条信息反馈渠道，并对信息的反应作出及时反馈，才能做到有效沟通。

有效沟通的一个标准是，沟通者要和信息接受者保持良好的关系。[1] 要和信息接收者保持良好的关系必须取得他们的信任，当双方互相信任时，有效沟通便很容易取得。在番禺垃圾焚烧厂事件中，政府行为的合法性和合理性都遭到了公众的质疑。政府没有及时发布相关信息，公众取得信息都是从网络和其他途径并不是从政府的沟通渠道得知，这就严重地影响到政府的公信力；政府行为的合法性也让公众没法相信政府的行为，便造成了无论政府怎么解释，公众都无法满意的结果，甚至在网上发表不利于政府的言论。在这种不信任的前提下政府如何能做到有效沟通呢！

政府在与公众进行管理沟通时应该做到主动沟通，不能等问题出来后才出来解释。在番禺垃圾焚烧厂事件中，政府都是始终遵循着“项目即将动工——民众反对——紧急叫停——补办环评手续”这样的逻辑，事后的补救措施不如事前主动的沟通。政府更应该主动积极做管理沟通的主导者，只有主动地进行沟通，引导沟通的方向和舆论的方向才能有利于进行有效的沟通和达到公共管理沟通的目的。

（三）市民与政府沟通行为分析

1. 理性表达诉求，但缺乏有效组织

首先我们以时间为序对业主在与政府沟通过程中的行为进行一个简要的回顾。

2009 年 9 月番禺大石镇居民从媒体、网络等民间渠道得知垃圾焚烧发电厂即将动工，部分居民先是通过网络进行初步交流；紧接着，部分业主在丽江花园里召开第一次反对兴建垃圾焚烧厂会议却无果而终，而某些业主提出的上访建议也没有得到响应。半个月后召开第二次会议才开始有了行动方向，决定起草《反对兴建垃圾焚烧处理厂倡议书》并收集签名。随之媒体跟进事件动向，推动事件的发展。10 月中旬部分业主感觉到必须换用合理合法的手段表达意见与诉求，但应者寥寥。部分业主到李坑实地调查，并把结果发表在互联网上。10 月下旬数

[1] 沈远平，沈宏宇．管理沟通——基于案例分析的学习［M］．广州：暨南大学出版社，2009：25～26．

名业主奔赴环卫局、华南环科所、市政园林局和番禺市政府，但没有得到满意的回应。对于如何表达反对意见，业主内部悄然起分歧。11月23日业主们“散步”到市政府门前，但因“不愿意被代表”，副市长与上访人群没能碰面。而当天下午，30多名小区业主与番禺区区长进行面对面谈话。12月中旬，在番禺区区委书记应邀到丽江花园与业主面对面交流时，同样也出现了部分业主“不愿意被代表”而引起小小骚动，区委书记应变处理，与业主进行了顺畅的交流沟通，在垃圾分类处理问题上达成共识，并重申项目正式停建。

与以往很多公共事件所涉及的人群不一样，番禺垃圾焚烧厂事件中涉及的几个小区大部分都是中等收入水平以上的有知识、有文化的中产阶级。首先，他们的法律意识很强。对公民的权利义务非常清楚，具有很强的私有财产保护意识和公民维权意识，并且在合法的范围内进行维权活动。其次，他们的文化水平普遍很高。懂得运用各种策划、组织、宣传等手段提高自己在此次事件中的弱势地位，此外通过报纸、网络、手机等媒介，扩大了事件的影响范围，并通过多次造势活动，将本来是一个地方性的公共事件发展成为一个全国关注的公共事件，引发了全国范围甚至国际上的舆论关注。再者，他们对自身的定位非常准确，从来没有把自己摆到政府对立面上，没有激化矛盾。最终，番禺民众作为弱势群体的地位大大提高，与政府沟通的地位改变，并掌握了沟通的主动权，最后使政府重视市民的权利，重新思考垃圾焚烧厂的建设问题，并停止了在番禺修建垃圾焚烧厂的项目。

在整个事件中，市民们的行为还是比较理性的，表现出了一定的高素质。从利用网络、利用媒体进行意见的表达，再到上访、座谈，充分利用了各种沟通途径与政府进行沟通，将整个事件通过媒体让社会了解，将事件转变一个社会公共问题，得到了更多的关注，也为自己争取了有利的优势。用他们的一句话说，就是“无组织，有理性”的行为。但是，这其中也存在着一个值得思考的问题。由于无组织的状态，各个所谓的“领导”人物，以及“不愿意被代表”，这些都仅仅只是相对的活动发起者个体，没有相应的意见领袖和代表，在与政府沟通的过程中就无法有代表能够明确传达市民的需求和意见，也就导致了某些可能建立起来的沟通丧失了意义，也丧失了与政府沟通的良好机会。从事件后期政府与市民的沟通来看，政府也做了许多的努力，并取得了一定的成效。但是“我不愿意被代表”也成了政府与市民沟通的一个新难题。总体来说，市民的集体行为是比较理性的，采取的一些沟通方式具有一定的策略性，这些对政府政策的决策和行为产生了巨大的影响，最直接的表现就是导致番禺垃圾焚烧厂的停建，同时也保证了社会的稳定和安全。

2. 与政府沟通的策略方法分析

如果我们将整个事件看做一个谈判的过程，显而易见，政府处在强势的地位，而番禺市民处在是弱势的位置。一开始，作为强者的政府，他们自认为可以自己解决问题，不愿与弱势谈判。而弱势的业主就必须想办法与强势共同坐在谈判桌上讨论解决问题。作为弱势一方就必须采取必要的策略和技能才能达到这一目的。

首先，升高情势。在这一方面，番禺业主首先做的就是尽可能通知所有受影响的业主，让这部分业主了解，一旦这个垃圾焚烧厂如期开建，将会对他们形成什么样的威胁，成功地形成一个舆论的焦点。在此基础上，业主们积极通过各种途径，如报纸、电视、网络、地面宣传，向整个社会说明自己的立场，说明垃圾焚烧项目对环境以及业主身心健康的危害，博取社会的同情和大众舆论的关注，推动政府与自己进行谈判。

其次，积极主动地与政府进行沟通。无论是在接访日到政府反映情况，还是公开邀请番禺区区委书记谭应华与区长楼旭逵亲赴丽江花园与业主面对面交流，都反映了作为谈判弱者的业主与强者谈判的策略。

再次，制造僵局。2009 年 10 月下旬，在与环卫局等政府部门沟通无果的情况下，部分业主组织并参与了一场“口罩秀”。尽管公安机关以“非法集会”带走了部分业主，但是双方的博弈也随之进入了僵持阶段。这次，业主们用的仍然是“升高情势”这一策略。

在双方陷入僵持的时候，业主主动出击，寻找对自身有利的支持。“李坑”，这座广州第一个垃圾焚烧厂，一直是广州政府的样板工程，也是广州市政府用以说服其他区居民建设垃圾焚烧厂的先进案例。然而就是这个样板工程与先进案例现在的污染也是触目惊心，更为严重的是对当地居民身体健康造成了严重的影响。有关这方面的信息不断得到披露，在广州地区产生轩然大波。

但是，到此为止，业主们还只是局限于番禺的垃圾焚烧厂该不该建的问题，有将自己孤立的趋势，也不利于得到社会上更为广泛的关注与支持。这时，“樱桃白”的环保造型一日游以及她的帖子“今天环保造型游地铁以及在夏滘派出所喝茶的经过”将番禺事件推到了整个社会舆论的风口浪尖，而不再局限于广州番禺地区。这一点也是番禺事件与其他类似事件最为明显的区别所在。

（四）市民与政府沟通行为中存在的问题及原因分析

可以说，在整个事件中，市民的行为基本上是“明智的，也是理智的”。通过各种策略方法的应用，使政府改变了沟通的态度，使得双方产生双向的沟通，最后取得了较为理想的结果。但是其中也暴露出很多问题。摆在业主面前的主要就是一个组织化程度的问题。业主没有一个统一的组织，这是本次事件中业主们的一个特点，但绝不是优点。由于缺乏组织，行动无序，没有力度，多次出现分裂。在政府有意向与市民进行沟通时，却只是由于“我不愿意被代表”就失去了一次很好的沟通机会。造成以上问题的原因有很多，但主要原因有以下几个方面。

第一，缺乏有权威的领导者。这些业主大部分都是中等收入水平以上的有知识、有文化的中产阶级，他们可能非常精通自己擅长的领域，却对其他的领域知之甚少，没有一个能够让其他所有人都完全信赖的人物来充当领导者的角色，或者说是没有人愿意充当这样一个角色。正如“樱桃白”所说的“姐不愿意下地狱，谁爱下谁下去”。

第二，没有明确的分工。唯一一次的分工是在“第二次206会议”上。在这之前、之后，业主们的行为完全是自发性的。

第三，成员并不固定。多次出现一个成员的正确提议“应者寥寥”的局面。

第四，在公众维权意识不断加强，个体权利保护意识随之加强，由此形成了较强的“自我意识”。实际上大家面临的都是同一个问题，维护的是群体权利，其中存在相当多的共同点，但每个人都“不愿意被代表”，这样就缺乏了形成组织的基础。正如阿加西所说的“要允许每个人都有权利做自己想做的事”。

第五，拥有一定的社会行为规范，但是没有相应的制度制约成员的活动，来维护组织活动的统一性。甚至还出现过多次分裂，如该不该“口罩秀”、“晒车”、“参加信访”、“联合花都业主”等。

第六，缺乏对政府的信任。从案例所描述的“引起公众讨论的疑点”中，我们不难看出目前一些市民对政府的信任度下降。其中有政府自身与公众沟通不足、传统的沟通渠道和方式不能满足现有的需要的原因，另外也有市民自身的原因。

三、对策与建议

公共政策是社会价值的权威性分配。在我国，党组织和政府是社会公共利益的一般代表者，在政策过程的权力结构中处于政策中枢的特殊地位，使得他们拥有对整个社会资源进行权威性分配的权力。在政策的各个阶段，政府的绝对的主导地位使得政府对外沟通呈现出数量不足质量不高的局面。针对我国政策这一独特情况，结合番禺垃圾焚烧厂事件，我们对政府在此背景下如何有效地开展公共管理沟通提出相应的对策与建议。首先，我们对政府公共政策过程与公共管理沟通进行分析。

（一）公共政策过程与公共管理沟通

1. 公共政策过程理论

20 世纪 40 ~ 50 年代，政策研究学者把政策过程分为情报、建议、规定、行使、运用、终结、评估等阶段。❶（西蒙，拉斯维尔，1956）经过琼斯❷、安德森❸等学者的补充论述，政策过程通常划分为政策议程、政策规划与合法化、执行、评估四阶段。我们认为，政策过程阶段性划分有助于更清晰地理解公共沟通与政策过程的联系。在每一个阶段，政府的公共沟通均呈现出不同的特点，使用的沟通策略均各具特色。根据公共沟通在每一阶段的特点及其相互关系，我们把政策制定划分为议程建立、政策规划与合法化、实施三个阶段。

2. 议程阶段的公共沟通

公共政策过程是以公共问题为逻辑起点的，在一般情况下，一个公共政策问

❶ 张金马主编. 公共政策分析：概念. 过程. 方法［M］. 北京：人民出版社，2004：315.

❷ 琼斯的《公共政策研究导论》把政策过程分为感知/定义、汇集、组织、表述、议程确立、方案形成、合法化、预算、执行、评估、调整/终结。

❸ 安德森的《公共决策》把政策过程划分为问题的形成、政策方案的制订、政策方案的通过、政策的实施、政策的评估五个阶段。

题的提出，首先是作为社会公共问题进入公众议程加以讨论，然后引起决策者的关注从而进入政策议程，最后才形成政策问题并由政府决策者加以确认。决策议程的建立与公共管理沟通密不可分。首先，政府把公众关注事件纳入决策议程表明政府积极关心民生问题的态度与立场，这本身是政府直面公众的一个沟通过程；其次，公众参与议政而使公众议程建立，并最终转入政策议程，这使得公众能够更容易接受后期的政策制定、执行、评估阶段，有助于减少政府对外沟通的障碍，使沟通质量更高。

然而事实上，在我国很多问题可能并不经过公众议程，即缺少了政府和公众的沟通而由政府主动列入议事日程，并直接进入政策议程，“与西方多元主义的政治过程相比，中国决策过程的有关特点就是公众议程的建立一般比较困难，而正式议程是中国占主导地位的政策议程”❶。

纵观番禺垃圾焚烧厂事件的始末，在议程建立阶段，垃圾围城、城市垃圾处理危机等问题缺乏宣传，公众对垃圾处理问题认识相当不足，因而导致垃圾处理问题没有进入公众议程。相关文献资料显示，“广州市番禺区生活垃圾处理系统规划于1999~2001年编制完成，2001年通过专家评审，2002年由番禺区人大常委会审批通过。规划中，选出番禺火烧岗现有垃圾填埋场、大石镇现有的会江垃圾场、沙湾镇现有的西坑垃圾场等11个地点，作为番禺未来生活垃圾处理设施可能的选址地点。”❷ 2006年8月广州市规划局批准了番禺区生活垃圾综合处理厂的选址为番禺大石会江村与钟村镇谢村，并于2007年进行BOT项目招标。2008年项目BOT招标文件、环评大纲也编制完成。2009年2月4日，广州市政府才正式发布了《关于番禺区生活垃圾焚烧发电厂项目工程建设的通告》。可见，在议程建立阶段，公众基本对问题毫不知情。在公众议程没有建立的情况下直接进入政府议程，议程阶段政府没有对公众进行及时沟通。兴建焚烧发电厂的政策对于缓解垃圾围城问题具有非常重要的意义，政府若在议程建立阶段通过各种新闻媒体宣传该项政策的必要性、迫切性以及重要性，公众的抵制政策情绪绝不会如此强烈。

---

❶ 胡伟. 政府过程［M］. 杭州：浙江人民出版社，1998.

❷ 尧文元，雷泽辉. 生活垃圾处理设施选址问题探讨——广州市番禺区生活垃圾处理设施规划介绍［J］. 污染与防治，2005（5）.

3. 政策合法化阶段的公共沟通

政策合法化是现代政策过程的必要程序。政策合法化包括政策内容合法化与政策程序合法化。❶ 在政策制定阶段，听证程序以及政务信息公开化是政策内容合法化的保证。而这两种程序均与公共管理沟通紧密相连。

立法听证是政策制定的民主化、科学化要求，是法治国家立法机关的政策制定过程中的必备程序。在加拿大及美国等立法民主化程度较高的国家，立法必须经过听证程序，且听证程序非常严格。而在中国，第九届全国人大第三次会议通过的《立法法》对列入常务委员会会议议程的法律以及行政法规草案的审议活动作出可以召开听证会的原则性规定，但是立法听证应该根据什么规则以及按照何种程序举行等问题至今还没有具体规范可循。听证在本质上是政府与公众的沟通手段，它显示了公众的声音在政府制定政策过程中的影响及作用。2002 年 10 月 28 日第九届全国人民代表大会常务委员会第三十次会议通过，2003 年 9 月 1 日开始实施的《中华人民共和国环境影响评价法》中明确提出："专项规划的编制机关对可能造成不良环境影响并直接涉及公众环境权益的规划，应当在该规划草案报送审批前，举行论证会、听证会，或者采取其他形式，征求有关单位、专家和公众对环境影响报告书草案的意见。"❷

政务信息公开是现代行政程序的一项重要程序，也是政策程序、政策内容合法化，保障公众对政策信息的掌握的保证。2007 年 4 月 5 日，国务院总理温家宝签署第 492 号国务院令，公布了《中华人民共和国地方政府信息公开条例》，从 2008 年 5 月 1 日起实施。作为一部地方政府法规，《条例》将从根本上强化我国地方政府的公共关系及信息传播意识，推动地方政府与媒体、公众进行更为广泛和深入的沟通。条例第二章第九条、第十条规定："行政机关对符合下列基本要求之一的政府信息应当主动公开：（一）涉及公民、法人或者其他组织切身利益的；（二）需要社会公众广泛知晓或者参与的。""政府应重点公开下列政府信息：国民经济和社会发展规划、专项规划、区域规划及相关政策；以及重大建设项目的批准和实施情况；和城乡建设和管理的重大事项。"第三章第十五条及第

---

❶ 张金马主编．公共政策分析：概念．过程．方法 [M]．北京：人民出版社，2004：333.

❷ 中华人民共和国环境影响评法．新华网．http://news.xinhuanet.eom/zhengfu/2002/10/29/eontent_611415.htm.

十八条规定："行政机关应当将主动公开的政府信息，通过政府公报、政府网站、新闻发布会以及报刊、广播、电视等便于公众知晓的方式公开。""属于主动公开范围的政府信息，应当自该政府信息形成或者变更之日起20个工作日内予以公开。法律、法规对政府信息公开的期限另有规定的，从其规定。"❶

纵观番禺垃圾焚烧厂的政策制定过程，公众对兴建番禺垃圾焚烧发电厂政策的合法性一直存在质疑。在政策制定过程中，政府并没有依据法定程序举行听证会，更没有及时通过新闻媒体等传播手段宣传政务信息，造成政策信息封闭。会江大石选址最终确认时间是2006年，然而，直至2009年发布公告，业主才得知身边即将兴建一座影响生活质量的焚烧发电厂。公众沟通缺失的政策是难以得到切实实施的。公共政策从本质上讲是一种利益的分配和协调，作为政策制定主体的政府是不同利益群体的"协调人"，那么政府的公共政策就必须倾听不同群体充分表达利益诉求，实现政策制定主体和政策受众的一种良好的政治沟通，政策制定的相关部门必须对不同利益主体的诉求进行沟通，使政策内容及政策程序合法化，才会使政策得以顺利制定。

4. 政策实施阶段的公共沟通

良好的公共管理沟通对于政策的顺利执行具有十分重要的作用。从政府对外沟通来看，只有政策主体主动发布信息，加强与政策受众的沟通与交流，让一系列有关执行中的政策内容、指示、命令、法规、纲领等首先在政策接受者中进行有效的传递、磨合、融洽及认同，让政策接受者明确政策的内容、宗旨等，才能保证政策的顺利执行。否则会导致政策接受者对政策范围一无所知或者道听途说、一知半解，这样会给政策执行增添较大难度和阻力。政策执行是政府与公众沟通、相互适调的过程，公共管理沟通贯穿并影响着政策制定与执行过程。有效的公共管理沟通是政策有效执行的前提。

在番禺垃圾焚烧厂的政策执行过程中，面对公众抵制情绪高涨，政府曾多次尝试作出回应。从开始的"垃圾焚烧厂势必推行，会江是垃圾焚烧厂的不二选择"——"政府会充分考虑民意，市民不答应我们绝不动工"——举行面谈——听取民意，停止项目，推行垃圾分类。政府的一系列公共管理沟通显示政府在实

---

❶ 中华人民共和国政府信息公开条例. 人民网 http://pic.people.com.cn/GB/31655/5654677.html.

施政策过程中，对公众沟通日益重视，对待公众的态度逐渐从“一家之言”开始往双方合作转变。从而使番禺垃圾焚烧厂事件走向良性、理性的结局。我们认为，在该项政策颁布实施时，政府除了要做好公众大局利益意识的教育外，还必须保证政府回应渠道的畅通无阻。政府必须及时了解民意，反馈政府立场与态度。作为国家、大局利益代表者的政府必须站在公众利益的立场，对公众意见进行及时有效的沟通，表现政府谈判的诚意，建立政府一切从人民利益出发的形象。政策实施过程是利益相互协调的过程，政府要在政策实施过程中协调好各方利益，听取公众意见，并要时刻对政策进行有益、合理的修改。

（二）对政府公共管理沟通的对策建议

通过以上分析，针对番禺垃圾焚烧厂事件的具体情况，依据管理沟通的基本原理、策略和方法，对如何在番禺垃圾焚烧厂事件背景下政府实施有效的公共管理沟通提出以下对策和建议，希望能够对政府未来解决类似的公共事件有所启发和帮助。

1. 转变政府管理沟通的价值系统：从“官本位”到“民本位”

传统的政府管理沟通模式比较强调政府的管制职能，其价值系统建立在管理者中心的心理和体制定位基础上，政府与公众主要是一种“管制—服从”型关系；而新的政府管理沟通模式强调政府的服务职能，其价值系统建立在公众中心、服务对象中心的心理和体制定位基础上，其与公众的关系也主要是一种“服务—协商”型的关系。这种管理模式和理念的转变不仅要求政府的职能重心要由重社会管制向重公共服务转变，也要求政府公职人员转变权力观念。番禺垃圾焚烧厂事件中，就是因为政府管理沟通的价值系统仍然存在着“官本位”思想，才使得公共事件变得复杂化和扩大化，最后造成政府在此次事件中处于被动地位，公信力下滑。因此，政府管理沟通应该做到以下几点：

（1）克服以政府为中心的“官本位”思想，淡化直至消除官民地位差别意识。树立服务意识、平等意识，主动去与公众沟通，了解民生、民情、民意，为公众谋利益。

（2）克服以自身为主导的“官老爷”作风，增强民主意识，特别是在作决策时，要从公众利益和需求出发，通过各种途径与公众沟通，尤其是涉及广大公众切身利益的决策，必须要听取他们的呼声和要求。

(3) 克服对上负责不对下负责的官僚主义行为，“理解政府存在和发展的意义在于谋求最大限度的公众利益，成功的领导者应获得公众的最大限度的支持和拥护后，还要明白主动与公众接触是谋取服务于公众和政府高效行政的有效途径”。

2. 拓宽并畅通沟通渠道：构建多元化的沟通体系

畅通的多元化的沟通渠道是信息有效传播及双方良性互动的前提和基础，番禺垃圾焚烧厂事件中沟通渠道的有限和不畅以及沟通体系的不完善成为政府实现与公众良性沟通必须要克服的一大障碍。政府应该注重以下沟通渠道建设。

(1) 建立健全专门信息机构

一是充分发挥各层级信访部门的作用，使之真正起到上行沟通和解决群众实际问题的作用；二是在保证政治方向的前提下，大力推进政策研究机构的发展，使其相对客观地工作，避免受行政领导的意志左右；三是充分发挥“外脑”的作用。行政决策专家咨询制度是推进决策科学化、民主化的突破口，利用决策专家咨询机构，可以大大提高决策的科学性。番禺垃圾焚烧厂事件中，专门信息机构的作用没有完全发挥出来，就是因为其主观性太强，没有站在客观的立场为民众说话，同时也没有及时将民众反馈信息传递上去。通过专门的信息机构建立双向的沟通渠道，保证政府对公众的下行沟通和公众对政府的上行沟通畅通。所以建立健全专门的信息机构十分必要。

(2) 拓宽社会沟通渠道

一是开展社会协商对话，建立行政质询谈话制度，开通各类接待室和专线电话等，而且一定要保证这些谈话制度不流于形式化。在番禺垃圾焚烧厂事件后期，番禺区政府开展了垃圾处理的大讨论，就广州市垃圾处理的发展规划、垃圾分类等征询各个阶层、各个领域的市民代表的意见和建议，在市领导与市民之间架起了沟通的桥梁。二是注重发挥大众传媒在沟通中的媒介作用。在番禺垃圾焚烧厂事件中，政府在进行新闻宣传和舆论引导的过程中，“要尊重新闻媒体的迅速及时客观传递信息和监测环境的基本功能”，有意识地降低新闻媒体的官方色彩，使之真正发挥信息双向互动的平台效用。番禺垃圾焚烧厂事件过程中，广州的新闻媒体大部分都能保持其独立的言论自由，为广大市民了解事件信息提供了及时公正的报道。政府应该充分利用媒介作用宣传政府的主导思想，引导舆论，让公众更多地了解政府政策过程。

（3）完善电子政府信息平台，进一步促进政务公开，畅通民意

在番禺垃圾焚烧厂事件中，政府不管是内部还是外部的沟通网络都不怎么畅通，虽然开通了电子政府办公平台，但是却没有真正发挥作用，只是一个门面摆设，信息只是单向传递，没有形成交互式的有效沟通传递模式。应该构造一个交互式的沟通平台，为政府内部和外部的信息传递反馈提供一个有效的途径。

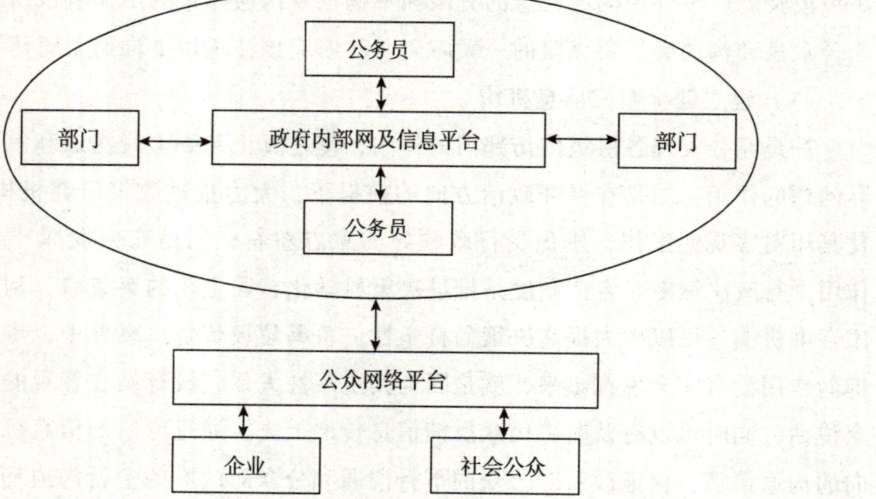

图 3－2　电子政府平台

从图 3－2 可见，政府的内部信息网及信息平台融贯整个政府网络，信息流通过箭头的方向流向各级部门。有效沟通的关键在于信息的传递不是单向的，而是双向的，通过各部门的沟通反馈形成交互式的传递模式，然后通过公众网络平台将信息传递给企业和社会公众，在这个过程中，广泛接纳企业与社会公众对信息的反馈，并作出反应和及时调整信息。在政府信息沟通中，社会公众、企业、政府各部门及其内部各分部门是信息沟通的主体，若干个主体之间的信息沟通不是链式层级的，不是仅靠一个信息中心来传递信息，也不是信息环状交流与反馈，而是各信息点或信息中心的联系。传递路径既有垂直方向的，也有水平方向的。信息沟通既有上下级之间的纵向联系，也有同等级之间的横向联系，还有不同等级层次、不同隶属关系的斜向联系，信息沟通网络纵横交错，构成网状结

构，大大减少了行政沟通中信息失真的可能。

（4）完善公共部门决策中的听证制度

决策听证是指政府在决策过程中，听取有关团体、专家学者的意见，特别是与该决策有利害关系的当事人的意见。而在番禺垃圾焚烧事件中，政府听取了专家、学者的意见，却没有收集与利害关系最密切的当事人的意见，这个显然是政府在政策分析过程中的失误。决策听证实际上是一种固定的沟通渠道交流方式，这种沟通方式可以收集到与决策相关的各种信息，能够提高公共管理沟通信息的数量和质量。由于当事人往往是利害相关者，因此一般能够保证信息的真实性。

在番禺垃圾焚烧厂事件中，相关听证部门人员应该随机与利害相关者进行面对面的沟通，并将收集到的信息如实地反馈上去。听证制度对于提高公共管理沟通的有效性有着十分重要的作用，完善的听证制度，能够有效反映公众的意见、建议等，提高公共决策的科学性与民主性，减少公共政策实施过程中的障碍。而且一定要防范听证只是走过场、走形式的现象，必须完善相关法律制度，建立健全公共部门听证制度，使之逐渐发展成为一项正式而完善的管理沟通制度。

然而，当相关利益群体或组织在发生利害冲突时，沟通与听证会将是一项非常艰难复杂的工作，政府在实施方面必须认真仔细策划，精心安排，计划好每个细节，协调各方利益关系，寻求平衡，争取达到基本一致的意见和建议。

（5）完善我国的信访制度

信访是国家法律规定的公民向政府反映意见的途径，建立这项制度的目的就是为了便于公民反映问题设置一套正式、便捷的机制，建立一个简捷有效的沟通渠道。通过这项制度的实施能够听到来自最底层群众的声音，收集到最为真实、可信的信息，对于提高公共管理沟通的有效性及增强公共政策的合法性具有十分重大的作用。在番禺垃圾焚烧厂事件中，政府没有有效利用这个制度，信访机构多是挂牌不办事，导致民众有了意见无处反映；有的信访机构本意是想为群众解决问题，但权力太小，甚至没有处理权力，群众的问题反映了却得不到解决。信访制度的这种现状往往是群众越级上访的根源，不仅造成了不良影响，降低了政府的公信力，也给上级的工作增加了负担，带来了不便。因此，要提高公共部门管理沟通的有效性，就必须完善信访制度。完善信访制度首先要完善立法，从法律上对信访制度的各项实施细则作出明确的规定，确保信访制度的实施有法可依；其次要提高信访机构的地位，赋予信访机构应有的解决问题的协调权力，结束信访机构了解问题却解决不了问题的尴尬局面，对于群众而言，这也是沟通的一种反馈机制；再次，要建立对信访机构的监督制度，防止有的信访机构挂牌不办事、不拿群众意见当回事的现象。

最后，我们提到的一点是要充分发挥人大的议政和沟通功能，增强人大的议政功能，通过代表人民意愿的人大代表建立起政府与公众更广范围和更大程度的沟通。番禺垃圾焚烧厂事件中，人大代表应该多与公众进行沟通，了解民意，才不至于导致公众对人大代表的信任缺失。所以，人大代表应该坚持贯彻“从群众中来，到群众中去”的行动方针，听取民意，真正成为人民的代表。

3. 专设独立的信息反馈机构，提高反馈信息的准确性和回应性

信息反馈是管理沟通极为重要的环节之一，反馈的信息既可以核实信息传递的准确性，又能作为管理政策调整的依据。这里讲的独立指的是政府反馈机构与执行机构相分离。在番禺焚烧厂事件中，行政信息反馈机构附属于执行机构，没有独立性，信息反馈的主渠道是在上下级之间垂直进行的，特定管理系统中不同层次的子系统既是决策的执行者又是决策指令的下达者，一身兼任两职，既执行又反馈，既输出又输入。这一信息反馈体系结构最大的弊端是，执行机构由于利益偏好的扭曲，反馈的信息中容易出现信息偏差和失真。如果信息失真率较高，很难做到下情上达，客观公正，使高层领导在决策时缺乏足够的依据。因此应当强化政府信息反馈机构的权力，提高信息反馈从业人员的地位，保障其合法权益。

结　论

通过对番禺垃圾焚烧厂事件的分析，我们可以得出以下结论：

1. 公共管理沟通是政府公共政策分析过程中一项非常重要的途径和方法。在整个公共政策分析的各个阶段都离不开公共管理沟通。公共管理沟通有助于政府公共政策过程实现民主化、合法化、科学化，提高公共政策决策的正确性，减少公共政策在执行中的障碍。

2. 公共管理沟通有利于化解和协调公共利益的矛盾冲突。每一项公共政策所涉及的利益群体和组织都是多元化的，各利益相关者之间必然存在一定的矛盾冲突，通过良好有效的公共管理沟通可以化解各利益相关者之间的矛盾冲突，使利益各方都能寻找到共同的解决方案，基本达成一致意见。

3. 有效的公共管理沟通应该是互动的双向沟通。建立互动双向的沟通平台，能够使沟通的双方或多方充分表达自己的诉求和意愿，使双方充分地得到相互了解和信任，有利于寻找到各方共同的利益点，遵循“求同存异”的原则，促使各方从大局出发，增强公共利益意识，提高公共管理效益。通过互动的双向沟通可以提高双方的协调合作能力，改进工作态度和工作作风。案例事实表明：在事件后期政府的沟通态度和政策水平都得到显著的改进和提高。

4. 公共管理沟通倡导理性沟通。在处理各方利益关系和矛盾时，沟通各方都应该保持克制的态度，理性沟通，减少情绪干扰，以平和的心态与对方沟通。在番禺垃圾焚烧厂事件中，可以这样讲，市民与政府都能够保持良好的克制心态，即使出现某些过激的行为，但都在可控范围之内，没有使事件向负面方向发展。最终使整个事件朝着人们所希望的方向发展，保持了社会的稳定与和谐，这都是与双方理性沟通分不开的。

5. 公共管理沟通在公共管理事务中显示出越来越重要的作用，政府官员与公职人员都要提高公共管理沟通能力。从公共管理沟通的理念、策略和技能三个层次加强学习和培训，不断实践，使公共管理沟通的能力尽快适应公共管理的需要，适应政府政策行政能力的需要。

参考文献

[1] 唐鸿寿，王如松. 城市生活垃圾处理和管理［M］. 北京：气象出版社，2002.

[2] 薛强，陈朱蕾. 生活垃圾管理与处理技术［M］. 北京：科学出版社，2007（11）.

[3] 范留柱. 国内外生活垃圾处理技术的研究现状及发展趋势［J］. 中国资源综合利用，2007（7）.

[4] 陈佑钢，王宪周. 城市生活垃圾处理技术综述［J］. 设计与计算，2010（1）.

[5] 胡建平. 城市生活垃圾处理模式评价研究［D］. 华中科技大学硕士学位论文，2008（6）.

[6] 沈远平，沈宏宇. 管理沟通——基于案例分析的学习［M］. 广州：暨南大学出版社.

[7] 张金马主编. 公共政策分析：概念. 过程. 方法 [M]. 北京：人民出版社，2004：315.

[8] 胡伟. 政府过程 [M]. 杭州：浙江人民出版社，1998.

[9] 尧文元，雷泽辉. 生活垃圾处理设施选址问题探讨——广州市番禺区生活垃圾处理设施规划介绍 [J]. 污染与防治，2005 (5).

[10] 广州市番禺区简介，http://baike.baidu.com/view/3125117.htm.

[11] 番禺事件，http://baike.baidu.com/view/3125117.htm.

[12] 番禺区委书记就垃圾焚烧项目与居民对话；http://www.jfdaily.com/a/769752.htm.

[13] 中共广州市番禺区委员会、广州市番禺区人大常委会、广州市番禺区人民政府、政协广州市番禺区委员会，创建番禺垃圾处理文明区工作方案（征求意见稿），广州市番禺区人民政府门户网站。

[14] 广州市番禺区市政园林局、广州市番禺区供销联社，广州市番禺区垃圾分类收集综合利用工作方案（征求意见稿），环卫科技网（www.cn-hw.net）原文链接：http://cn-hw.net/html/14/200912/12650_2.html.

4. 从SARS事件到“5·12”汶川大地震

——政府应急管理信息发布策略探讨

内容摘要：近年来，中国经历了多次重大危机事件，从2003年的SARS事件到松花江水污染，从2008年初南方特大暴风雪灾害到“5·12”汶川大地震，我国各级政府在抗击危机灾害、应急管理方面不断总结经验，取得了可喜的进步。本文共分两大部分：案例正文和案例分析。案例正文采编了两篇案例：SARS事件和“5·12”汶川大地震。案例注重描述应急管理过程中政府信息管理和信息发布方面的事例。尊重案例的客观事实，尽量还原事实真相，供案例分析使用。

案例分析部分主要采用比较分析的方法，总结经验教训，既要看到政府在应急管理中取得的改进和进步，同时也揭示政府在应急管理中的信息管理与信息发布策略方面存在的问题，在对问题进行对比分析的基础上，依据国内外应急管理的基本理论，结合我国的实际情况，提出政府在应急管理中的信息管理与信息发布策略的对策和建议。对策和建议的主要内容是：进一步完善应急管理信息制度，切实落实相关法律法规；完善媒体信息披露机制，加强预防知识宣传；制定信息发布的流程和方案；加强对媒体的管理和引导；在不违背原则的基础上，适当增加媒体信息发布的自主度；选择正确的信息发布时机和发布方式，丰富信息发布途径。

关键词：应急管理；信息发布；对策建议

案例正文[1]

案例一　SARS 事件应急管理中的信息管理与信息发布[2]

首例 SARS 病例报告

回顾我国2003年初抗击SARS的过程，可以将此次公共卫生应急管理分为四个阶段：病情初发阶段、爆发阶段、坚持阶段和有效控制阶段。

从现有的资料看，我国第一例SARS（severe acute respiratory syndrome，即严重急性呼吸综合征，俗称非典型性肺炎）感染病例应是2002年11月佛山市第一人民医院收治的庞佐尧，遗憾的是这一病例当时并没有报告。[3]

2002年12月15日，患者黄杏初到广东省河源市人民医院就诊，17日，因病情急剧恶化被转院至广州军区总医院抢救。2003年1月2日，河源市将此情况向广东省卫生厅报告，从而使黄杏初成为第一例报告病例患者。

SARS 初发阶段的应急处理与信息发布

1月2日上午，广东省卫生厅接到河源市不明原因肺炎报告，于当日下午立即派出专家组赶赴河源市进行调查取样。

1月19日广东省卫生厅接到中山市病例报告后再次组织专家组赶赴中山市进行现场调查。

1月23日，广东省卫生厅向全省各医疗卫生单位下发调查报告，要求各市卫生行政部门和各级各类医疗卫生机构高度重视，立即组织医疗卫生人员认真学习《调查报告》，掌握治疗原则及预防措施，加强ICU建设和管理，发现病人要及时隔离治疗，及时报告。

---

[1] 本文根据暨南大学管理学院公共管理系MPA2006级学员李静撰写的毕业论文改写，李静现任白云机场股份有限公司人力资源部培训师；指导老师沈远平教授修改。

[2] 抗击非典大事记，http://news.xinhuanet.com/ziliao/2003-04/15/content_833229.htm.

[3] 佛山弼唐乡：迄今发现的广东第一例的医学调查，21世纪经济报道，2003-5-21.

1 月 31 日，马年除夕之夜，广州市卫生局下发《关于做好不明原因肺炎病人处理工作的紧急通知》，指定了四家医院作为专门收治不明原因肺炎的医院。

2 月 2 日，广东省卫生厅与广州市卫生局联合召开紧急会议，研究广州市非典防治措施。

2 月 3 日，广东省卫生厅向广东省委办公厅、省政府办公厅和国家卫生部报告《关于我省发生不明原因肺炎情况的报告》，报告中详细汇报了近一个月来河源市、中山市、佛山市和广州市先后发生的非典型肺炎情况。同时下发《关于做好不明原因肺炎防治工作的通知》，成立了省非典防治协调小组及办公室、省医疗救护专家指导小组、省流行病学调查指导小组、省病原学检测技术指导小组。要求各市迅速成立相应的防治小组，做好病人的治疗、抢救和疫情报告工作。同时提出，暂时按《传染病防治法》中的乙类传染病进行管理，实行病例日报告制度和没有病例也要上报的零报告制度。

SARS 初发阶段疫情信息的流传与市民反应

在 2003 年 2 月 10 日之前，一直没有媒体对此事予以公开报道，消息首先是以医院内部员工给亲友的提醒短信的方式发出，然后又由这些亲友传递给更多的人。2 月 8 日，春节后广州的众多市民正式上班，关于非典型肺炎传染的传闻迅速蔓延，多数是借助手机短信，短信内容充满着种种恐怖性的猜想。很快，市区各大药店门口出现了排队的长龙，跟风抢购一些抗病毒药品。此类药品很快脱销，买不到药的人更加恐慌，晚上药店关门时还有人在排队。顿时演变成一场遍及珠三角地区的抢购风潮，板蓝根、食醋、口罩等商品价格大幅上涨。与此同时，街道却一片萧条景象，酒店、餐馆及各种娱乐场所几乎没人光顾。

2 月 10 日，香港的《星岛日报》在头版以“珠三角爆夺命肺炎”为题，报道已有 29 人死于传染病。2 月 11 日，《东方日报》头版以《夺命肺炎恐慌袭港》为大标题，整版报道广东的“非典”消息。

2 月 10 日，广州的各大媒体同时出现了一篇名为《初春谨防感冒肺炎，专家提醒广大市民注意》的新闻，文中隐晦地写道：“记者昨天从广州各大医院了解到，近期广州患感冒和肺炎的病人增多，专家提醒广大市民，春季容易滋生细菌，市民要避免到人群密集的地方活动，预防方法包括在家里煲醋杀毒和服食预防性抗病毒药物。”

首次政府新闻发布会

2月11日，广州市政府召开首次新闻发布会[1]，广州地区的省市电视台予以现场直播。广州市卫生局领导就非典型肺炎病例的情况向媒体通报：截至2月10日下午3时，广东发现305例非典型肺炎病人，59人康复出院，死亡5例。其中医护人员感染发病共105例。病例主要在广东省内的广州、中山、佛山、江门、河源、深圳六个地市出现。其中广州226例，中山28例，佛山19例，江门15例，河源11例，深圳6例。广州市市政府主要领导表示：广州有信心应对任何疾病的挑战。从2月11日起，广州各报开始对非典型肺炎大篇幅报道。

随后广州市及广东地区逐渐恢复平静，抢购与恐慌得到缓和。人们开始了预防 SARS 和抗击 SARS 的斗争。

抗击 SARS 期间的信息发布与疫情公布[2]

2月11日的新闻发布会取得了明显的成效，但是，新闻发布会上卫生部门的负责人表态：“从疫情看，发病人数305例病不算多，不公布也说得过去。”

从2月下旬开始，正是我国一年一度的“两会”。媒体的重点放在两会上，“非典”从公众的视野中消失了。但是，3月5日，出席十届全国人大一次会议的广东代表提出议案，呼吁全国人大对重大疫情的预警和应变防范工作进行立法，支持在不影响国家安全的前提下，对重大疫情的控制可以考虑寻求国际援助。《南方都市报》就此问题采访了广东省非典型性肺炎防治指导小组组长钟南山院士和副组长黄文杰博士，随后于3月6日发表了一篇题为“广东非典型肺炎寻求国际合作已邀专家介入研究”的新闻。

3月12日世界卫生组织发布了第一个全球 SARS 警告，国内媒体没有报道这个信息。

3月27日，北京被世界卫生组织确定为疫区。

从4月1日起，卫生部开始向世界卫生组织每天报告疫情，但对国内仍是5

[1] 抗“非典”记事，http://www.tsinghua.edu.cn/docsn/shxx/site/chinac/liudb/sars/lanmu/jishi.

[2] 北京非典疫情回头看，http://www.bjtcm.gov.cn/front/wsxw/wsxwDetail.jsp? jump=344.

天公布一次。

4 月 2 日，卫生部前部长张文康接受中央电视台的专访，首次披露中国的疫情：“截至 3 月 31 日，中国的内地总共发病 1 190 例，现在已经出院 934 例，死亡 46 例。”接着张文康又接受新华社记者采访并透露：截至 3 月 31 日，北京发现 12 例输入性病例，北京市卫生行政部门已及时采取措施，病源没有向社会扩散，也没有发现原发性病例。

4 月 8 日，美国《时代》周刊发表解放军总医院的蒋彦永医生的来信，声称他所知的一家军队医院的患者就超过官方公布的人数，批评卫生部门隐瞒疫情。这一信件引起了国际社会的广泛关注。

4 月 10 日，卫生部副部长马晓伟在国务院新闻办的记者招待会上强调，中国通报的非典型肺炎疫情报告是可信的。他强调了一个概念，北京公布的 22 例“是现在能够确诊的病人”。卫生部疾病控制司领导也解释说：“根据世界卫生组织的要求，把非典型肺炎诊断分为诊断病例、疑似病例和医学观察的对象。”

SARS 病情“控制说”与“遏制说”

2 月 12 日，中国疾病预防控制中心负责人在接受记者采访时，发表全国近期内不会发生大范围呼吸道传染病流行的错误预测。

3 月 19 日卫生部前部长张文康在会见 WHO 代表马文华时表示：“目前疫情已得到有效控制，绝大部分患者已经陆续康复痊愈。”

3 月 26 日，新华社报道，北京市卫生局新闻发言人称，北京输入性非典型肺炎得到有效控制，病源没有向社会扩散，本地没有发现原发性“非典”病例。这是首次有关北京非典型肺炎的官方报道。

4 月 3 日，在国务院新闻发布会上，张文康宣布：中国局部地区发生的非典型肺炎已得到有效控制，在中国工作、生活、旅游都是安全的，并介绍说，世界卫生组织已取消了北京作为疫区的通报。

4 月 11 日，中国工程院院士、广东省非典型肺炎防治指导小组组长钟南山在国务院台湾事务办公室举行的关于 SARS 的新闻发布会上坦率质疑了“有效控制说”。他表示：“从医学方面的角度来看，这个病并没有得到有效的控制。我们不要用‘控制’这个词，应该用比较客观的‘遏制’这个词，因为这个病本

身病源都没搞清，不可能控制它。”❶

SARS的病原体之争

2月18日，新华社播发了一条消息称，经中国疾控中心和广东省疾控中心的共同努力，非典的病源可基本确定为衣原体。这个结论来自两份死于本次肺炎病人的尸检肺标本，“肺细胞浆内衣原体颗粒十分典型”。

当晚，卫生厅紧急召集的“广东省不明原因肺炎医疗救护专家指导小组”、广东省疾病控制中心有关专家连夜闭门讨论。专家们认为，这次非典型肺炎的传播、发病特征和临床治疗经验都不支持“衣原体”感染的结果。有的专家明确表示：“如果按这一结论制订治疗方案，可能会造成可怕的后果！”

广东专家的意见并没有得到充分传达，第二天，全国各大媒体均打出了“非典锁定真凶——衣原体”的标题，中国疾控中心的主任也在央视亮相，侃侃而谈。只有《南方日报》、《南方都市报》几家报纸如实反映了广东专家的疑问，指出非典源目前还存在争议。

2月19日中午，中央电视台播出的国家疾病控制中心主任的访谈，他推荐了几种对衣原体有效的抗生素，并强调对这种衣原体肺炎的治疗要全程、足量使用抗生素。

广东专家仍坚持自己的意见。他们最后决定，为了对病人负责，适当调整治疗方案。

3月4日晚上，钟南山在广州医学院接受记者采访时，再次表达“属病毒感染引起的肺炎”的看法。钟南山不是广东医疗界唯一表达持“病毒”观的专家，基本上当时所有的临床专家都根据经验判断是病毒性肺炎，但钟南山以工程院院士之尊敢于站出来反对国家疾病控制中心的权威说法，给广东医疗界打了一支强心针。

3月25日，美国疾病控制中心和香港大学微生物系宣布，非典病原体是来自猪的“冠状病毒”。不久，世界卫生组织的多个实验室也陆续找到冠状病毒。

---

❶ 国务院台办有关SARS新闻发布会实录，http://www.tsinghua.edu.cn/docsn/shxx/site/chinac/liudb/sars/lanmu/qingkuang/fabuhui/taibanxin.

4 月 10 日下午，在北京市外事办公室举行的有关非典型肺炎的防治知识介绍会上，中国疾病预防控制中心病毒形态学研究室主任说，一个来自流行病源、传染、病毒、免疫等学科的 25 名专家组成的防治“非典型肺炎”攻关小组，已于 8 日成立，目前两种主要致病病毒已初步找到，衣原体培养已获成功，现正处于动物试验阶段。但目前哪种病毒为主要致病病因尚不清楚，他倾向于两种病毒联合发生作用。国家疾病控制中心终于也找到了冠状病毒。

4 月 12 日下午 3 时，广州市呼吸疾病研究所和香港大学联合举行新闻发布会宣布：他们在病人的分泌物中已经成功分离出冠状病毒。

当天晚上中央电视台《新闻联播》报道了卫生部的最新决定：“不以卫生部非典型肺炎防治领导小组名义发布的任何病源研究的信息，属个人行为。”

直到 4 月 16 日，广东专家对衣原体说的异议才得到最权威的确定。当日，世界卫生组织宣布，经过全球 13 家研究室共同的研究，确定非典元凶为“冠状病毒”。病原体之争终于盖棺定论。

案例二　“5·12”汶川地震中的信息发布

“5·12”汶川地震的背景和情况概述

北京时间 2008 年 5 月 12 日 14 时 28 分 04.0 秒，四川汶川县爆发了自新中国成立以来最为强烈的一次地震——四川汶川大地震，这是中国历史上较为罕见的特大地震，直接造成的严重受灾地区达 10 万平方公里。汶川地震波及 417 个县市，总面积约 50 万平方公里。其中包括震中 50 公里范围内的县城和 200 公里范围内的大中城市。其中以陕甘川三省震情最为严重。国务院新闻办公室根据国务院抗震救灾总指挥部的授权，在 2008 年 9 月 22 日公布了此次地震灾情和部分受灾情况：四川汶川地震已确认 69227 人遇难，374643 人受伤，失踪 17923 人。因地震受伤住院治疗累计 96544 人（不包括灾区病员人数），已出院 93518 人，仍有 352 人住院，其中四川转外省市伤员仍住院 153 人，共救治伤病员 4273551 人次。受损供水管道累计 48275.5 公里，已修复 45237.2 公里；公路受损里程累计 53295 公里，已修通 53018 公里；四川省、甘肃省、陕西省因灾受损商业网点

（含个体工商户）总计138960家，已有128154家恢复营业。[1]

政府应急反应与信息发布

5月12日14时28分汶川发生大地震，政府迅速公开信息，展开救援，媒体迅速组织报道，并在接下来的时间里，以大的篇幅和时间段，以多种方式集中、详细地报道灾情。这些"迅速"行动，使得政府救灾形象获得广泛认可，媒体公信力得以提升，全民救灾热情被大大激发。

地震发生4分钟后，消息就在网络上公开，而政府官方说法则最早出现在5月12日14点46分，新华网发出了关于地震发生的快讯。[2]

5月12日14时28分，四川汶川县爆发地震的当晚，中共中央政治局常务委员会立即召开会议全面部署抗震救灾工作，中共中央总书记胡锦涛主持会议。国务院总理温家宝已赴四川地震灾区，现场指挥抗震救灾工作。5月14日，中共中央政治局常务委员会再次召开会议，进一步研究部署抗震救灾工作，中共中央总书记胡锦涛主持会议。

1. 地震发生后的媒体反应

汶川大地震发生后，国内主流媒体迅速以大篇幅、不间断、多角度报道这场危机，中央和地方政府部门迅速召开新闻发布会通报灾情，澄清谣言。同时，这次地震后我国允许外国记者迅速进入灾区采访，美联社、法新社、《联合早报》、《金融时报》、《纽约时报》、《华尔街日报》等国际上有影响力的媒体，纷纷派出记者深入灾区采访，采访的媒体从20多家迅速增加到100多家（记者300多人）。《洛杉矶时报》驻京记者马克·麦格尼尔一听到地震消息便赶往北京机场，登上去四川的飞机，从重庆到成都再到重灾区都江堰，他花了8个小时，在5月13日便发回第一篇稿件。"没有阻挠"，马克说，只要道路能通，记者就可以进去。为《纽约时报》供稿的自由摄影师 Ryan Pyle 说："我在中国已待了七年，从未像过去五天这样自由行动过。解放军甚至允许摄影师拍摄营救中指挥官的特

[1] 参见新华网："四川汶川地震抗震救灾进展情况"，http://finance.baidu.com/guonei/2008-09-22/180830194772.html，2009年1月22日访问。

[2] http://cache.tianya.cn/publicforum/content/help/1/174625.shtml，2009年1月20日访问。

写照片，这是非常难以置信的——以往一切涉及军方的场景都严禁拍摄。”❶ 如果将此次地震与五年前的松花江水污染事件作一对照。这三个“迅速”无疑反映了中国在运用“软实力”上的巨大进步。同时网络媒体以报道及时、反应迅速、内容丰富、形式多样，再一次证明了主流媒体的地位，其强大的信息整合方式对 2 亿网民产生了巨大影响力。另外，网络是把双刃剑，在给人们传递及时客观信息的同时，也可能伴随不准确的消息，乃至谣言。在灾难来临的时候，大多数网络媒体保持了必要的冷静，做到了慎重点击手中的鼠标，没有成为谣言滋生的温床和传播的渠道，表现出了足够的成熟和责任感。

2. 多途径的信息传播

途径一，政府信息公开

2008 年 5 月 1 日，《中华人民共和国政府信息公开条例》正式施行，从制度上保证了突发事件发生时，政府及时有效地进行信息披露。“公开是原则，不公开是例外”成了新的信息发布准则。汶川大地震发生后不久，政府就通过政府网站、新华社、中央电视台等权威媒体对震中、震级作了准确通报。

途径二，政府网站通报

国家和地方地震局数次召开新闻发布会披露最新震情统计数据，地震伤亡人数在中央及部门政府网站上实时更新，媒体滚动播出最新消息。新华网、央视网等权威新闻网站也对灾情作了及时、权威、准确的通报。

途径三，商业网站互动交流

新浪、搜狐、腾讯等综合性门户网站发挥特长，运用多平台、多媒体优势动员灾区网民在博客、论坛、贴吧中书写体验、发布图片、上传视频，在互动交流方面发挥了重要作用，极大满足了公众对地震灾情的信息渴求。

途径四，区域新闻网站影响

在突发性事件发生时，通信交通往往受阻，相比远在外地的权威媒体网站，区域性新闻网站价值凸显。在地震发生后，四川新闻网、新华网四川频道等地方网站第一时间进行了独家现场报道，为突发性事件报道争取了时间，作出了贡献。

❶ 张洁平．四川地震掀起世纪采访风暴［J］．亚洲周刊，2008（22）．

案例分析

一、研究的意义、内容、理论和方法

（一）研究背景和意义

自2003年SARS疫情发生后，我国的突发公共卫生事件信息公开制度逐步开始建立。特别是在抗击SARS初期广东省一名全国人大代表在第十届全国人大一次会议上提出议案，呼吁全国人大对重大疫情、灾情的预警和应变防范工作进行立法。这一提案立即得到了37名代表签名支持。5月12日，国务院公布了《突发公共卫生事件应急条例》。条例从五个方面规定了突发事件的信息报告制度和信息发布制度，强化各级政府的报告责任。这无疑是对我国政府信息管理改革的有力推进。到2008年《政府信息公开条例》开始实行时，恰遇我国汶川大地震发生。时隔5年，我国在应急管理信息发布的法律、法规方面取得了很大的进展和进步，在应急管理的信息发布的操作和实施方面也同样有了很大的改进。因此，本文以2003年初的抗击SARS事件和2008年的汶川大地震事件为背景，探讨我国应急管理的信息发布和信息管理方面取得的成绩和不足，为未来我国在应对危机事件过程中的信息发布和信息管理提供建设性的建议和对策。

由于公共事件涉及社会公众的生存及生活，由此引发全社会高度的关注，在突如其来的公共突发事件面前，政府与媒体合作，加强信息管理和信息发布对于及时高效地处置公共突发事件起着至关重要的作用。公共突发事件本身就是一个信息密集的焦点，就像汩汩流水，如果缺乏一个正确合理的流通渠道，缺乏疏导与减容，正面信息出现缄默或者滞后的反应，有利的信息便会全部淹没在讹误及传言的大海之中。由于我国应急管理的信息发布习惯趋于传统的做法，某些地方政府、利益团体采取了一味封锁的方式控制舆论及所谓的“负面新闻”，便可能使越积越多的信息漫过人力可铸的大堤，形成滚滚洪流，在一些非官方的信息渠道中恣意流淌，以扭曲的、夸大的方式进入千家万户，引发公众强烈的心理恐慌，造成巨大的社会震荡，引发波及整个地域全部人群的公共危机，给政府管理造成极大的不良影响。一旦政府在应急管理中及时发布真实可靠的信息，不隐瞒事件的真相，并及时对危机作出果断的反应和措施，对于稳定社会、安抚民众、调动所有社会力量处理危机、渡过难关都将起着非常重要的作用。但是，当危机来临之时，政府如何发布信息、如何实施信息管理却是非常策略和技术的事情。因此，我们必须在总结过去经验教训的基础上，努力探讨政府在应急管理中的信息管理与信息发布策略，更有效地实施应急管理。面对日益增多的自然灾害危机，世界各国政府都在研究和实施应急管理措施，其中信息管理与信息发布的研究在应急管理中起着非常重要的作用。研究政府在应急管理中如何实施信息管理与信息发布具有重大意义。

（二）研究的主要内容

当今的时代是信息化的时代，媒体成了世界信息联系的桥梁和纽带，媒体舆论也成了政府引导舆论导向的一种软力量。同时媒体有其特殊的行业特征，报道的事实虽然客观存在，从事实到报道的媒介却是通过带有主观意识的媒体，有主观性便会带来偏差。如果媒体的报道偏离了事物本质，就很容易形成“假事件”，夸大突发事件的负面效应，会给社会稳定带来不良影响。在当前社会和谐发展的重要历史时期，我国政府各级领导和公务员必须熟悉信息传播规律和运作流程，积极主动地把握突发事件中的舆论导向，促进社会主义和谐社会的建设。同时，从近年来我国发生的几件重要的危机事件中，我们可以看到政府信息发布的机制和体制还不是很健全，我国政府也缺少应对危机中信息管理与信息发布的经验，社会公民的理性意识尚未成熟，使得真假信息的甄别难度增大，需要进一步树立正确的危机意识并形成正确的传播观念，同时持续做好信息传播的法制建设，建立健全信息传播管理体制和信息传播机构。

研究的主要案例有 SARS 事件和“5·12”汶川大地震。研究的主要内容是：通过对这两起公共突发事件中政府信息管理与信息发布的比较分析，从中揭示我国目前政府在应急管理中信息管理与信息发布工作中存在的主要问题，并对这些问题进行分析，追究其原因。然后提出我国政府公共事件应急管理中信息管理与信息发布的建议和对策。其中包括树立与创新政府信息传播理念，加强《政府信息公开条例》等相关法律的执行力，建立政府与媒体的良性互动关系，促进政府信息传播的民主化，建立和完善信息传播机制，健全和完善政府信息传播的法规和制度，加强对媒体的管理和引导，重视和发挥媒体在信息发布中的作用，正确地选择信息发布的时机与方式等。

本文试图探讨在应急管理中政府与民众的信息发布关系、政府与媒体的信息发布关系，为政府引导和管理媒体、发挥媒体的自主管理能力和新闻自主权提供探讨性建议。

（三）理论概述

1. 危机传播理论

危机传播理论。这是J. 格鲁尼格和汉特1984年首创的，1992年由J. 格鲁尼格和L. 格鲁尼格进一步完善。他们认为，作为危机传播的战略分析工具，有效的传播模式对危机传播很重要。

J. 格鲁尼格和汉特提出四种主要的危机传播模式：一是新闻宣传模式，二是公共信息模式，三是科学劝说模式，四是双向对称模式。

新闻宣传模式。这是一种较为传统的单向线性的传播模式，由新闻媒体通过多种形式向公众宣传党和政府防范、处理有关突发公共事件的方针政策，传播和普及公共安全方面的知识等。这种模式对强化公众的安全防范意识和提高抗风险的能力是必不可少的，但它是以传播者为主导的单向传播方式，容易使宣传对象产生抵抗心理。

公共信息模式。这是新闻媒体最常采用的模式，它是通过新闻发布会、情况通报会和来自现场的报道，或定期公布对各类事故造成的损失的统计等，不断与公众进行信息交流和沟通，因此较容易为公众所接受。

科学劝说模式。该模式主要通过摆事实、讲道理、运用理性或逻辑的力量对公众进行劝说和引导，同时，通过反馈、搜集公众的意见或态度作为拟定说服策略的依据。

双向对称模式。这是危机传播中最为理想的模式，它通过新闻传播工具开通各种对话渠道，让各种意见、观点、信息在新闻媒体上充分交流、融合、碰撞，其出发点是维护公众的利益，使传受双方相互沟通，相互理解。

2. 应急沟通准备与沟通计划理论

根据著名的“莫非定律”（Murphy. Law）❶：只要存在危机发生的概率，那么危机就有可能发生，既然危机有可能发生，那就要做好应对危机的各项准备。其中，危机沟通准备与沟通计划就是危机预防与准备的重要内容之一。在危机沟通准备和危机沟通计划方面，有许多危机管理专家、学者提出了各种观点。

（1）罗伯特·希斯（R. Heath）❷ 认为，危机管理者在危机沟通方面应该对以下 9 个要点进行精心准备：①考虑危机环境对沟通的影响；②考虑与危机无关的通信使用者的影响因素；③危机沟通系统必须能够使用方便；④培养信息收集和分析技能；⑤使信息真实可靠；⑥尽量简化沟通渠道；⑦要保证有足够的沟通所需要的通信设施；⑧确认并克服沟通的瓶颈现象；⑨运用非正式沟通系统。

（2）乔·马克尼（Joe Marconi）❸ 认为，对于危机沟通，应该在以下几个方面做好准备：①挑选一位发言人；②不要透支信用，应该诚实可信；③率先公开承认问题，并以诚相待；④告知公众已经采取哪些危机处理措施，即将采取哪些措施；⑤预测最坏的情况，并且事先做好应对计划；⑥通过新闻媒体宣传企业的立场、态度，公布发言人时间，供媒体采访；⑦发言人知名度高固然好，但是向公众传递的信息更重要；⑧居安思危，防患于未然，强化社会责任，不断提高和巩固公司信誉；⑨与企业外部专家广泛接触，接受他们的合理建议和意见。

（3）莫非（Herta A. Murphy）❹ 提出 5 项有效沟通的准备：①确认沟通的目的；②分析沟通的对象；③根据传递的信息类别、情境、文化，选择沟通的核心思想；④搜集资料来论证沟通的核心思想；⑤组织所要沟通的信息。

（4）拉宾格（Otto. Lerbinger）❺ 提出 10 项危机沟通的重要步骤：①查明和面对危机事实；②危机管理小组应该保持警惕和积极备战状态；③成立危机沟通新闻中心；④查出事实真相；⑤对内、对外口径一致；⑥尽快召开记者会，以公开、坦诚的态度，准确地告诉媒体事实；⑦与政府官员、员工、顾客以及其他利

---

❶ 1958 年，“莫非定律”被列入韦氏字典（Webster's Dictionary）。

❷ 罗伯特·希斯. 危机管理［M］. 北京：中信出版社，2004.

❸ ［美］乔·马克尼. 公共关系实践与案例［M］. 北京：电子工业出版社，2008.

❹ 莫非. 高效商务沟通［M］. 北京：机械工业出版社，1998.

❺ Lerbinger. Otto. The Crisis Manager: Facing and Responsibility［M］. NJ: Lawarence Erlbaum Associates, 1997: 27.

益相关者直接进行沟通；⑧迅速采取适当补救措施，把危机损害降到最低；⑨认真做好危机处理档案，为将来评估危机管理绩效、进一步学习、总结和人员更迭做好准备；⑩尽快弥补企业受损的形象。

3. 理论评述

以上关于危机沟通准备和沟通计划的几种观点都是从理论上强调了危机沟通准备和沟通计划的基本概念，沟通方式，信息发布内容准确，确定信息发言人，对内、对外口径一致，保证畅通的沟通渠道，确定沟通的对象，灵活的沟通策略和技巧等，并且都是针对企业在应急管理中的信息管理与信息发布，并没有着眼于政府在应急管理中通过媒体进行信息管理与信息发布的策略，以及如何通过媒体向公众传达政府的意愿，从而引导公众舆论，进而影响公众行为以服从政府的部署和应急措施。政府作为公共利益的代表者、公共事务的管理者以及公共权力的行使者，面对各个领域出现的危机事件，影响面更广，威力更大。与企业面对的危机沟通不同，政府应急管理的信息发布从沟通的对象、沟通的方式、信息发布的节奏、采取的手段与方法，都区别于企业的信息发布。仅仅依据相关的企业应急管理理论，不能有效地解决政府在应急管理中面对的问题。因此，本文就如何提升政府应对公共危机的能力，提高公共危机管理水平，依据基本的应急管理理论，创造性地应用应急管理的信息发布策略，提出具有建设性的对策和建议。

（四）案例分析的逻辑线索与研究方法

本文的研究基于公共危机管理理论，综合运用文献研究法、比较研究法、案例分析法等基本方法，对所选择的两个典型案例进行比较，从中总结中国政府应急管理的信息发布策略的经验与不足，通过案例的比较分析，对现今存在的信息管理、信息发布机制、发布流程的不足性进行探讨，并对在应急管理中信息发布的现状及能力偏弱的原因进行了深入探析，提出了针对提升我国应急管理的信息发布策略能力的建议。

案例分析的逻辑线索依据案例分析学习的基本理论，在案例事实描述的基础上，按照案例背景理解、问题诊断和原因分析、提出对策和建议、最后得出结论的步骤开展案例分析过程。本文主要采取了多案例的比较分析，一方面通过比较分析找出在应急管理中信息管理与信息发布的主要问题及问题产生的原因，另一方面也让人们看到我国在短短的三年里，政府在应急管理的能力方面和信息管理及信息发布方面的进步和改进。但是，这些改进和进步的发展在全国范围来讲还是很不平衡的，有些地区和省份仍然存在许多问题。为了能够更快地提高我国应急管理的能力和水平，特别是应急管理的信息管理与信息发布策略能力，提出了相应的对策和建议。

二、政府、媒体、公众关系分析

1. 媒体自身的行业特征分析

突发性事件往往具有严重的破坏性后果，它快速地改变了人们生活的社会环境，给人们的心理带来极大的冲击和震撼。面对社会环境剧烈的、反常的变动，公众需要快速地重新把握社会环境。媒体就是信息传播的主要途径。

媒体是现代社会分离出来的一个行业，是人类交往和联系的重要纽带，也是舆论引导的重要工具。从一个行业生存和发展的基础和规律来看，报道应急事件是媒体的主要工作和社会职责。应急事件涉及公众的生活和社会稳定，具有较强的社会敏感性和关注度，因此具有很高的新闻价值。同时，媒体的资源能够发挥凝聚功能、激励功能、消解功能和警醒功能，也能帮助政府建构、制造和引导公共舆论。

媒体有其自身的局限：报道的事实是客观的，但事实传播的途径——媒体的表述却是主观的。延安《解放日报》改版期间，1943 年 9 月 1 日，陆定一提出了新闻定义“新闻的本源是事实，即自然界和社会生活中发生的事实。”经过 50 多年的实践检验以及我国新闻学术界的多次辩论，表明这是比较准确、比较科学的，“在新闻界产生了重要的影响”❶。新闻的本源是事实，即自然界和社会生活中发生的事实。“媒介事件”是由记者认识世界的局限和媒体自身规律的局限造成的，它是传播者的主观动机和传播载体的物质限制的统一。新闻在其客观性基础上，必然会产生倾向性的问题，当人们无法接触到真实事件时，媒介事件对公众具有直接的影响力。在突发性事件中，各家媒体根据自身的受众定位，加工现实事件，在公众心目中形成一个印象深刻的“媒介事件”。阶级社会中，新闻倾

❶ 《陆定一生平》，新华社，北京 1996 年 5 月 20 日电。

向性主要表现为阶级性、党性、政治性等。于是，坚持实事求是原则，维护新闻真实性，坚持新闻事业的无产阶级党性原则，把握正确的舆论导向，遵循为人民服务、保持社会稳定、和谐的方针等一系列马克思主义新闻观才是我们所提倡的原则和方针。因此，任何时刻特别是危机时刻，大众媒体不要忘记自身肩负的社会责任，不但是党和政府重要信息的发布者，也应该及时传播社会公众所关注的信息。媒体作为社会之公器、人民的良心，也是安抚民生、关注现实最为有效的手段之一，新闻报道必须客观、准确、及时地反映事实，把还原事实本身作为新闻报道的第一生命，只有这样，新闻媒体才能发挥正确的舆论导向作用。

2. 政府与媒体的关系分析

应急事件中的政府需要对媒体进行引导和管理。建立健全的应急机制，将有助于最大限度地降低灾害的影响，并最终在良性互动的协作中使社会和谐发展，同时也树立了良好的政府与媒体公信力。政府新闻传播效果问题，新华社副总编辑吴锦才认为，媒体本身是代表人民群众，政府应对媒体就是共产党做群众工作的组成部分，可以从政府如何通过媒体博得群众的信任这个角度进行研究。新华社高级编辑严文斌认为，政府新闻学是提高政府的执政能力和执政水平的有效途径，要加强政府新闻学传播效果的研究，对媒体的类型和受众作一些细分。南京师范大学方晓红教授认为，媒介和政府是双赢的关系，报道得好，媒介受到信任，政府也受到信任；媒介受损，政府也受损。在报道的过程中，正面报道也有度的把握。如果在平常的报道中，媒体的报道有失公允，让报道严重偏离事实，使人们积累了大量的不信任，那么在重大应急事件中，在人们心理极度脆弱的时候，正面的报道就难以让公众产生信任感。媒体的传播和政府的关系密切，媒体正常报道活动受到阻碍的时候，政府形象也受到损害。因此，政府新闻学要大量研究突发事件时期，政策宣传该怎么做，舆论导向该怎么引导，应该采取什么样的方式与公众沟通。

3. 媒体与公众的关系分析

一是公开信息，帮助公众了解事态，维护社会稳定。电视、报纸作为主流媒体，发出的是最可信最权威的声音，是引导社会公众意识的主导力量。由于我国大众媒体的长期渗透熏陶，公众越来越依靠媒体的信息，甚至于成为媒介婴儿，媒体严重影响了公众的意识形态和认知形态，从而使大众在无形之中对媒体形成了一种心理依赖。因此，我们要充分利用媒体，整合信息资源，借助先进的信息传输手段，占领传播的主阵地，通过主流媒体的信息发布，引导公众团结在党和政府的周围，配合政府共同采取措施，消除突发公共事件的影响，提高应急管理的能力和水平。二是促进政府与公众的沟通。突发公共事件的应急管理离不开上下沟通，在我国作为党和政府喉舌的媒体，又是联系党和人民的桥梁、纽带。它一方面要向党和政府负责，在政治上与中央保持一致，特别在危机传播中严格执行中央和国家有关规定，与党和政府同心同德，同舟共济；另一方面，媒体又要忠于人民的利益，向人民负责，尤其是在危难时刻更要情系群众。三是帮助公众监督政府。在突发公共事件的应急管理中，不可避免地会出现一些不合公共利益的行为，无论是公共部门及其管理者，还是私人组织或个人，他们在应急管理中的行为和表现，随时都会通过媒体被置于大众的视野之中。媒体可以通过其灵敏的触角，及时发现在应急管理中的各种不当行为，并予以公开，使被监督者迫于舆论的压力而做出规范的行为。

三、问题诊断与原因分析

（一）案例中的政府信息发布策略对比分析

1. 政府信息发布时机对比分析

（1）SARS 事件初发阶段，政府在信息发布方面显得非常迟钝，延误了信息发布的最佳时机。SARS 发生后，由于信息的不完整性，事态发展的不确定性，一时无法确定真正病因，病情症状又比较怪异，政府没有果断地发布信息，同时，不可否认的是政府对这类事件传统上的习惯做法也延误了信息发布，在发现病情近两个月后才对外公开，这个时间远远地落在事件的后面，也落在了民间传言和恐慌的后面，其正确信息的传播速度，似乎远赶不上事件的小道消息传播的速度。从客观上讲，SARS 初发阶段正值中国传统的新春佳节时期，担心一旦信息发布会影响人们过节的心情；从科学的角度讲，SARS 属于传染病，如果能够在春节前就告示社会民众，人们可以更好地做好预防工作，防止病情的扩散。事实也证明，政府一旦将病情的真实情况告知民众，并不会引起社会的恐慌和物品、食品的抢购。广州市政府首次新闻发布会后的事实就证明了这一点。

（2）汶川大地震爆发，政府信息发布迅速及时。2008 年 5 月 12 日 14 时 28 分汶川发生地震，14 时 35 分北京地区出现震感。地震发生后，中央主要新闻媒体紧急启动重大突发事件应急机制，新华社打破常规，14 时 45 分发出第一条英文快讯，比法新社早 6 分钟，比美联社早 8 分钟。随后第一时间根据中国地震局震情通报，向全世界发布了权威、准确的消息。14 时 56 分，新华社从成都发出第一张地震的图片，时效领先全球各大媒体。15 时 04 分，中央人民广播电台中国之声收到中国地震局传真后立即插播地震消息。15 时 30 分，该台成为第一家采访到中国地震局专家的媒体。16 时 30 分，召开紧急会议，决定从 19 时至次日凌晨 1 时 30 分推出特别节目《汶川紧急救援》。中央电视台多个频道随即在滚动新闻中及时报道了地震情况。新闻频道在地震发生后 32 分钟首发新闻，52 分钟后即推出直播特别节目《关注汶川地震》。在此次地震发生数十分钟后，中央各主要媒体便在第一时间发布了各地的震感信息，使社会公众在第一时间知道了地震的真相，避免了恐慌的发生。与时间赛跑，与生命接力。这一次，事实的真相跑在了谣言和恐慌的前面。

2. 政府信息公开的透明度对比分析

（1）多年来，政府消息发布习惯正面高调宣传，而对于危机突发事件，经常想到的则是应当立即想方设法遮蔽住，甚至篡改事实，使得公开信息的透明度大打折扣。案例中所反映出来的政府官员对 SARS 处理情况的通报和表态都存在遮掩、瞒报、虚报的现象。例如，在广州首次新闻发布后政府部门的官员在解答“信息发布迟缓”的问题时讲道：“从疫情看，发病人数 305 例病不算多，不公布也说得过去。”在这里，病情的发布不是由发病人数的多少决定的，而是由病情对社会造成的影响决定的。如果政府不及时公开病情信息，社会将会继续恐慌，抢购风会继续蔓延，社会的混乱将会不可收拾。这说明政府部门的领导并没有意识到信息公开的重要性。

（2）汶川大地震中，政府逐步建立信息公开制度。汶川地震信息发布公开透明。中央电视台在地震发生 32 分钟后即 15 时，在新闻频道口播第一条新闻；15 时 20 分，打破原有节目安排，开始直播特别节目《关注汶川地震》。19 时，《新闻联播》及时播出一组地震的报道，准确传达了中央对救灾工作的指示。22 时，新闻频道和第一套综合频道并机直播“抗震救灾”特别节目，24 小时不间断地用现场直播、现场采访等形式，全面客观报道抗震救灾情况，反映第一手信息，让人民群众及时了解有关情况。地震发生后的头几天，几乎所有境外媒体有关中国抗震救灾的报道，引用的都是新华社播发的消息，使用的都是中央电视台的电视信号。

3. 政府信息的准确度对比分析

（1）抗击 SARS 危机的整个过程中，政府对媒体的引导和管理缺位。在对病情的“控制”和“遏制”的问题上，个别政府官员的表态也是不科学的、不谨慎的。这里仍然可以找到过去那种好大喜功、报喜不报忧的痕迹；在“病原体”的问题上，政府缺乏对媒体的引导和管理，使得那些缺乏严谨科学研究的加上自己臆断猜测的结论通过媒体扩散，对社会造成一定的影响。尽管事后政府有关部门对这些事件都明确表态，“不以卫生部非典型肺炎防治领导小组名义发布的任何病源研究的信息，属个人行为”，但是这些头上顶着政府部门官衔的个人言语对社会已造成了影响。为了消除这些影响，政府对这些个别政府官员做出了及时的处理。在这方面，广东的医学专家和媒体的谨慎且实事求是的态度值得提倡。在以后的病情通报的准确度上也同样存在不符合事实的现象。解放军总医院的蒋彦永医生就声称他所知的一家军队医院的患者就超过官方公布的人数，批评卫生部门隐瞒疫情。尽管政府部门领导以“根据世界卫生组织的要求，把非典型肺炎诊断分为诊断病例、疑似病例和医学观察的对象”来解释中国通报的非典型肺炎疫情报告是可信的，但是依然有许多值得怀疑的地方。

（2）“5·12”汶川大地震中，政府信息权威且准确。从汶川大地震发生后的第二天起，国务院新闻办、四川省政府每天举行一场新闻发布会，分别邀请政府职能部门的有关负责人以及有关领域的专家，通过媒体发布灾情震情及救灾动态信息，保证了信息的权威性。在信息播发、新闻报道中，有关伤亡人数、人员搜救、安置状况、物资分发等总体情况的重大信息，都经总指挥部或有关部门审核。发布会公开回答中外记者的现场提问，而且对每场新闻发布会都进行现场直播，不遮掩，不回避，不回答“无可奉告”。这样的发布方式既保证了媒体和受众知情权的满足，又保证了信息的权威性。在突发灾难事件中，如此高规格、高频率地举行新闻发布会是前所未有的。危机传播的基本原则是“真实地说，迅速地说，首先来说”（Tell the truth, tell it fast, tell it first）。可以说，在这次“汶川大地震”期间，危机传播的这一“3T”原则在我国政府的新闻发布和主流媒体的新闻报道当中得到了贯彻。

4. 政府信息发布的国际影响对比分析

（1）由于SARS的国际背景，SARS事件始终都引起国际社会的密切关注，特别是世界卫生组织的关注。在抗击SARS期间，世界卫生组织对中国的疫情进行了多次检查和视察，并向全世界通报。但是，我们自己对内、对外的信息发布不及时，疫情的真实性遭到质疑，个别政府官员表态不严谨等，造成了一定的负面国际影响。例如，3月12日世界卫生组织发布了第一个全球SARS警告，国内媒体没有报道这个信息。美国《时代周刊》发表对我国公布疫情病例数字质疑的文章等，都在国际上产生了一些不良反应。

（2）汶川大地震中，政府保障采访自由赢得赞誉。从“SARS”事件中的“信息发布迟缓”“疫情通报真实性受质疑”“控制与遏制之争”“病原体之争”等到“汶川地震”中的信息发布及时、信息真实准确、新闻采访报道自由等，都说明当今的政府逐渐认识到应急管理、信息管理与信息发布的重要性。政府在抗击“汶川大地震”中加强与媒体的密切合作，通过媒体塑造良好的政府形象及国家形象。自从在2007年1月1日起实施了保障境外记者采访自由的“国务院477号令”以后，中国的对外传播工作出现了一个新的变局。这次“汶川大地震”期间，先后有近百位境外记者到灾区采访，尤其是有20多位境外记者在地震爆发后，获得了与境内记者同等的“待遇”，一同在第一时间赴一线采访，这是“477号令”得以贯彻落实的结果。境外记者来自新闻现场的报道，与引自中国“官方”信息源的信息相互补充和相互印证，使得有关中国报道获得了本土与全球视角的良性互动。西方媒体在灾后两周时间的报道，从两个层面比较完整地勾画了此次地震中的中国国家形象：政府行动力较为高效，信息较以往公开；另外是民主的国家认同程度空前高涨。尽管也有一些负面报道，但如果对比两个月之前西方媒体对于西藏的报道，就会发现很多不同的新闻框架和基调。出人意料的使这场突如其来的地震灾难为中国化解国际公关危机、重塑国家形象提供了一个良好的契机。虽然灾难造成的损失是前所未有的，但在政府、媒体、公众的共同努力下，中国在应对这场危机当中所表现出的前所未有的民族凝聚力、举国动员力和舆论传播力，得到了海外媒体和公众的广泛赞誉。一方面，来自中国本土的声音大量出现在西方媒体上；另一方面，大量境外记者客观、公正的报道以及中国政府对国际救援的接纳，营造出了一种“环球同此凉热”的氛围，从而缓解了由此产生的中西文化和意识形态的对立和冲突。

（二）存在的问题及原因分析

当前，我国政府危机管理的发展有三个背景：一是我国社会处于社会发展上的“非稳定状态”频发阶段；二是政府行政体制改革加快，公共管理在我国已迅速地发展起来；三是加入 WTO 后的效应逐渐发挥出来，经济贸易、政府行政与国际接轨加快。因此，在此背景下更要坚持以危机管理过程为基点，以党中央的领导为核心，以构建和谐社会为目标，坚持危机管理的法制化、集权与分权相结合、充分调动社会力量多方参与等原则，不断完善危机管理机制建设，提高政府危机管理的能力，建立符合国情的危机管理体系，促进我国公共治理结构的优化工作的逐步展开。

1. 政府的信息发布体制制约了对媒体的引导与管理

报纸和电视作为影响社会意识形态的主要途径，一直被政党和国家所重视。马克思、恩格斯 1849 年 12 月 15 日，在《〈新莱茵报·政治经济评论〉出版启事》中写道：“报纸最大的好处，就是它每日都能干预运动，能够成为运动的喉舌，能够反映出当前的整个局势，能够使人民和人民的日刊发生不断的、生动活泼的联系。”❶ 1996 年 9 月 26 日，江泽民《在视察人民日报社时的讲话》中指出：“新闻舆论，作为上层建筑、意识形态的一个重要组成部分，由于其自身的特点和优势，同社会政治、经济、文化生活的各个领域都有密切的联系，都会产生广泛而深刻的影响。”❷ 可见，从某种意义上来说，把握住报纸、电视媒体这些重要的影响途径，就是把握住了社会主流的舆论导向，进而影响社会主流的意识形态。我国政府对媒体的管理主要通过行政管理和行业管理相结合的方式进行。据了解，我国各大报业集团的主要负责人都是由政府提名产生，其报社的资产归国资委管理，新闻局负责报业集团的行业管理，如刊号的报批、刊物的发行等。以某省某报业集团为例，其中层以上的负责人（例如处级）都是由该省委

❶ 马克思恩格斯论新闻［M］. 北京：新华出版社，1985：259.
❷ 讲学习（讲政治）讲正气［M］. 北京：学习出版社，1996：371.

组织部下发任命通知；其报业集团的主要负责人也是由组织部任命产生，或者是由省委宣传部提名再由组织部任命；报社的全部资产归该省国资委管理，新闻局负责行业归口管理。所以从“人事任免”到“资产”、“薪酬”都在政府的管辖范围之内，这就实际上掌握了这些主流的宣传途径。

2. 政府的信息发布流程设计缺乏灵活性

据了解，我国媒体的信息发布机制主要采取“事后问责制”，即在中宣部或者各级省委宣传部没有对某一事件下达“规定”或者“指导意见”的指令时，媒体可以自由掌握报道尺度，但是如果报道在社会上造成了恶劣的影响或者是伤害到了政府的执政形象，将对此事件进行“事后问责”。“问责”的结果依据事件的严重程度分为不同层级，最严重的为“停刊”，其次为主要负责人或责任人辞职、记处分等。因此，依据长期的行业经验，媒体遇到报道某重大事件时，常常会等待来自中宣部或相关部门的指导意见；实际操作过程中，但凡比较重大及敏感的事件或者在特殊时期，中宣部及各级宣传部，都会尽早、主动地下发“指导性意见”，促进信息的发布。依据事件影响的程度，“指导意见”的处理方法通常也有以下几种：不予报道、不能擅自报道（以新华社等消息为准）、不能过分夸张报道、注意舆论导向等。

3. 政府应急管理信息传播机制制约信息发布速度

在汶川地震发生之时，只有凤凰台即刻播报了“中国四川发生大地震”，境外网站发布这个消息十几分钟后，我们的官方网络上才有了信息。在那个真正的“第一时间”，我们的媒体延续了审查与自我审查的习惯：上级批示之后才能报道。好在经过不长时间的迟疑之后，管理层和媒体顺应了信息公开的世界潮流，新闻报道迅速出击，接下来就是全球都予以关注的情形：我各路媒体派出了记者向灾区进发，几乎所有重要的灾区场景都被报道。也有少数地方的宣传部门，依然按照惯性方式控制媒体，使得那里的信息在全国得不到关注。例如西祠胡同网站有网友发帖称邻近四川北部的甘肃几个县也遭受了震灾，地震发生后第二天上午，该省各报的记者准备出发赴灾区采访之时接到通知：所有报纸不准派记者到灾区采访，不能报死亡的人数。于是当天该省除个别报纸报有死亡人数外，对地震失声。到了中午，又接到通知，说可以去一线，但要以领导在抗震救灾一线的行动为准，死亡人数仍然不能报。第三天，通知说可以反映一线的民生问题。第四天再接通知：不要写灾区困难，尤其是灾区缺物资，坚决不能写。正是由于该省采取了如此的信息控制，使得全国人民在抗震救灾中几乎忘却了还有甘肃的几个县遭受了严重震灾，当四川的灾区群众及时吃上全国支援的食品时，那里的很多受灾民众却因得不到救助而挨饿！❶

目前我国政府危机信息传播机制尚存在许多问题，比如国家缺乏健全的信息公开制度，导致公众知情权难以得到保证；信息传播机制不完善，缺乏灵活性；公共危机信息传播中的不报、少报、缓报现象依然存在；媒体在危机事件的信息传播中的主体地位不强，缺乏自由度；媒体信息发布形式还比较单一。其原因在于政府主体尚未树立正确的危机意识和形成正确的传播观念，在信息传播的法制建设方面比较滞后，政府权力结构方面存在传统的信息传播管理体制和信息传播机构设置不合理的问题，政府信息传播的内部执行系统不健全，政府缺少应对危机的经验，非政府传播结构缺乏“大众本位”意识等。

四、对策与建议

1. 加强应急管理预警、预防信息发布机制，加强预防知识宣传

完善应急管理信息传播机制是政府、媒体及专业研究者相关研究成果的规则化、制度化，是对政府、媒体在公共信息发布及传播行为的规范，它以政府与媒体的充分信任与合作为前提，保障公众知情权并以正确应对危机化解危机为基础，最终达到消除恐慌、共渡难关的目的。及时发布预防知识及急救知识宣传是完善应急事件处理系统的重要一环，发布预防知识及急救知识机制是一个完善的系统，首先预防和急救知识，有效察觉潜伏的危机，敏锐洞察危机中隐藏的机遇，开展预防和自救，为突发事件引发的连锁灾害的处理和不良影响的控制赢得主动权。突发事件管理，最应该强调的除了机制和技术，就是一种意识。危机意识是危机预警的起点，是突发事件管理的重点，预防与控制是管理中成本最低、最简便的方法。在此意义上，预警机制的设立至关重要。当然，并不是所有的突发事件都能在事先通过预警得以避免，因为突发事件是无法准确预测的。我们所说的预警机制是为火灾等突发事件做好必要的准备，包括制定灭火救援、搞好物

❶ http://www.xici.net/main.asp? url=/u12437820/d70954979.htm. 2010 年 3 月 28 日访问。

资储备和供给、完善媒体沟通机制以保持有力的信息支持等，为充分协调社会联动机制功能、有效处置突发事件起着重要的促进作用。

舆论学中的事件驱动原理应该是应急传播机制建立中值得运用的。原理认为，如果通过媒体将危机事件有效传播的驱动价值建立在开放的基础上，即通过挫折激荡人心，使人们迅速摆脱突发事件带来的各种阴影，勇敢面对现实，万众一心救治危机，这样就会在一定程度上起到化害为利的神奇效应。以美国为例，经过多年经营，美国已经发展出一套相当完善的应急管理信息传播体系，值得我们借鉴。这套体系构筑在整体能力的基础上，通过法制化的手段，将完备的危机预警计划、高效的核心协调机构、全面的危机应对网络和成熟的社会应对能力包容在体系中。

在我国的应急管理的信息发布中，应重视和加强预防意识和危机意识的宣传，提高社会公众应对公共危机事件的综合素质。应急事件为经常性发生的事件，如果事先预防到位，宣传防范措施到位，很多损失就不可能发生。

法律经济分析学派经常提到的著名的“汉德公式”[1]（B≥L+P）就特别强调了预防的重要性。在该公式中，B表示投入的预防金额，L表示为事故发生的损失金额，P为事故发生的概率，这一公式被作为判定行为人有无过失的准则。这一用在推进预防投入的计算公式经实践操作后，被认定为既符合实质意义，又符合经济效用的标准。许多发达国家的官员和各种责任人之所以能形成根深蒂固的预防观念，就在于法律制度中贯穿着这种“汉德公式”，时刻以一种“可计算的问责理性”压制住“理性经济人”的预防惰性，进而积极地为预防而进行实质性的投入。社会公众既是应急事件的承受者，也是防范和处置应急事件的参与者。危机意识、面对突发事件的心理承受能力、所掌握的应急救灾知识和自救互救技能，是公众应对应急突发事件所应具备的综合素质，社会公众的综合素质高低，在有效处置应急突发事件中发挥着重要作用。如果我们每个人都懂得自救互救、防灾避险的应急知识，就能在应急突发事件中大大减少伤亡。政府要面向公众，调动各种资源，运用多种手段，广泛宣传有关法律法规和预防、避险、自救、互救、减灾等知识，切实提高社会公众应对应急突发事件的综合素质，为应

[1] 汉德公式由美国联邦上诉法院第二巡回庭著名法官勒·汉德在1947年美利坚合众国诉卡洛尔拖船公司一案中正式提出。http://baike.baidu.com/view/996494.htm？fr=ala0_1.

急处置工作奠定良好的社会基础。

2. 切实落实《中华人民共和国政府信息公开条例》❶，完善应急管理信息发布体系

《中华人民共和国政府信息公开条例》已经于2007年1月17日国务院第165次常务会议通过，现予公布，自2008年5月1日起施行。法令里面明文规定“各级人民政府及县级以上人民政府部门应当建立健全本行政机关的政府信息公开工作制度，并指定机构（以下统称政府信息公开工作机构）负责本行政机关政府信息公开的日常工作。政府信息公开工作机构的具体职责是：

（1）具体承办本行政机关的政府信息公开事宜；

（2）维护和更新本行政机关公开的政府信息；

（3）组织编制本行政机关的政府信息公开指南、政府信息公开目录和政府信息公开工作年度报告；

（4）对拟公开的政府信息进行保密审查；

（5）本行政机关规定的与政府信息公开有关的其他职责。

各级人民政府及相关机构要切实落实《政府信息公开条例》中的有关规定，应严格遵照法律法规执行，杜绝对重大事件的少报、瞒报、不报的现象发生。在建立应急传播机制的过程中，应充分尊重公众的知情权，用正确真实的舆论引导人，对事关重大的公共信息，作为身处其中的公众显然拥有知情权，政府不能用对舆论源的支配和垄断剥夺群众的这一权利，突发事件中舆论的开放实际上是一个社会民主进步的象征。当然事件中舆论的形成也必须以政府的可控制性为前提，如果放任媒体无序报道、歪曲宣传，舆论最终会将人导向真实的反面，同样可能引发公众的恐慌及骚乱。2004年12月28日，国务院消息办首次公开了62个部委75名消息发言人的接洽方法，这标志着我国的政府消息发布制度迈上了一个新台阶。

虽然，国家为了加强信息发布，出台了一系列有关政策，但是由于公共事件涉及公众的生存及生活，进而影响到从政官员的政治前途，政府官员很害怕因为事件曝光引来更大的恐慌，于是可能预知或掌握关键全面信息的政府往往垄断突

---

❶ 资料来源：http://www.gov.cn/zwgk/2007－04/24/content_592937.htm. 2010年3月28日访问。

发事件的一切信息，守口如瓶，不按照《政府信息公开条例》的相关规定执行。他们将媒体的高度关注视为为整个事件添乱，甚至会越描越黑，不愿意甚至抵制媒体介入和报道事件真相，导致各种猜测占据了主要的信息传播渠道。长久以来，我国政府对公共应急事件有着较为严密的新闻管制。其实公开透明的信息传播是突发事件中公众心理负累的减压阀，在获知事件的原委与承受事件所引致的心理痛楚、物质损失以后，民众更容易从短暂的恐慌中平息下来，坚强而理性对待突发事件所带来的灾难性后果。

许多实践证明，谣言止于信息公开。当突发事件发生时，应该保证媒体报道相应的自由度，媒体要保持信息交流的畅通，首先应掌握话语权，在第一时间发布权威信息，及时、正确、客观地向公众公布欲知、应知而未知的信息，使不实传闻和谣言没有产生、传播的空间和机会；同时，媒体还应保证信息的全面性，尽可能全方位、多层次地对事件进行完整报道；特别是要充分发挥网络媒体高效传播的作用，提高信息公开的时效性、影响力；此外，媒体还应保证信息来源的可信度，坚守新闻的真实性，杜绝假消息和小道消息，最大程度地解除人们对事件的恐惧心理。随着社会进步，政府信息公开、舆论监督渐渐不再是忌讳。

3. 充分发挥媒体在应急管理中信息发布的积极作用

媒体舆论是社会和谐的指标。民主政治是和谐社会的基础，它为社会上不同利益群体提供了一个整合、妥协、平衡的制度架构。媒体舆论开放，可以使公众直接或间接地对公共权力实施监督和控制，从而保证公共权力真正为公众所用，促进和谐社会的实现。媒体不仅传播信息，而且承担着建设和谐社会的责任；新闻媒体有它自身的发展规律，既有意识形态的属性，又有市场价值取向的影响；同时，网络媒体向传统的新闻管理方式提出了挑战。因此，一方面政府要积极主动地借助媒体做好正面宣传、舆论监督、决策调查和形象塑造，正确引导社会舆论；另一方面政府官员要理解新闻、尊重记者、服务媒体，提高自身的新闻素养和应对媒体的能力。

历史证明，在应急事件中，政府应该加强与媒体的合作和管理，充分利用媒体公众权威性的特点，传递正面的信息，以维护社会的正常秩序。政府是一个地方突发事件的救助者、化解者，它能依靠强大的行政力量和组织能力及协调能力使突发事件转危为安。发达国家媒体就十分关注突发性、灾害性的事件，媒体的职能之一就是通过各种可能的途径获取更多的事件信息，只要发现异常情况，特别是涉及公众的生命财产安危的事情，媒体一定会以大容量、高效及时的方式播报出来。例如美国的“9·11”事件中，政府就通过与媒体的互动合作，重振国民信心，从而塑造了政府良好的执政形象。2001年9月11日，当第一架飞机冲向世贸中心后，一场人类历史上空前的恐怖袭击拉开了序幕，危急时刻，美国纽约市市长朱利安尼第一反应就是与媒体建立起良好的应急传播机制。9月11日上午10时45分，也就是北塔被撞两个小时后，朱利安尼终于成功地与纽约第一新闻台取得了电话联络，并与主播开始了现场连线，在突发性灾难中，饱受惊吓的全美国人身边不时响起的抚慰之声，就来自朱利安尼。此后，全美各大电视台及广播电台都以“全天候整点灾难快报联播”的方式，疯狂播放朱利安尼向民众发表的现场谈话，对罹难者的深切哀悼，对恐怖分子绝不妥协的立场，对重建世贸大厦的信心和决心。危急时刻，媒体表现出高度的社会责任感，美国各大媒体一改往日的抨击政府舆论监督的做法，而是以高度的协同反应能力介入整个事件的报道之中。美国广播公司取消了一切娱乐节目和广告内容，24小时提供有关恐怖事件的最新信息。媒体及时、真实地传播信息，使人们的焦虑感大大降低，容易造成混乱的不确定因素也随之消除。对社会民众来说，危机造成的最大危害在于社会正常秩序遭到破坏并由此带来社会心理的脆弱，因而，保持稳定的社会秩序、恢复原有的社会运行轨道是首要选择，而进行心理救治最好的办法是让民众参加到危机管理的进程中来。正是媒体的宣传与鼓励，“9·11”并没有打击纽约的民众，反而使纽约的市民生活发生了积极的变化，城市不再冷酷，市民不再那么冷漠，他们尝试彼此相爱并变得更加坚强。

4. 规范危机信息发布流程，制订危机信息发布方案

应急事件发生时，往往时间急、速度快、影响范围广，如果等到应急事件发生后，才紧急调集人马临时开会研究对策，往往会延误信息发布的时机。因此应急事件的特点决定政府新闻发布必须及时、客观、准确、稳定、有序。这一切与政府新闻发布的制度密切相关。“制度促进着可预见性，并防止着混乱和任意的行为。制度协调人们的各种行动，建立起信任，并能减少人们在知识搜寻上的消耗。”[1] 完

[1] 柯武刚，史漫飞．制度经济学［M］．北京：商务印书馆，2002：113.

善的新闻发布制度不仅对政府形象建设而且对于满足公众对信息的需求都具有重要的作用。首先，应按照分级负责的原则，相关政府的新闻发言人要参与突发事件的处置。在处置过程中，从新闻专业角度提出意见和建议。其次，在政府突发事件处置预案中，应有明确的媒体应对运作流程。流程应包括以下要素：突发事件发生的第一时间，应通知新闻运作部门；明确什么情况下进行发布，媒体沟通的目标是什么；由谁发布，发布口径由谁提供，由谁审批；发布形式；首先要保证的主流媒体是哪些等。除此之外，在日常的信息制度建设的同时，要留意规范危机时期信息发布的流程、制订出信息发布方案。（1）为了制订危机信息发布方案，危机爆发前的信息发布工作是不可忽视的，也就是对薄弱环节的分析，对一切可能引起危机的信息进行收集整理，并且评估可能造成的损失及应对策略。（2）在政府应急事件的处理预案中，应有明确的媒体应对运作流程，包括通知新闻运作部门以及发布形式等。（3）统一新闻口径、建立新闻发言人制度。统一新闻口径，建立新闻发言人制度是政府危机管理框架的重要组成部分，是政府调节社会公共关系的重要手段之一。在突发事件爆发这种特殊时期，新闻发言人的作用更为重要。他可以有效调节公共关系，树立政府的良好形象，也可以提高政府危机管理的工作效率，有利于更好地协助政府与公众沟通。

5. 加强对媒体的管理和引导，确保发布信息积极正面

媒体作为一段重要的公共资源，介于政府和公众之间，既受政府制约，又在一定程度上影响政府，既引导公众心态，又必须适应公众需求，因此当突发公共事件发生时，政府要充分认识到媒体在应急管理中的重要地位，善于有效地发挥媒体的积极作用，及时通报各种信息，增加政府透明度，减少信息不对称，争取舆论主动权。

加强信息沟通。媒体要保持信息交流的畅通，及时、正确、客观地向公众公布欲知、应知而未知的信息；同时，媒体还应保证信息的全面性，尽可能全方位、多层次地对事件进行完整报道；此外，媒体还应保证信息来源的可信度，坚守新闻的真实性，杜绝假消息和小道消息，最大程度地解除人们对事件的恐惧心理。

引导正确的舆论导向。在应急管理中，舆论表现在两个方面：一是公众对突发事件本身的认知和态度；二是公众对于政府应急管理行动的理解和态度。舆论导向的正确与否，是应急管理中需要不断探索和努力解决的问题。危机传播最大的干扰是流言和谣言。在我国作为党和政府喉舌的媒体，又是联系党和人民的桥梁、纽带，媒体特别是主流媒体要充分运用自己在公众中的影响力，采用有效的传播技巧和手段，及时地搜集、表达公众的意见和需求，使公众的声音能够进入政府的决策议程，及时地宣传、解释政府的行动，引导公众理解和支持政府的行动，努力营造有利于化解突发公共事件的舆论，促进上下沟通，维护社会的稳定。

维护社会稳定。媒体作为社会舆论工具，是公众情绪的“风向标”、“催化剂”。突发公共事件的发生会使社会生活遭到突如其来的人为或自然力量的破坏，导致人心浮动，社会意识结构失衡，这时公众对信息的需求更为迫切，媒体进行及时、准确、全面的新闻报道，使公众的信息需求得到满足，从而能够安抚公众情绪，凝聚社会力量，共同去克服困难，战胜危机。为了引导公共舆论向有利于突发公共事件解决和社会稳定的方向发展，媒体可以加大信息的流量，让这些信息处于明显的优势地位，以引起公众的注意，成为公众中的主导价值观。

塑造政府形象。无论是在突发公共事件潜伏期的事前管理阶段、爆发期的应急管理阶段还是恢复重建管理阶段，媒体都承担着比平时更为重要的为政府代言的责任。媒体通过发达的社会信息网络，把政府为公众做的每一件事，包括及时发布信息、表明政府立场和决心，说明将要采取的措施等一系列行为，以快速、准确、全面的方式传递给公众，从整体上为政府塑造积极应对突发公共事件的良好形象，同时媒体还把事件状态及民众心理及时反馈给政府，帮助政府进行科学决策。

6. 选择正确的信息发布时机和发布方式

在危机事件发生初期，公众的心理尤为脆弱，既缺乏对灾害情况的全面了解，又缺少对救护知识、救灾信息的了解，此时极度渴求政府或者媒体发布信息。如果选择了不恰当的信息发布时机或者发布方式，可能会对公众心理造成“二度伤害”。

应急事件的信息发布要正确选择发布时间、发布内容、发布方式，要遵循发布时间及时、发布信息准确、发布方式公开等原则。

（1）发布时间及时

媒体的生命在于时间性，特别是在应急突发事件中，第一时间发布正面的积极的信息有利于把握先机，掌握舆论的主动权，从而掌握事件处理的主导权，不求全，只求快，但所发信息必须准确，这些信息的发布有利于稳定公众情绪。

（2）发布信息准确、恰当

危机爆发时，政府应该把真实准确的信息告诉公众，同时信息内容要恰当，内容不恰当也容易使公众反感。以 2009 年台湾莫拉克台风为例，8 月 7 日莫拉克台风由台湾花莲县登陆。虽然早在 8 月 6 日，台湾媒体就对“莫拉克”来临的消息进行了报道，但官方迟迟没有表态。8 月 14 日马英九下令首次启动应急机制，然而 8 月 15 日下午，马英九却出席了台中县洲际棒球场，为第 14 届世界青少年棒球锦标赛开幕式致辞。在这种情况下，这条信息不合时宜地发布，造成了台湾人民的极大不满。

（3）发布方式公开

不仅信息的内容要恰当，而且信息发布的方式也要恰当、公开、透明。信息发布非常讲究时间效益，用怎样的方式公开信息非常重要。在发布方式的选择上要考虑信息传播的速度、范围和反馈等因素，既能让公众及时了解事件的真相，又能满足公众对事件内容的需求心理。

7. 选择合适的信息发布途径

信息发布的途径有很多种，具体包括新闻发布会、报纸、电视、网络等通信方式。

新闻发布会是一种集中、便捷、高效的公关传播手段，根据我国学者刘建明主编的《宣传舆论学大辞典》解释，新闻发言人是指国家、政党、社会团体任命或指定的专职（比较小的部门为兼职）新闻发布人员。其职责是在一定时间内就某一重大事件或时局问题，举行新闻发布会或约见个别记者，发布新闻或阐述本部门的观点，代表有关部门回答记者的提问。政府新闻发言人制度主要是以政府为传播主体，以新闻媒体和社会公众为传播客体，通过发布、传播与公众利益相关的政务信息和重要新闻来实现政府与社会的沟通，它是一种相对稳定和规范的公共信息传播机制。我国新闻发言人制度起始于 20 世纪 80 年代。1983 年 4 月 23 日，中国记者协会首次向中外记者介绍国务院各部委和人民团体的新闻发

言人，正式宣布我国建立新闻发言人制度。❶

报纸和电视：报纸和电视是通过报纸以及电视这些媒体途径对信息进行传播，报纸主要通过文字、图片资料来传递信息，电视可以通过音频和视频来进行信息的传递，无论是报纸还是电视，在应急管理事件中，信息的更新都需要及时而准确，为了追求传播效果的最大化，还需要对传播结果进行“持续聚焦”。所谓“持续聚焦”，就是对传播结果进行深入挖掘，连续报道，并利用其他途径对已形成的传播结果进行二次发布，扩大传播覆盖面，提升影响层次。

网络：网络的信息发布及时。当今的时代是一个信息化的时代，到处都是发达的通信工具和无处不在的互联网，已经彻底打破了地域。任何一个荒僻角落里发生的突发性新闻，都可能在24小时内登上都市报，36小时内传遍全世界。传播学认为，越是影响重大的事件，越要求信息及时公开，因为重大事件的受关注程度和复杂程度都为流言传播留下了足够空间。而且随着网络技术发展，要屏蔽信息变得越来越困难，人们比以前更容易获得事件的蛛丝马迹。在官方渠道发布信息之前，这些蛛丝马迹极容易在人们想象力的发酵下，按照公众传播兴趣发展成流言。有时候，恰恰是因为不发布、迟发布、不完整发布，导致流言愈演愈烈，引发更大的社会震荡，负面影响数倍放大，被炒作成为比突发事件本身更大的热点新闻。例如2008年4月28日，有关“4·28”胶济铁路事故的最早报道出现在当日9时11分，此时距离该事故的发生不到4个半小时。第一个涉及伤亡人数的报道出现在当日11时31分；当日14时46分，新华网报道称“4·28”事故已初步排除人为恐怖行为，澄清了在这件事上的最大流言。互联网在民众与政府之间，搭建了民意通道。在网络时代，舆论传播格局发生了重大变化，每一个人都可能成为一个“新闻社”、一个“编辑部”、一个“广播电视台”，各种道听途说的信息能轻易地被广而播之。

结　论

1. 媒体舆论可以描述社会环境，提示事物的运动变化，起到社会预警的作

❶ 资料来源：http://baike.baidu.com/view/1214131.htm? fr = ala0_1. 访问日期2010年3月28日。

用。由于媒体是和谐社会的重要指标，因此，各级政府应该转变施政理念，给媒体一定的宽容与自由，提高媒体的公信力。在对媒体的管理和引导方面，加快管理体制改革，给媒体更多的新闻报道的空间，同时也加大对媒体的引导和管理监督。

2. 一旦公共危机事件发生，快速反应是第一定律。由于现代社会通信技术的快速发展，信息传播速度快得惊人。政府要加强信息传播机制的改革，提高应急管理中的信息发布水平和速度，以起到引导社会舆论的重要作用。

3. 狠抓《中华人民共和国政府信息公开条例》的落实工作。尽管从"SARS"事件到"5·12"汶川大地震政府信息发布工作取得了很大的进步和重大成果，然而我们也清楚地看到，对比国外先进的信息发布经验，我们仍存在很多不足。公共危机信息传播中仍有瞒报、少报、迟报的现象。因此，从中央到地方各级政府都要制定各项细则，落实《中华人民共和国政府信息公开条例》，规范危机信息发布流程，提高政府应急管理信息发布的管理能力和水平。

4. 建立政府、媒体和公众的信息发布互动机制，能够提高政府和媒体的公信力，为建设和谐社会创造良好的信息沟通环境。通过案例分析，我们可以看到，在政府、媒体和公众之间存在着密切的互动关系。公众对政府的信任来自政府及时公开真实的信息，满足公众对信息的需求，同时也满足了公众的心理需求。而媒体作为政府与公众沟通的主要媒介和桥梁，时刻把握舆论导向在正确引导公众对事实的理解、鼓励和激发公众响应政府号召、执行政府指令、创造政府与公众的和谐等方面起着非常重要的作用。

参考文献

[1] 陈福锋. 透过危机事件传播的断裂 [J]. 传媒观察，2003 (4)：36-37.

[2] 聂静虹. 试论构建大众传媒与政策议程的良性互动关系 [J]. 广东行政学院学报，2003 (1)：28-29.

[3] 陈叙. 关于构建政府与媒体良性互动关系的思考 [J]. 改革与发展，2004 (1)：37-39.

[4] 夏红辉. 重大突发事件与媒体责任 [J]. 兰州交通大学学报（社会科学科版），2005 (10)：104-105.

[5] 李鹏. 危机状态下政府的媒体政策选择 [J]. 江西行政学院学报，2004：18-19.

[6] 罗伯特·希斯. 危机管理 [M], 北京：中信出版社. 2004.

[7] 乔·马克尼. 公共关系实践与案例 [M]. 北京：电子工业出版社，2008.

[8] 莫非. 高效商务沟通 [M]. 北京：机械工业出版社，1998.

[9] 汤天明，沈烨华. 信息不对称——政府与媒体必须考虑的问题 [J]. 新闻知识 NEWS KNOWLEDGE，2003 (7).

[10] 曹随，陆奇. 政府机关形象设计与形象治理 [M]. 北京：经济治理出版社，2002：15.

[11] 陈福峰. 透视危机事件传播链的断裂 [J]. 传媒观察，2003 (4).

[12] 刘建明. 社会舆论原理 [M]. 北京：华夏出版社，2002.

[13] 郎劲松，侯月娟. 现代政治传播与新闻发布制度 [J]. 现代传播，2004 (3).

[14] 张文风，宋鸽. 政府新闻发布制度热的冷思考 [J]. 行政与法，2004 (1).

[15] 阮雯. 地方政府形象及政府与公众的沟通 [J]. 探索，2002 (1).

[16] 颜烨，韩迪. 转型中国安全事故和突发事件曝光于媒体的社会效应分析 [J]. 东北师大学报（哲学社会科学版），2005 (3).

[17] 吴宜蓁. 危机传播——公共关系与语义观点的理论与实证 [M]. 台北：五南图书出版公司，2002：93.

[18] 肖洒. 境外中文媒体对中国危机事件的报道研究 [J]. 传媒学术网，2007 (4).

5. B机场空港口岸
——跨部门沟通管理研究

内容摘要：随着经济一体化、信息网络化，国际贸易市场的竞争日趋激烈。无论国内还是国外对货物通关的服务要求也越来越高，向贸易商承诺提供快速而可预期的货物放行时间已变得越来越重要。但在货物通关过程中，一个口岸内涉及众多不同性质的部门，林立的部门间存在的沟通管理问题影响了口岸的管理水平。

本文分为两大部分。第一部分是案例描述，通过对发生在B机场口岸的两个现实案例的描述，反映了B机场空港口岸货物通关过程中跨部门沟通的问题。第二部分是案例分析。基于组织结构设计、沟通网络建设、组织管理沟通等理论，运用案例分析法，综合文献法、经验总结法、对比法、观察法和统计分析法等研究方法对空港口岸部门间沟通的问题及成因进行分析。针对案例揭示的问题和原因，以目前管理沟通的基本理论为依据，从完善海关内部沟通机制，建立与口岸部门间沟通例会制度和建立统一的电子通关信息平台三个方面提出改进我国空港口岸部门间沟通的对策和建议。再以数据分析和预测对所提对策和建议的应用效果、可操作性、影响等方面进行评估和验证，并得出结论：有关对策和建议对改善空港口岸部门间沟通，提高空港口岸货物通关效率、促进口岸发展可发挥积极作用，对探索我国口岸部门间沟通管理和空港口岸货物通关管理改革提供了有益的借鉴。

关键词：空港口岸；跨部门；沟通管理；案例分析

案例正文[1]

一、案例背景

B 机场海关组织机构及其职能介绍

B 机场海关是海关总署设立在 B 机场的进出口货物、物品、运输工具的监管部门，隶属于 G 海关。B 机场海关下设 4 个业务处和 2 个独立的业务科，分别为物流监控处、通关业务处、旅检处、快件监管处、风险管理科、稽查科。另设办公室、人事政工处、行政财务处 3 个职能处。其中物流监控处、通关业务处主要负责进出口货物的通关监管，风险管理科负责对通关业务中的风险要素进行归纳和提醒，办公室负责 B 机场海关内部事务协调督办及对外联系。这 4 个部门是本论文案例涉及的主要部门。B 机场海关设有 1 正 3 副共 4 位关长。正关长是李关长，分管通关业务的是邱副关长。

B 机场原地点位于市区，受土地面积限制，到 21 世纪初已不适应现代航空业发展。机场于 2004 年搬迁，整体环境大幅度改善。在旧机场时，B 机场海关的办公地点较分散。通关业务处、风险管理科等处室在一栋五层办公楼内，而物流监控处办公地点在远离办公楼的一个仓库内，两地相隔近 1 公里。2004 年机场搬迁后，B 机场海关办公条件大幅度改善，同时也迎来了业务发展的突飞猛进。随着业务的发展，B 机场开始实施 24 小时通关制度，每周 7 天、每天 24 小时都有关员进行通关业务操作。各通关部门的工作量、工作时间大幅度上升。为了提高工作效率，B 机场围绕通关业务对组织机构、业务流程进行了一系列的改革。

B 机场海关通关业务内容介绍

舱单确认：负责对地面代理公司申报的电子舱单数据进行确认。

---

[1] 来源：该文是暨南大学管理学院 MPA2006 级学员黄骏的毕业论文，现任中华人民共和国广东河源海关办公室副主任；指导老师沈远平教授，并进行修改。

接单：负责在通关业务现场接受报关单证申报，核对纸本单证与电子申报资料是否一致，检查报关随附资料如检验检疫通关凭证等是否齐全。

征税：负责对需要征收关税和增值税的报关单开具税单，对已交清税款的报关单进行税费核注。

选择查验：根据风险提示、上级指令和经验对报关单进行判断，区分出需要进行查验的报关单并下达查验指令。

查验：对需要进行查验的货物实施查验，判断单货是否相符。

放行：对不需要查验的货物和经查验正常的货物进行通关系统和纸本单证放行操作。

转关：负责对经B机场转运到内地海关的进口货物和内地海关起运经B机场运往国外的货物进行物流监控。

术语解释

进出口货物：进入或离开一国关境的货物，进出口货物必须向国家申报，受国家监督。

通关：货物或商品在进出关境时的申报和放行过程。

口岸：国家设立的允许货物在该地进行申报的场所。

报关：进出口货物所有人或其代理人向海关申报进出口货物情况的过程。因为使用报关单填写有关货物资料，所以在报关过程中的货物常常以票或批作为单位。

B机场海关通关业务改革前主要业务处室介绍

通关业务处：该处内设一个通关业务科，负责接单、征税工作，并负责税费统计、报关单修改等工作。通关业务处处长张某，有着多年的征税业务工作经验，擅长数据分析。通关业务科科长陈某。通关业务处有关员24人，接单岗位采用轮班制，设置长班、夜班。

物流监控处：该处内设监管科和物流科，处长刘某，是有多年海关工作经验的老处长。监管科负责选择查验、货物查验等业务工作，工作岗位有选择查验、放行、进口查验、出口查验、后续管理5个。科长曹某，管理学专业本科毕业，是关里年富力强的新一代科长代表人物。物流科负责舱单确认和转关等业务工作，设有舱单管理、转关审核、实体监控、综合业务 4 个岗位。科长冯某，长期担任科长职务，有较好的沟通协调能力。物流监控处共有关员 50 人，是 B 机场海关里部门人数第二多的处室。由于需要保证 24 小时通关，物流监控处实行轮班制度，设置长班、夜班。因为处内每个业务岗位都需要进行轮班，加上关员的年龄结构偏高，人力资源并不充裕。而不同班次之间的业务交接也可能导致业务办理的脱节。

风险管理科：该科负责收集进出口货物风险信息，对货物存在可能的偷逃税款、走私等风险进行分析，并反馈给通关业务处和物流监控处。风险管理科科长姓唐，理工科专业背景，分析事情时条理清楚。科室只有科长和另一新入关的年轻人小张。科长常常需要出席各类会议，小张又缺少工作经验，只能完成简单的信息上传、下达。受制于人手不足，风险管理科只能完成最基本的数据收集工作，对通关数据的统计和分析根本无从谈起。B 机场海关通关业务部门组织结构详见图 5－1。

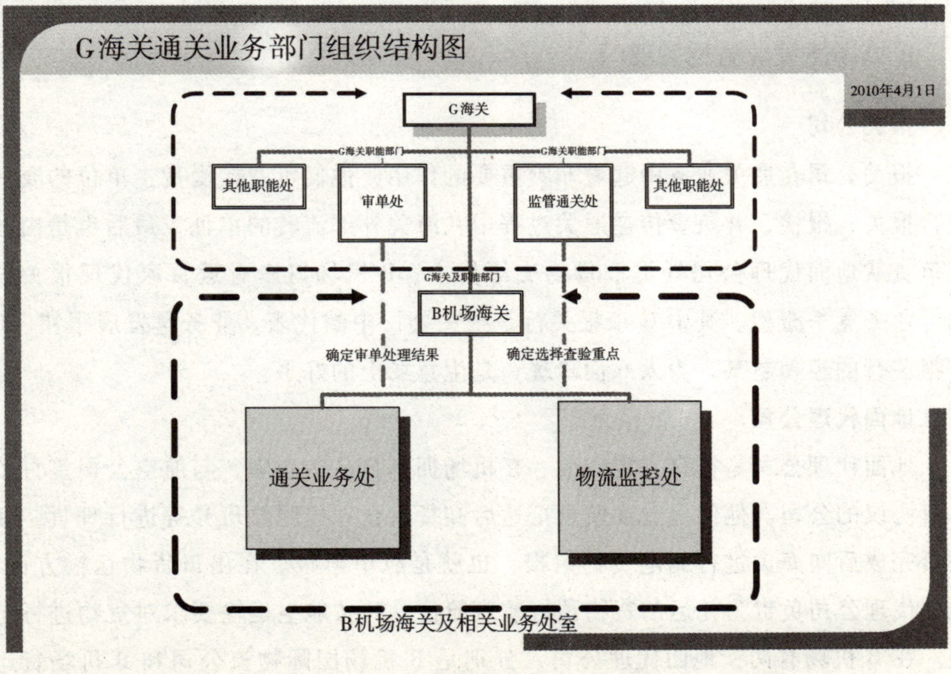

图 5－1　G 海关和 B 机场海关通关业务部门组织结构图

通关过程相关部门介绍

G海关（上级）有关职能部门

G海关作为B机场海关的上级主管部门，其内部职能处室与B机场海关内设处室之间有紧密的联系。在通关业务方面联系最紧密的处室有：监管通关处、审单处、关税处、风险管理处。监管通关处负责制定G海关范围内进出口货物监管细则、监管工作操作规范等，隶属海关监管现场需按照这些细则进行日常监管。关税处负责确定进出口货物商品归类，制定商品税收征管办法，隶属海关通关科室按照商品归类对照该类货物的税率对货物征税。风险管理处负责对G海关所有监管现场的风险信息进行汇总和管理，提出风险分析的指导意见。

海关总署每年都会出版通关业务指导手册，手册中详细列明货物所依据的进出口税率、有关检验要求和所需提供单证。手册制定的基础是国家对进出口货物制定的各项政策，以及签订的各项贸易协定等。

B机场通关业务相关部门

报关公司

报关公司在通关业务中起着非常重要的作用，他们负责接受货主单位的委托进行报关、报检，并负责传递通关过程中在海关外部流转的单证，最后也是由他们负责从地面代理公司处提取货物交给货主。B机场口岸有近百家代理报关公司，业务竞争激烈。其中G市报关行是报关公司中的代表，业务量发展很快。G市报关行的经理赵某，为人八面玲珑，是生意场上的好手。

地面代理公司

地面代理公司是符合一定资质、在机场拥有自己的仓库、与航空公司签订了理货协议的公司。他们负责在航班抵达后卸货入仓并按照航班号等进行理货，在理货完成后向海关进行到港货物申报，也就是舱单申报。在出口货物运输方面，地面代理公司负责为托运的货物预订航班舱位，并按航空运输要求对货物进行包装。在B机场有两家地面代理公司，分别是B机场国际物流公司和B机场货运公司。B机场国际物流公司的老总姓黄，该公司主要承接中国南方航空公司的地面代理业务。B 机场货运公司老总姓罗，该公司主要承接中国国际航空、东方航空等公司的地面代理业务。

检验检疫局

检验检疫局负责对国家规定需进行检验检疫的进出口货物进行检验检疫、消毒等工作，为需要检验检疫的货物出具检验凭证；在通关过程中与海关的交流较少，检验凭证交由报关公司传递。B 机场检验检疫局的局长姓王，和邱关长曾是部队的战友。

银行

中国银行、中国农业银行、中国工商银行等商业银行都参与通关业务过程，他们负责收取报关公司缴纳的税金，并将税金上交国库。银行在收取税金后，对海关发出的税单进行核注，作为企业缴齐税金的凭证。

二、B 机场货物进出口（货物通关）流程

进口货物通关流程说明

进口空运货物由航空公司的飞机托运至机场，同时由机组人员携带货物的纸质提运单。飞机飞抵机场后，由与航空公司签订了代理协议的地面代理公司负责卸货进场并加以理货。提运单是提取货物的纸质凭证。地面代理公司根据提运单信息在海关的数据终端录入舱单数据，表明向海关申报该次航班具体携带货物入境情况。海关通过系统对舱单数据加以确认后，舱单数据进入海关系统的舱单数据库。在舱单申报后，地面代理公司通过电话向货主发出提货通知，并寄出提运单。货主收到提运单后，与有代理报关权的报关公司签订委托协议，委托报关公司办理报关、提货手续。货主需要向报关公司提供提货单、身份证明、货物发票、装箱清单、购货合同等资料。报关公司接受委托后，根据货物情况和有关检验检疫管理办法确认货物是否需要检验检疫。如果需要，则准备报检资料，向检验检疫局申报检验，检验结束后由检验检疫局出具检验凭证——通关单。收到通关单后，报关公司备齐货物提运单、货物发票、装箱清单、购货合同、报关委托协议书等资料，填写纸质报关单，准备报关。报关单信息包括货物的货主单位、

货物名称、提运单号码、原产地等数十项数据。在通过海关系统终端向海关发送报关数据后，视为已向海关电子申报。海关系统自动检查报关单中提运单数据是否存在舱单系统中，如果存在则接受报关申请进入审单阶段。审单阶段首先由电脑自动比对报关单各数据项是否符合逻辑、是否符合海关规定的申报规范，如果涉及敏感商品，则由人工再次审查确认。如果通过审单，则向报关公司发送确认回执，如存在不规范的，则退回报关公司重新申报。报关公司收到确认回执后，即可向现场海关递交纸本报关单证。现场海关接到纸本报关单证后，审核纸本数据是否与电子数据相符，并检查纸本单证是否齐全、单证之间逻辑关系是否正确。如果出现单证填写错漏则退回报关公司，由报关公司重新备齐上交。对单证齐全且数据正确的报关单，由系统判断是否需要征税，需要征税的则开具税单，由报关公司凭单往银行缴纳税款。报关公司缴税后，持盖有银行收讫证明章的税单到海关继续通关流程。海关对已缴税的报关单做税费核注操作。对已经核注税单的报关单及不需征税的报关单，海关根据货物情况进行风险分析、选择查验。不需查验的货物和经查验情况正常的货物可以做单证纸本及通关系统放行。已放行的纸本单证由海关交给报关公司后，报关公司通知货主办理提货手续。之后由货主自行取回提货凭证到地面代理公司处交付运输、仓储费用后提取货物。也可由货主委托报关公司办理提货手续。进口货物通关流程见图 5－2。

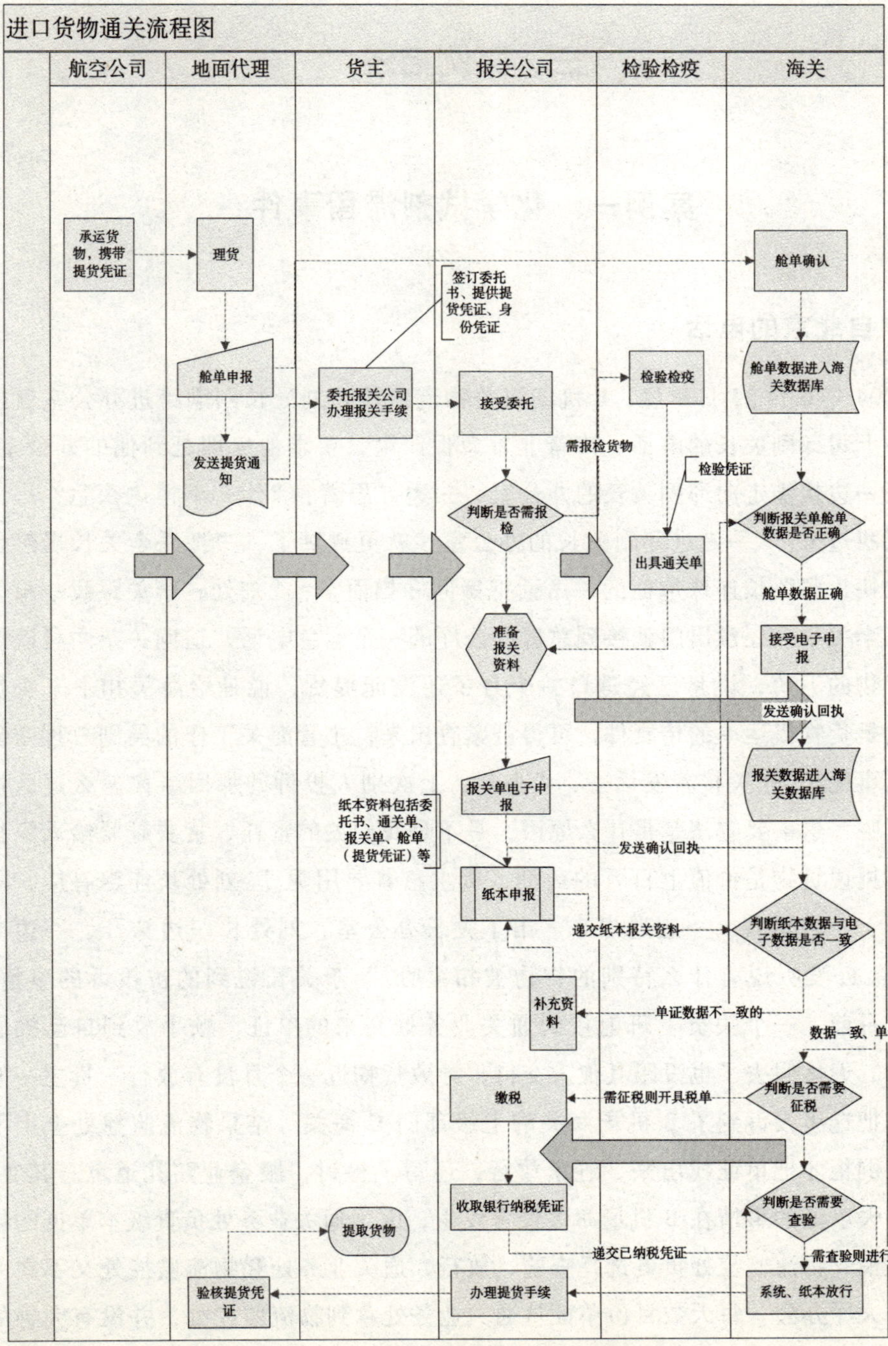

图5-2　进口货物通关流程示意图

三、案例描述

案例一　化学试剂滞留事件

来自北京的电话

2004年6月23日早晨，B机场海关物流监控处刘处长刚刚跨进办公室就接到顶头上司邱副关长的电话，声音非常急促严肃，要求他立即赶到他的办公室。刘处长一边疾步走向邱副关长的办公室，一边寻思着："什么事情这么急？一上班就要我过来。"一走进邱副关长的办公室，就更狐疑了，一把手李关长居然也在。很快，邱关长连珠炮似的一席话把疑问一扫而空："刘处，李关跟我一早就来了，李关早上还没出门就接到总署办公厅的一个紧急电话，追问一票中科院的进口货物的下落，说是已经进口一个月了还没能提货，说是给海关扣下来查货了。这是货物提运单的传真件，可得赶紧查出来，主管海关工作的吴副总理亲自在问这事呢！"李关接着发话了："小刘，上次别人投诉的那回事你怎么这么快就忘了呢？这事要查清楚是什么原因，是不是我们关的责任，货要赶紧给人家找出来！据说货物是价值上百万的药剂，货主急着要用呢。"刘处长连声答应，马上去查。一边说着，一边退出来。出了关长办公室，刘处长一边抹汗，一边寻思："最近没听说有什么特别的货物被扣留呀。"李关长说到的被投诉的事情，是两个月前，一个关员下班前接到通关业务处交来的单证，顺手放到自己抽屉里，第二天休假去了也没跟其他人交待，导致货物近一个月没有放行。货主一怒之下，把这事投诉到了B机场海关的上级部门G海关。结果物流监控处上上下下翻箱倒柜才把单证找出来，赶紧放行，还写了检讨，跟企业赔礼道歉。其实，这种丢失单证的事情在B机场海关经常发生，因为通关业务处负责纸本单证的接单、征税，物流监控处负责选择查验、放行，通关业务处和物流监控处又不在一个办公大厅办公，每天数百份单证从通关业务处拿到物流监控处，并没有完善的登记制度。中间还涉及检验检疫、银行、地面代理公司、报关公司等外单位，与外单位间的单证和信息交流又主要由报关公司负责传递。（货物放行和单证流转的流程图详见图 5－2）繁多的交接环节很容易造成单证的丢失和信息的缺失。

查找不翼而飞的单证

刘处赶回处里，马上召集 2 个科长讨论这件事情。王科提议：“从提运单上可以看到提单号码，咱们可以先查查有没有经过舱单确认，也就是货到底是不是在咱们口岸。”曹科打断了王科的话：“人家一个电话直接打到咱们这里来了，肯定在。”“对，在是肯定在，但得搞清楚有没有申报，我们可以通过提运单追查报关的情况，这样我们才好知道单证到了哪个环节。”王科提出了先查提运单的充分理由。刘处同意王科的提法，决定大家分头行动，王科组织当班关员检查留存单证，重点查看品名与药剂有关的及货主单位是中科院的报关单证。曹科负责从系统里查找该份提运单的有关情况，如报关单号码、流转环节等。很快，曹科的检查有了结果，货物确实是在 B 机场海关报了关，但还没有放行。从系统上看到，报关数据已经通过了 G 海关审单处审核，但没有通过现场接单，也就是还没有到物流监控处的环节！刘处决定马上去找通关业务处的张处长说明情况，要求协助。同时让曹科根据报关信息找来有关报关公司负责人协助。刘处与张处说明缘由后，张处也大感紧张，系统显示现场没接单的可能性有两个，一是该报关单尚未递交纸本单证，二是递交单证后没有进行操作。如果是前者，从报关公司那里可以追问原因，如果是后者，则涉及关员的责任，需要马上把单证找出来。报关公司那边已经由曹科在跟进了，所以，张处赶紧安排关员开始在办公室里检查单证情况。谁知一个多小时过去了，还是没找到。每个接单岗位的关员心里都忐忑不安，不断回想着是否曾经看到过这样一份单证。丢失这样一份报关单，影响可太大了。

水落石出

就在刘处和张处急得像热锅上的蚂蚁似的，曹科打电话过来了。“我是，怎么？找到啦！太好了！我马上过来。”刘处挂掉电话转头对张处说，“找到了，确实没接单，货物可能被检验检疫拿去抽样化验了！大家不用找了。”张处这才松了一口气，关员们悬着的心也才放了下来。回到物流处办公室，G 市报关公司的赵经理那胖胖的面孔带着一丝尴尬的笑容迎了上来："刘处，这事是我不好，没及时跟您汇报，我们也没想到会捅这么大娄子。""你们公司生意是越来越好了啊，我们帮你服务，你们倒好，黑水尽往我们身上泼。""刘处，您消消火，这事我是得给您赔个不是，跟单的报关员是个新来的，把货拿到检验检疫那儿去化验，就不知道该干什么了，不懂得去追，也没把事情跟我说。客户问起来，他又怕了，不懂解释，就搪塞说是海关拿去查验了。我也是一个一个打电话，才把惹事的家伙找出来的。回去可一定要好好教训一下这小子。""教不教训是你赵经理的事了，现在，关键是把货物的通关手续完成了，别让人家再等!"刘处觉得还是得分轻重缓急，报关行的管理问题不是一时半会能说清楚的，先把货物处理好再说。接着，刘处把电话打到了检验检疫局的王局长办公室，跟他把事情的前因后果说了一遍，王局长马上派人去查，很快就有了结果。货物确实是送检了，而且也已经出了结果，一切正常，但还没有报关员来取走货样和检验凭证。赵经理赶紧叫了那个报关员去取货，同时叫一个有经验的报关员跟着去。

反思：问题出在哪里了

货物的其他情况并没有什么异常。取回检验凭证的报关员很快向海关递交了纸本单证。不到半小时，海关的通关手续就完成了。刘处电话向关长们汇报了情况，李关着重要求刘处向企业解释清楚情况，同时指示刘处好好思考一下，为什么会出现这么被动的情况。我们似乎处在信息失控的状态，当上级部门或物主查询时，我们竟然对货物的去向和通关情况一无所知。无法立刻给人家一个清楚的交代。在企业来取货的时候，刘处仔细地跟企业说明了情况，介绍了通关的流程。企业代表对海关的工作表示了理解和感谢，但是也表示，复杂的通关流程确实不容易明白，所以他们还是比较依赖报关公司的。送走企业代表，刘处又一次来到李关的办公室，几个人开始认真仔细地讨论分析这件事的经过。毫无疑问，通关的环节烦琐，涉及相关部门也多，而这些部门隶属关系也复杂，组织性质不一，让人感到报关公司在通关过程中的影响太大了。怎样才能克服这些障碍从而争取主动已经成了摆在 B 机场海关面前的一道难题。

案例二　B 机场海关的通关流程改革

改革的背景

物流监控处处长室，刘处看着曹科提交上来的最近一个季度单证放行情况统计。眼光落到“单证漏交或延误”一栏时，眉头一下就皱了起来，一个季度里竟有 19 份单证出现漏交和延误的情况。再看备注栏，更是气不打一处来，因为这些单证的通关时间都超过 72 小时，有的竟然长达 7 天，有几份还引起了投诉。刘处对这个现象感到无奈，因为目前纸本单证由通关业务处接收，然后才由专人转交给物流监控处。以前为了单证交接，专门设立了单证交接登记本，但是，随着业务量的突飞猛进，每次交接上百份单证，一天交接多次，逐份单证交接耗时耗力，不切实际。何况这只是单证在两点间的流转，实际流程中，纸本单证在海关外部的流转时有发生，而这种流转是依靠报关公司跟进传递，海关缺少监控手段。这些都是造成单证丢失的潜在风险。还有一个现象，也令刘处感到为难，就是查验和选择查验的职能都在物流监控处，权力的集中导致廉政风险的提高。处、科长总要在这方面保持高度的警惕，防止出现问题。就在刘处发愁的时候，办公室秘书小徐打电话过来了：“刘处，明天的关务会议你有什么议题吗？”“嗯，我会谈一谈单证交接的事情。”刘处一边盘算着，一边回答。

关务会议

时间：2005 年 1 月 10 日

地点：B 机场海关办公楼五楼会议室

参加人员：李关、邱关、陈主任、刘处、张处、唐科、行政保障处王处长、人事处赵处长

记录：徐秘书

李关：这次会议，我们先回顾一下上个季度的业务情况，然后大家把需要在关里解决的问题也汇报一下。就从物流监控处开始吧。

刘处：以下是上季度物流监控处的主要业务数据……上季度我们的各项主要

业务数据都有大幅度提高，进出口货运量更是增长了20%。但是也有一些问题，就是先后接到了两次投诉，投诉都是关于通关效率的。经过调查发现，出现问题的原因主要是单证的交接上出了娄子，一次是单证在外部流转了太长时间，一次是因为关员内部交接遗漏。我们处对这两件事的责任人已经作了严肃处理，也在处里再三强调要提高责任心，防止类似事件的再次发生。另外，我们的选择查验命中率还有待提高。

张处：以下是上季度通关业务处的主要业务数据……上季度我们的各项业务数据都有提高，但是人力没能跟上业务的发展，人手比较吃紧，每人每天接单量同比增长了100%，关员反映压力较大，容易疲劳、出错。另外正如刘处所说，频繁出现的单证交接问题，影响了通关的效率。

风险管理科唐科：上周，我代表本关参加了GZ关的风险管理会议，会上提到各关的查获率都处在一个比较低的水平上，风险分析的水平有待进一步提高。目前，我们关的风险分析工作存在的主要问题之一是与现场查验工作配合不够密切，现场查验信息主要集中在物流监控处，而风险信息的发布往往要一个月后才传递给风险管理科，信息沟通存在滞后性。

办公室陈主任：我想接着前面几位领导的话提些意见，我们现在面临的主要问题是沟通的问题，特别是跨部门的沟通。而沟通中的障碍部分是主观的，像责任心等因素，更多的则是组织结构、业务流程引起的。我们的业务流程是以前在旧现场的时候定下来的，应对当时的业务量没问题，现在我们换了新现场，业务量成倍增长，这样的流程是否还合适？这个问题我认为值得考虑。

李关：主任的话很有建设性！其实，以前关里也不是没有考虑过对业务流程进行改造，以便更好地提高通关效率。可是受到场地、人员的限制，一直也没能推进。现在，我们的工作环境有了很大的改善，统计、计算机等方面的人才也越来越多，可是我们的通关效率却不见提高。这主要是由业务量增加引起的，人是不可能无限制增加的，我们要考虑的是怎么在现有资源下组织更好的结构，制定更好的流程，内部挖潜，提高效率。我建议就这个事情成立专门的工作组，尽快展开调研，尽快提出方案。我不希望再听到因为类似单证丢失的事情引起的投诉！改革过程中，办公室、行政财务、人事都要紧密配合，保证配套工作。

……

会议决议

成立以李关为组长、邱关为副组长的流程改造工作组，小组成员包括刘处、张处、陈主任、唐科、徐秘书。小组的工作目标是在9月推出有可操作性的改造方案，在10月正式推行改革。改革的目标是彻底解决部门间单证交接问题，提高通关效率，提高查获率。

制订方案是艰难的：怎样制订出方案，首先是观念问题，组织结构怎样才能更合理。一是利用提示的功能，减少物流监控处选择查验关员的压力，提高风险分析的作用。二是职能整合。唐科向李关和小组提出了新的观点，减少单证传递的最直接办法就是让同一个部门负责单证的处理。但是这样的方法看上去就与以前的观念大相径庭，单证处理的职能集中在一个部门是否会带来过大的权力？唐科接着分析：这样的顾虑不无道理，但实际上并不会。范围由风险科确定，执行是物流监控处。三是流程怎样改造。

确定的方案

第一，将物流监控处的选择查验职能转移至通关业务处；第二，将放行作业与选择放行作业结合到同一岗位上；第三，由风险管理科负责制定每周的选择查验重点，以风险提示的方式显示在系统中；第四，查验作业由物流监控处负责；第五，物流监控处每周将查验的详细记录交风险管理科，由风险管理科进行详细分析；第六，方案制订后先选取部分货物进行试点，试点单证为进口不涉税、不涉证货物。试点时间为一个月。

成功的试点

试点按时开展起来。为了试点成功，从物流监控处调了两名有选择查验经验的关员充实到通关业务处。成立了四位关员负责的选择查验小组。虽然方案的制订经过多次讨论和调研，但大家对改革的实施效果并不抱有完全的信心。试点关员特别是以前没从事过选择查验的关员对新流程存在疑虑，主要是怕负责的权限增大，责任也同时增大，如果选择查验的命中率不高，或有重要风险点没有判别出来时，自己会承担责任。为了试点的顺利进行，邱关、张处专门与参与试点的关员进行了谈话，减轻他们的思想负担。邱关明确表示："选择查验的分析工作由风险管理科负责，通关业务处的关员只负责在选定范围内进行选择查验。选错了也不怕，毕竟有一个经验提高的过程，不可能要求百发百中。"这一席话给试点关员吃了定心丸。试点的一个月时间里，各个环节运作都算是顺利的。新的流程中，单证流转环节大大减少，一名关员负责完成所有的单证操作，整体通关时间比原来减少了近30%。更没有出现漏单的情况。

表5－1　改革前后通关业务指标对照表

	通关时间（小时）	查验率	查获率	单证遗漏率
改革前	2.52	5.2%	1.8%	0.2%
改革后	1.76	8.3%	1.3%	0

资料来源：B机场海关通关2005年业务季报。

新的问题

经过1个月的试点，通关改革小组通过总结，基本认可了改革方案。接下来就是全面地推行。物流监控处不再负责选择查验，关员都表示欢迎，毕竟这减少了大量的工作量。通关业务处的工作压力无疑增大了，但是，从物流监控处一次性调动6名关员充实到通关业务处，在通关业务处实行两班倒的工作制度，使关员可以有一天的休息时间，因此也得到了关员的欢迎。改革推广到全面，却发生了意想不到的困难。负责实施查验的物流监控处监管科的关员发现，虽然减少了单证工作量，但是查验工作的压力却骤然提高，同时人员却减少了六个。查验率由原来的5%提升到10%，查验人手减少的情况下，每个关员每天查验的货物比原来多了一倍。关员中开始出现抱怨："现在我们就是蓝领，什么都听通关业务处的摆布了。"曹科作为基层领导，必须执行上级指令，每天都亲自上阵查验货物，还要逐个做关员的思想工作，头发一下子白了许多，终于有一天因劳累过度而病倒。有时候甚至对通关处的做法有了"相煎何太急"的想法。

改革总结

在改革开展1个月后，改革小组召开阶段总结会议，主要议题是总结改革的成果和存在的问题。

参加人员：邱关、刘处、张处、唐科、曹科、冯科、徐秘书

曹科：现在，每天的查验率接近10%，许多商品并不是什么高风险商品，可是通关处还是下达了查验指令，我们的关员根本查不过来。

张处：我们的关员也是按照风险提示下达的指令，如果有提示而我们不下达指令，出了问题谁负责？要说觉得累，我们的关员也有同感，有风险提示的货物，我们的接单关员都要花上比其他货物多十倍的时间来仔细研究，生怕查验太多加大了物流处同事们的压力。

唐科：可能关员们在收到提示的时候执行太过死板了，我们的风险提示也是从每周查验情况反馈上来的信息结合总关的风险信息来挑选的。但是我们的信息不可能面面俱到，还需要现场关员根据实际情况进行分析。

邱关：出现目前的情况是我们事前没有预见到的，不过我们能够及时发现，就有机会来解决。看来我们改革小组的任务还没有完成。问题还得靠大家仔细思考，好好解决。

……

会议最终并没能形成新的决议，怎样找到一条适合 B 机场通关业务迅速发展的改革之路是大家面临的一道难题。

案例分析

一、研究背景理解

1. 案例研究的背景、目的及意义

口岸是国家指定对外经贸、外交、文化、旅游和移民往来，并供往来人员、货物和交通工具出入国（边）境的港口、机场、车站、跨境通道等。它是一个国家（地区）同所有世界各国开展政治、经济、文化交流的窗口。进出口货物的通关过程是指进出口货物自运送抵达口岸后至完成各种检验、审核、放行等手续离开口岸的过程。通过口岸的进出口流量可反映出某一国家的对外开放程度、对外贸易、吸引外资、国家政治、经济、文化的现实状况。特别是随着全球经济

一体化和贸易自由化进程的加速，口岸管理体制是否合理、通关活动是否高效，越来越成为衡量一个企业、一个地区乃至一个国家经济水平和竞争能力的重要指标，对国际资本的流入和一个国家外经贸乃至整个国民经济的发展都将产生深远的影响。

在我国，空港口岸占有重要的地位。从案例的介绍中，我们可以看到，我国空港口岸管理涉及的部门很多。就政府部门而言，包括海关、检验检疫机关、外经贸主管部门、地方政府口岸管理办公室、外汇、税务、航空管制等，同时，属于政府管辖的重要商业机构包括航空运输、银行、保险等。其中的任何一个环节出现问题，都将影响通关的速度和效率。空港口岸管理部门作为政府部门的一个重要组织，各管理部门内部沟通网络、各管理部门之间的管理沟通方式在我国政府管理沟通的结构上具有很强的代表性。而口岸管理部门的管理沟通有效性对口岸通关效率的影响更体现出针对政府部门间管理沟通进行研究的重要价值。

海关的工作性质是国家设立在进出口口岸负责对进出口货物实施监管的行政执法机构。在现代海关的工作中，高效、准确的跨部门沟通意义重大。首先，改革开放以来，进出口货物的数量飞速增长，对货物通关效率的要求也不断提高。而通关效率的提高离不开各部门之间的紧密协作。部门之间沟通的高效和准确是保证高效协作的基础。其次，随着货物品种、成分、所有人、原产地等各种复杂的因素不断增强，对海关实施进出口货物监管的要求也越来越高，在许多领域，海关需要与口岸的其他部门之间密切沟通协作的环节越来越多。同时，部门间沟通的内容也越来越复杂。如何使口岸不同部门间的沟通更加及时和顺畅，提高口岸货物通关效益，是当前口岸货物通关流程改造、实施有效的跨部门管理沟通研究的重要内容。最后，建设服务型的政府是现代经济发展的趋势之一，进出口贸易已经成为国家经济发展的主要支柱，为经济发展提供良好的口岸通关环境是口岸各部门必须承担的任务，而只有协调的部门间关系，实施良好的跨部门沟通，才可以为完成这种任务和转变提供良好的基础。

2. 组织结构与组织管理沟通关系分析

从案例中我们得知，在进出口货物通关过程中要经历许多部门，各部门之间的沟通对提高货物的通关效率十分重要。部门间沟通与组织结构和组织间沟通网络的关系十分密切。“组织之间关系是指发生在两个或两个以上组织之间的资源交换、流动和联系。”❶ 理查德·L. 达夫特指出：“组织结构包含了确保跨部门沟通、协作与力量整合的制度设计”，“横向沟通能够消除部门之间的障碍，为员工提供协作的可能，以便集中力量实现组织的目标。横向联系指的就是组织中跨部门横向沟通的程度。”❷ 组织结构是影响组织运作的关键因素，决定了权威、权力的分配，决策和沟通的布置，效率和效能的达成。结构的影响也是社会性的，规范了人与人、团体与团体之间的关系，左右群体的行为表现。政府间关系，也称府际关系（intergovernmental relations，IGR），指政府之间在垂直和水平上的纵横交错的关系，以及不同地区政府之间的关系。

我国政府部门作为特殊的组织，在组织结构上具有两个鲜明的特点，一是严密的科层结构，二是突出的条块关系。韦伯认为，现代国家的政府组织皆是高度正式化、严格的层级制的科层组织。公共组织结构与其他私营部门组织结构相比，具有稳定性、开放性、层次性、规范性、复杂性的特点。❸ 在我国，上级机关通过法律或条例，将权力逐级授予下级，同时保证在授权之后，下级对上级负责。科层的水平权力争执加上上下层级的线型关系，使组织内部、组织之间的网络联系更加困难，科层意识形态的科层政府的“帝国缔造”、“本位主义”影响到政府各机关间的协调合作、各级政府间的协作关系、与公共服务的有效传输。林尚立提出：“中国政府间关系模式是以条块关系为基础的；根据我国政府体系设置，地方行政机构往往拥有两个管理者：当地政府和上级业务机关。例如，根据国家规定，工商、税务等基层职能机构受垂直体系直接管理，作为在基层开展工作的主要力量，其人事任命权受到上级部门控制。”❹ 作为政府间关系的一种，“条块”关系是我国多数基层机构所面临的、上级部门垂直领导与本级政府领导并行的现象。这种“条块分割”的政府管理体制造成了行政效率低下、政府机构庞大和中央决策的“中间梗阻”等诸多问题。根据对政府组织结构的研究，已经关注到了组织结构对管理沟通的影响。这种影响的出现是由于组织边界和权责关系划分导致的。由于我国政府部门结构的“条块化”、行政权力的“碎片

❶ 理查德·L. 达夫特. 组织理论与设计［M］. 王凤彬等译. 北京：清华大学出版社，2002：262.
❷ 理查德·L. 达夫特. 组织理论与设计［M］. 王凤彬等译. 北京：清华大学出版社，2002：262.
❸ 林尚立. 国内政府间关系［M］. 杭州：浙江人民出版社，1998：47.
❹ 林尚立. 国内政府间关系［M］. 杭州：浙江人民出版社，1998：53.

化”，政策在部门之间不能有效衔接，很难形成共同的价值和公认的程序。部门间沟通易受噪声的干扰，影响沟通的效果。针对我国政府组织结构存在的管理沟通问题，成立临时机构是一种重要的解决方法。邵德兴分析认为：“临时机构是政府管理的重要手段，是对政府常设机构职能缺陷的一种弥补，有利于行政效率的提高。临时机构是沟通行政条块关系、提高政府执行力的基本渠道。政府临时机构具有沟通条块关系，减少和超越官僚行政层级，提高政策执行力的功效，同时对于减少行政繁文缛节，克服官僚体制弊病，纠正常设机构的僵化，提高办事效率等都具有积极作用。”❶

3. 流程改造与政府跨部门沟通的关系分析

当前，提升政府部门间沟通的效果是政府行政管理流程和业务流程改造的重要目标之一。同时，改善政府部门间管理沟通的有效程度反过来会促进政府各项流程的改造与实施。也就是说，政府部门的行政管理流程和业务流程的改造与实施与各个流程环节所涉及的部门间的沟通有着非常密切的关系。由于我国政府采用条块结合形式的政府职能部门设置，强调垂直对口管理，使得大量垂直机构与地方政府部门功能同时作用于管理活动中。以进出境货物通关口岸为例，在同一个口岸内管理部门不下 10 个，具有鲜明的代表性。

研究不同部门间的沟通管理是如何影响整体的管理效率和水平，研究在同一业务流程中但各相关部门又不具备相互管辖关系的情况下如何进行有效的跨部门沟通管理，这将成为政府行政管理中提高管理沟通效益的关键。

政府部门之间的联系由业务流程决定，沟通的模式按业务流程的要求设计。在跨组织业务流程设计的理论方面，邓之宏提出“跨部门协调重心在于部门间由于流程所产生的依赖关系”❷。跨组织协调起源于组织间的交流，其重点是交流渠道的设计、组织单元的目标分解和任务分配需要跨部门的协调。顾平安指出：“政务流程是指政府或其他有权机关为处理某一项政务而进行的一系列相互关联的活动的集合。”❸ 李广乾对政务流程进行了分类，从流程的组织边界角度将政务流程分为内部流程与外部流程，从流程的主客体关系角度将政务流程分成三

❶ 邵德兴．政府临时机构管理与行政效率［D］．杭州：行政论坛，2008（1）：35 - 37．

❷ 邓之宏．基于协调理论的跨组织业务流程分析和设计方法［D］．重庆：重庆大学，2005（2）．

❸ 顾平安．面向公共服务的电子政务流程再造［J］．中国行政管理，2008（9）．

类：由被管理对象的请求而触发的政务流程、由管理者主观需求而触发的政务流程以及由管理事件而触发的政务流程。❶ 近年来，对政府部门业务流程的理论研究随着政府流程再造的推广而蓬勃发展。姜晓萍认为，政府流程再造是指在引入现代企业业务流程再造理念和方法的基础上，以"公众需求"为核心，对政府部门原有组织机构、服务流程进行全面、彻底的重组，形成政府组织内部决策、执行、监督的有机联系和互动，以适应政府部门外部环境的变化，谋求组织绩效的显著提高，使公共产品或服务更能取得社会公众的认可和满意。是对传统社会管理和公共服务方式的改革与创新。❷ 政府再造（Reengineering Government）的热潮使传统公共行政模式向"新公共管理"模式转变。通过这场以政府为核心的公共管理大变革，以期创建一个施政成本低、管理绩效高、公共服务品质优的治理范式。从政府流程改革的理论研究中可以看出，流程决定应建立怎样的沟通网络，沟通网络的建设又反过来影响业务流程运作的效率。建立更有效的沟通网络是进行流程再造的重要目标之一。关于口岸部门间的业务流程改革的理论探讨中，孙慧的《中外口岸通关模式的比较研究》详细介绍了我国传统通关模式，对比国外先进口岸通关模式及特点，提出改革传统通关作业流程，实施"大通关"作业模式。由此可见，为了进一步提高监管水平，提高货物通关速度，对通关作业流程进行改造很有必要。在设计和实施货物通关作业流程改造过程中，与流程息息相关的跨部门沟通的研究显得非常重要。

4. 电子政务与管理沟通的关系分析

电子政务，就是指政府机构运用现代计算机和网络技术，将其管理和服务职能转移到网络上完成，同时实现政府组织结构和工作流程的重组优化。其目标是建成一个精简、高效、廉洁、公平的政府运作模式，向全社会提供高效优质、规范透明和全方位的管理和服务。推动电子政务是一种世界性潮流，也是电子信息技术应用到政府管理的必然趋势。国内学者针对中国电子政务的现状和发展做了大量的研究。李兴民、蔡运娟对电子政务下政府办公与服务体系的信息交流与沟通过程作了一个概括："第一，社会公众、企业通过因特网将其向政府部门请求服务的信息传递到有关的政府部门，如需要审批的某个项目或者需要了解某相关

❶ 李广乾．电子政府与电子政务——理想与现实的关系［J］．中国计算机报，2002.
❷ 姜晓萍．政府流程再造的基础理论与现实意义［J］．中国行政管理，2006（5）.

政策信息。第二，政府的对外联系部门获得请求信息后，将其传送至内部的有关分部门进行处理，这些请求信息就将在这些部门之间进行传递。第三，如果还需要经过上级部门审批，或需要了解外部门的信息，如在外部门了解申请者资信情况或在工商局了解该申请者的注册信息等，这时就需要与外部机构进行联系。第四，最后根据反馈信息，确定审批结果，并将有关材料交付给对外联系部门，由该部门将结果再交付给申请者。”❶ 从这一概括可以看出，电子政务的主要作用之一就是通过现代电子技术提高部门间的沟通效率来提高政府的服务效益。顾平安提出电子政务实现“以数据响应为核心的政务协同，政府在追求管理服务整体效能过程中突破组织隔阂，通过资源共享，实现跨组织流程的对接和整合，最终形成一体化的政务处理。大大简化部门之间错综复杂的关系，实现数据面前人人平等”❷。王长胜指出，我国电子政务建设中存在着信息化整体水平不高，政府管理机制中存在着缺乏整体性、可操作性规划，忽视政务流程再造，重复建设问题突出，存在大量信息孤岛，信息安全存在隐患，基础设施建设迟缓，门户网站建设水平不高，环境建设亟待加强，组织保障有待完善，培训工作有待提高等12 项问题。❸ 从以上理论研究可以看出，电子政务的推广有助于政府管理沟通水平的提高，但建设电子政务并不意味着组织沟通的管理水平就可以相应得到提高。

二、问题诊断与原因分析

（一）问题诊断

1. 海关系统内跨部门沟通存在的问题

一是复杂的通关业务流程造成部门间沟通网络混乱：B 海关的通关流程是一个要求各环节紧密衔接的业务流程。在通关业务处、物流监控处之间的通关信息沟通从整体上看应该是一种点对点的直线沟通。但现实中这种沟通存在过多的信息沟通环节，且不受海关控制。纸本通关单证虽然看似在海关内部不同业务部门

❶ 李兴民，蔡运娟. 电子政务下政府信息沟通网络模式的构建［J］. 西南民族大学学报（人文社科版），2006（4）：163－165.

❷ 顾平安. 面向公共服务的电子政务流程再造［J］. 中国行政管理：电子政务，2008（9）：83－86.

❸ 王长胜. 中国电子政务发展报告［M］. 北京：社会科学文献出版社，2003.

间流转，但中间却要经过报关公司、检验检疫局、银行、地面代理公司四道环节。在这过程的每个环节中一旦出现问题，都会影响到纸本单证的及时传递。在物流监控科完成舱单确认后，到通关业务科接收纸本单证前，单证信息要经过地面代理、货主、报关公司、检验检疫局等海关外部部门，同时要经过G海关审单中心，如果这些环节出现问题，单证信息将无法及时准确送抵通关业务科。而在通关业务科完成接单和征税作业后，单证信息需要经过报关公司、银行等外部部门才能送达物流监控科。在两次单证交接过程中，每个业务科室主要关注自身的任务是否完成，对通关信息是否顺利送达下一作业单位并不很关注。

在案例一中，该问题表现得比较明显。当海关接到北京查询电话后，首先是内部沟通进行查找，但均无结果。而通过外部沟通才发现问题出在报关公司方面。同时也表现出流程的复杂与沟通网络的混乱。

二是组织结构上的条块分割使得部门间平行沟通不畅。从案例中我们可以看到，B机场海关部门间的沟通属于在科层制的组织结构中的平行沟通。B机场海关在组织结构上具有两个鲜明的特点，第一是严密的科层结构，第二是突出的条块关系。关、处、科之间的层级领导关系高度正式化，有着严格的层级制。业务科室对本处处长负责，处长对关长负责。由于层级观念影响，科长遇到涉及其他处室的问题时往往上交处长，部门间沟通的距离被拉长和拐弯。与其他科室之间的沟通在水平权力争执再加上上下层级的线型关系，使组织内部、组织之间的沟通联系更加困难。

该问题在两个案例中都表现得比较突出。特别是在案例二中，海关为了提高内部沟通效率，加快货物通关的速度进行了科室部门和流程的改革，虽然改革起到了一定的改进作用，但是仍存在着部门间沟通协调的问题。

2. 海关系统与业务相关部门沟通存在问题

在空运货物的通关过程中，需要海关与其他部门之间的密切配合，任何一批货物的通关都不是海关一个部门可能独立完成的。目前，空港口岸管理涉及政府部门，包括海关、检验检疫机关、外经贸主管部门、地方政府口岸管理办公室、外汇、税务、航空管制等，同时，属于政府管辖的重要商业机构包括航空运输、银行、保险等。而报关公司这一商业机构更是在通关过程中起到举足轻重的作用。

报关公司是在通关业务日益细化、通关手续复杂化的过程中诞生的专业中介机构。案例中一批货物在B机场进出口，报关公司作为货主的代理人，负责对海关、检验检疫部门进行申报，同时为货主传递征税信息，并且与地面代理公司进行联系，起着信息中心的作用。但在实际运作中，报关公司却没有做到将所有的信息及时准确地传递给需要沟通的各方——货主和海关或其他管理部门。从管理的角度，实际上这项沟通职责应该由海关的通关部门来承担，但是由于市场作用而又受到报关公司的极大影响。

海关在与检验检疫局、地面代理、银行等部门的沟通上也存在问题，这主要表现在沟通缺少固定的渠道、通关过程中自成一体、沟通方式单一等方面。海关、检验检疫、地面代理、银行等部门各自都是严密的层级管理，而在处理基础业务时，实际上是彼此依赖的。现实中，各个部门都以自身业务为主形成了自己的业务流程，对外单位的情况不甚了解。基层工作单位与其他部门间的沟通需要通过逐级行文才能到达对方处，缺少便捷的沟通渠道。通关的信息缺少共享，大量信息通过纸本单证上的签章来确认，而单证却依赖报关公司的传递。

货主是进出口货物的拥有者，在货物通关过程中本应了解到大多数的通关信息。但在现实中，货主仅仅作为通关过程的起点和终点，通关部门与货主信息沟通十分匮乏。在通关过程中，货主仅仅依靠报关公司这扇窗口了解看似云遮雾罩的管理部门传递过来的信息，在信息的交换上具有极大的不对称性。

3. 流程改造对跨部门沟通的促进和存在的不足

B机场海关的通关流程改造是B机场海关为提高本口岸进出口货物通关效率而进行的一次对业务流程、组织结构的调整。从跨部门沟通的角度来审视这次改革，通过流程的改造，B机场海关内部部门间沟通的方式得到了改变，与外部的信息沟通方式也有了改变。这些改变体现在以下几个方面。

内部沟通环节减少。由于将选择查验职能转移到通关业务处，取消了不需查验货物的纸本单证从通关业务科到监管科的传递环节，从而使纸本单证从通关业务科传递到物流监控科的数量下降了90%以上，这样的安排使纸本单证在流转过程中出现遗漏的可能性大幅度下降。

信息发布的窗口。在原通关作业流程下，进出口货物通关过程中报关公司需要分别从B机场海关的通关业务科、监管科了解单证的流动情况，而根据各科内部的岗位安排，常常需要先后到接单、征税、选择查验、放行四个窗口查询。在流程改造后，90%以上的单证通关信息只要在通关业务科的放行窗口即可了解到，而剩下的10%则是明确传递到监管科。这种方式一方面方便了报关公司对单证流转情况的追踪，另一方面大大减少了与海关外单位信息传递时出现的不一致性。

但是流程改造后的通关业务流程依然存在问题。

一方面，在B机场海关内部各处科之间信息的传递并不完整。在案例二中，我们可以从总结会议上的发言看出，流程改造后的沟通障碍主要集中在风险信息的传递上，在通关业务科与监管科、监管科与风险管理科、风险管理科与通关业务科之间，风险信息的传递都是单向的，缺乏有效的反馈渠道。这种沟通形式正如图5－3所示，其沟通是在这三个部门循环流动，而没有逆向的反馈沟通。因为信息沟通问题引起的最突出矛盾在于通关业务科下达查验指令后，需要等到风险管理科再次发布风险信息时才知道指令的有效性，而监管科在实施查验过程中得到的查验信息并不能直接反馈到通关业务科，影响了工作的目的性和关员的积极性。

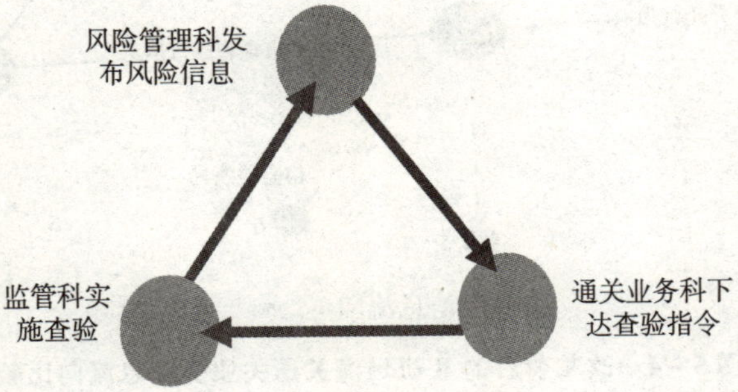

图5－3　海关部门间单向沟通示意图

另一方面，与外部相关部门的沟通问题仍未解决：外部沟通网络的结构，并没有因为海关内部流程的改革而得到改变，报关公司依然处于海关与货主之间的信息中枢地位。

这从改革前后的通关过程的信息流向比较（见图5－4）可以看出，改革后，虽然海关与报关公司之间的沟通渠道变得更加单一，但并没有改变报关公司在信息沟通网络中的中枢地位。

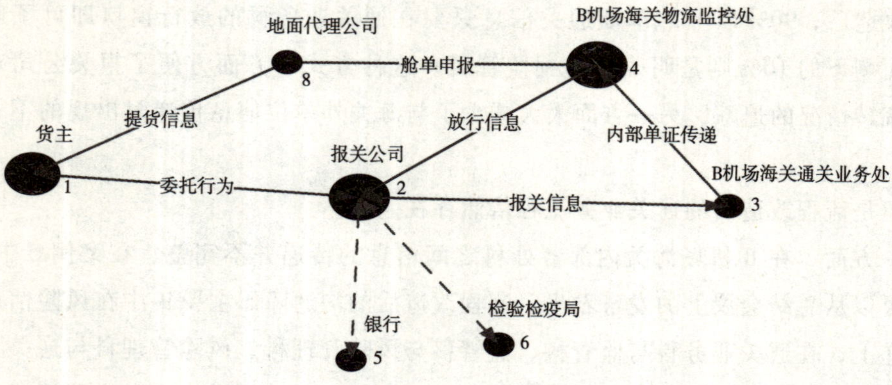

改革前信息流向

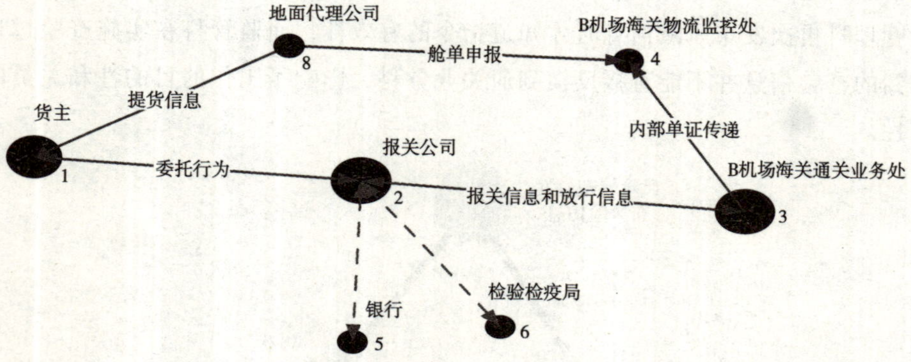

改革后信息流向

图 5－4　改革前后的 B 机场海关通关业务信息流向比较

备注：实线段表示必须信息流向，虚线段表示可选

（二）问题原因分析

1. 组织结构与沟通网络形态对部门间沟通的影响分析

部门间沟通与组织的结构和组织间沟通网络的关系十分密切。组织之间关系是指发生在两个或两个以上组织之间的资源交换、流动和联系。横向联系指的就是组织中跨部门横向沟通的程度。组织结构是影响组织运作的关键因素，决定了

权威、权力的分配，决策和沟通流向的渠道，以及效率和效能的达成。结构的影响也是社会性的，规范了人与人、团体与团体之间的关系，左右了群体的行为表现。❶ 海关进口货物的通关过程主要是通过正式沟通形式完成的。在 B 机场进口货物的通关过程中，海关、检验检疫局、报关公司、航空公司、银行等组成了一个复杂的沟通网络，对这个沟通网络形态进行分析可以更好地了解跨部门沟通存在问题的主要原因。

在管理沟通理论上，正式沟通形态一般有五种❷：链式沟通、环式沟通、Y 式沟通、轮式沟通和全通道式沟通（见图 5－5）。

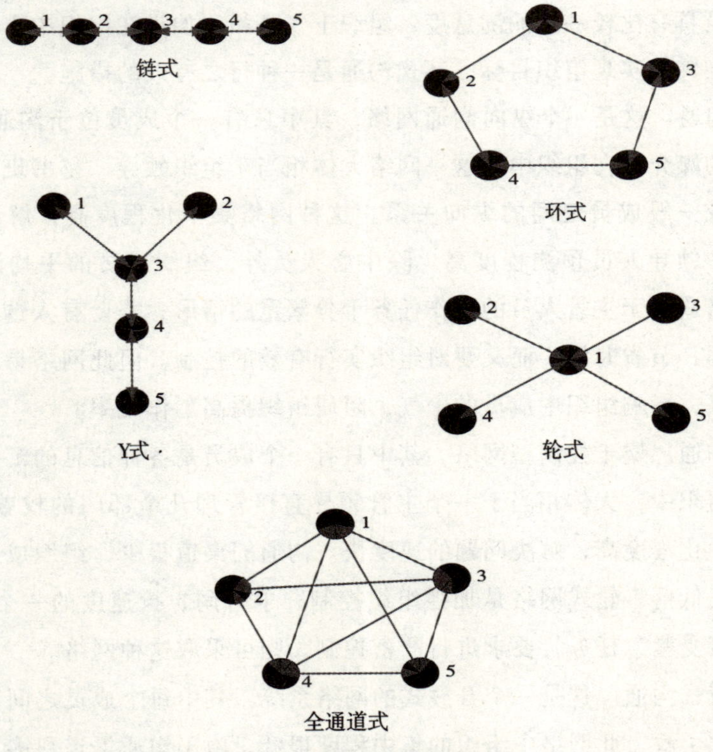

图 5－5　五种正式沟通形态图

❶ 艾伦·杰伊·查伦巴（Alan Jay Zaremba）. 组织沟通——商务与管理的基石［M］. 魏江，朱纪平，等译. 北京：电子工业出版社，2004：112.

❷ 魏江，严进. 管理沟通——成功管理的基石［M］. 北京：机械工业出版社，2006：240－241.

链式沟通。这是一个平行网络，其中居于两端的人只能与内侧的一个成员联系，居中的人则可分别与自己两边的两人沟通信息。在一个组织系统中，它相当于一个纵向沟通系统，代表一个等级层次，逐渐传递，信息可自上而下或自下而上进行传递。在这个网络中，信息经层层传递，容易失真，各个信息传递者所接受的信息差异很大，平均满意程度有较大差距。

环式沟通。此形态可以看成是链式形态的一个封闭控制结构，表示组织成员之间依次联络和沟通。其中，每个人都可以同时与自己两边的两个人沟通信息。在这个网络中，组织的集中化程度和领导人的预测程度都较低，畅通渠道不多，组织中成员具有比较一致的满意度，组织士气高昂。如果在组织中需要创造出一种高昂的士气来实现组织目标，环式沟通是一种行之有效的措施。

Y 式沟通。这是一个纵向沟通网络，其中只有一个成员位于沟通内的中心，成为沟通的媒介。在组织中，这一网络大体相当于组织领导、秘书班子再到下级主管人员或一般成员之间的纵向关系。这种网络集中化程度高，解决问题速度快，组织中领导人员预测程度高。除中心人员外，组织成员的平均满意程度较低。此网络适用于主管人员的工作任务十分繁重的情形，需要有人选择信息，提供决策依据，节省时间，而又要对组织实行有效的控制。但此网络易于导致信息曲解或失真，影响组织中成员的士气，阻碍组织提高工作效率。

轮式沟通。属于控制型网络，其中只有一个成员是各种信息的汇集点与传递中心。在组织中，大体相当于一个主管领导直接管理几个部门的权威控制系统。此网络集中化程度高，解决问题的速度快。沟通的渠道很少，组织成员的满意程度低，士气低落。轮式网络是加强组织控制、争时间、抢速度的一个有效方法。如果组织接受紧急任务，要求进行严密控制，则可采取这种网络。

全通道式沟通。这是一个开放式的网络系统，其中每个成员之间都有一定的联系，彼此了解。此网络中组织的集中程度很低。由于沟通渠道很多，组织成员的平均满意程度高且差异小，所以士气高昂，合作气氛浓厚。这对于解决复杂问题、增强组织合作精神、提高士气均有很大作用。但是，由于这种网络沟通渠道太多，易造成混乱，且又费时，影响工作效率。

上述的沟通网络形态各有其自身的特点。在管理沟通的实践中，采用何种沟通网络形态并不是由沟通者自己选择决定的，而是受到组织结构和业务流程设计的影响。要进行有效的管理沟通，我们必须了解管理沟通网络形态的优点和不足，需发挥其优点，避免其缺点。各沟通网络形态的特点比较见表 5－2。

表 5－2　五种沟通形态的比较

沟通形态评价标准	链式	轮式	Y 式	环式	全通道式
集中性	适中	高	较高	低	很低
速度	适中	1. 快（简单任务）	快	慢	快
		2. 慢（复杂任务）			
正确性	高	1. 高（简单任务）	较高	低	适中
		2. 低（复杂任务）			
领导能力	适中	很高	高	低	很低
全体成员满足	适中	低	较低	高	很高

从 B 机场海关进出口货物通关的沟通形态（图 5－3）来看，这种沟通形态属于轮式沟通。在进出口货物通关数量少的时候，这样的沟通形态可能速度较快，但在大量货物频繁通关的情况下，信息量大，信息内容复杂，这样的沟通形态就显示出速度慢、正确性低的缺点。更让人担忧的是，我们从改革前后的通关信息流向比较图（见图 5－4）可以看到，报关公司处于信息的汇集点与传递中心，对信息有着高度的控制能力，而主要监管部门——海关与货物所有人——货主两者都处于沟通网络相对边缘的地位，缺乏一条直接沟通的渠道，而报关公司处于两者之间进行信息沟通的媒介。这样，沟通中枢的报关公司很容易根据自己的利益选择而影响通关信息的流向和速度。

2. 业务流程对部门间沟通的影响分析

从政府流程改革的理论研究中可以看出，流程决定了应该建立怎样的沟通网络，沟通网络的建设又反过来影响业务流程实施的效率。建立更有效的沟通网络是进行流程再造的重要目标之一。政府部门之间的联系由业务流程决定，沟通的模式按流程要求设计。从跨部门业务流程设计的理论方面看，跨部门协调重心在于部门间由于流程所产生的依赖关系。跨组织协调起源于组织间的交流，其重点是交流渠道设计、组织单元的目标分解和任务分配需要跨部门的协调。作为一种特殊的业务流程，政务流程可以被定义为政府或其他有权机关为处理某一项政务而进行的一系列相互关联的活动的集合。从流程的组织边界角度将政务流程分为内部流程与外部流程，从流程的主客体关系角度将政务流程分成三类：由被管理对象的请求而触发的政务流程、由管理者主观需求而触发的政务流程以及由管理事件而触发的政务流程。

从案例描述的情况来看，B机场海关进口货物的通关过程中发生的部门间政务流程既有内部流程，也有外部流程，同时，也是一种由管理对象的请求而触发的政务流程。在政务流程中的沟通联系，既有内部沟通也有外部沟通，主要是外部流程中的沟通产生了问题。机场海关的业务流程改造中，简化了内部流程，有效改善了内部沟通的渠道，但对外部流程没有产生大的作用。怎样对通关业务的服务流程进行全面、彻底的重组，形成部门间决策、执行、监督的有机联系和互动，使通关效率得到显著提高，值得重视。改进部门关系对改善部门间沟通存在重要的意义，从案例情况分析，可以看出在公共管理部门之间，公共管理部门与报关中介企业之间存在着利益的冲突。

从管理部门间的关系看，存在着传统政府管理模式带来的显著影响。中国政府部门作为特殊的组织，在组织结构上具有两个鲜明的特点，一是严密的科层结构，二是突出的条块关系。公共组织结构与其他私营部门组织结构相比，具有稳定性、开放性、层次性、规范性、复杂性的特点。B机场公共管理部门如海关、检验检疫局、民航管理局等和国有运输公司如N航空公司等都是由上级机关通过法律或条例，将权力逐级授予下级，同时保证在授权之后，下级对上级负责。不同部门意识形态的“本位主义”影响到各机关间的协调合作与公共服务的有效传输。同时，以条块关系为基础的政府间关系由于存在上级部门垂直领导与本级政府领导并行的现象。“条块分割”的政府管理体制在信息沟通的过程中部分造成了效率低下、机构庞大和“中间梗阻”等问题。怎样使部门之间的决策、执行得到有效衔接，形成共同的价值和公认的程序是解决问题的关键。传统通关模式，对比国外先进口岸通关模式及特点，提出改革传统通关作业流程，实施“大通关”作业模式，为了进一步提高监管水平，提高通关速度，对通关作业流程进行改造很有必要。

在管理部门与报关公司、货主、航空公司构成的沟通网络中，由于报关公司在传统通关过程中所处的信息枢纽地位，它可以利用对信息的控制来取得自身利益的最大化。当报关公司追求其自身利益最大化的方向与提高口岸货物整体通关效率的方向相一致的时候，则这种沟通模式是对沟通的促进，但当报关公司的利益与提高整体效率不一致时，则这种使报关公司处于沟通网络枢纽地位的业务流程对提高整体效率是一种阻碍。改变传统的业务流程，使沟通的网络出现变化就成为一种必要。

3. 跨部门沟通的协调机制分析

部门间沟通易受噪声影响，影响沟通的效果。由于部门间利益、关注重点的不同，要使部门间沟通顺畅，减少噪声，就有必要形成固定的协调机制。在本文案例介绍中，可以看到在 B 机场海关通关业务流程中，缺乏固定的协调机制，往往是在问题出现后才提出进行必要的跨部门沟通。如果有固定的机制，则问题可以被及时地发现，迅速协调，减少损失，提高货物通关效率。

以往的研究认为，针对中国政府组织结构存在的沟通管理问题，成立临时机构是一种重要的解决方法。[1] 政府临时机构具有沟通条块关系，减少和超越官僚行政层级，提高政策执行力的功效，同时对于减少行政繁文缛节，克服官僚体制弊病，纠正常设机构的僵化，提高办事效率等都具有积极作用。在案例二中，海关内部跨部门会议的定期召开虽然没能解决所有问题，但却可以及时地发现问题。利用好跨部门协调会议，通过建立常规的部门协调会议使各部门间有机会倾听别人的声音是一个可行的解决途径。常态化的跨部门会议有类似临时机构的作用，由于与会人员来自各个部门，而且经常是部门的负责人，会议形成的决议对各部门可产生约束力。同时，跨部门会议不同于临时机构，不需要专门的人力去长期驻守，减少了机构空转期间的浪费。怎样建立这种机制，怎样开好这样的会议，值得进一步研究。

4. 跨部门沟通中存在的信息不对称分析

从案例介绍中，我们可以发现沟通中信息不对称也是影响跨部门沟通的重要因素。案例一中，海关、货主、报关公司各自拥有信息的数量和准确性存在差异。这种差异和在沟通中对信息传递的选择性，导致了货主对海关的误解，而海关虽然通过对报关公司的控制最终获得正确信息，但却处在非常被动的状态。针对这种信息不对称现象，我们可以借用乔哈里资讯窗模型进行分析。

---

[1] 邵德兴. 政府临时机构管理与行政效率［D］. 杭州：行政论坛，2008（1）：35－37.

乔哈里资讯窗由美国心理学家乔瑟夫·勒夫（Joseph Luft）和哈里·英格拉姆（Harry Ingram）在20世纪50年代提出，当时他们正在从事一项组织动力学的研究。❶ 该理论发展至今，乔哈里资讯窗与组织发展更为相关，因为它现在的研究重点主要落在人的软技能、行为习惯、移情作用、人际合作、人际发展以及组织间发展等。“乔哈里资讯窗”模式把人的内心世界比做一个窗子，它有四格：公开区（The Open Arena）：是企业或组织中，你知我知的资讯；隐藏区（The Hidden Facade）：我自己知道别人不知道的资讯；盲区（The Blind Spot）：别人知道关于我的资讯，而我自己并不清楚；封闭区（The Closed Area）：双方都不了解的全新领域。它对其他区域有着潜在影响。

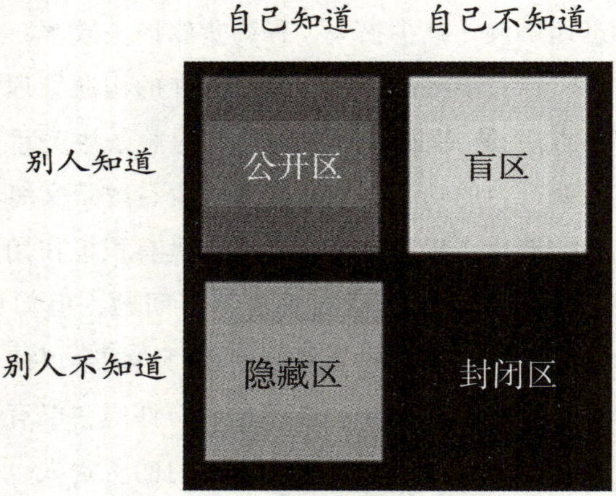

图5-6　乔哈里资讯窗示意图

利用该模型对部门间沟通进行分析，可以看出真正而有效的沟通，只能在公开区内进行，因为在此区域内，双方交流的资讯是可以共享的，沟通的效果是会令双方满意的。但在现实中，很多沟通者对彼此都不很了解，很无奈地进入了封闭区，沟通的效果就可想而知了。为了获得理想的沟通效果，就要通过提高部门信息的曝光率、主动征求反馈意见等手段，不断扩大各部门的公开区，增强信息的真实度、透明度。在沟通的策略上，可以在隐藏区内选择一个能够为沟通双方都容易接受的点来进行交流，这个点被叫做“策略资讯开放点”。当双方的交流

❶ 岳金霞．“乔哈里之窗”与思想政治教育信息沟通［J］．中国石油大学学报（人文社科版），2006（8）：109－112．

进行了一段时间,"策略资讯开放点"会慢慢向公开区延伸,从而实现公开区被逐渐放大的作用。

三、对策和建议

对跨部门沟通管理的理论研究告诉我们,管理与沟通有着紧密的关系,沟通是管理的重要基础,而管理的要素对沟通有很大影响,组织结构和流程与部门间沟通的联系密不可分。在空港口岸部门管理实践中,如何改善跨部门沟通是提高通关效率需要研究的重要课题,也是本文的研究目标。从案例分析中我们可以看到,改善跨部门沟通必须考虑部门结构、业务流程、沟通机制、信息渠道等。同时,从理论研究和管理实践中我们可以看到,兼顾各部门利益是做好跨部门沟通的重要前提,建立高效科学的沟通渠道是做好跨部门沟通的重要手段,而部门内部和外部沟通都对跨部门沟通分别起到重要的作用。基于以上目的和认识,本文尝试从完善海关内部沟通机制,建立与口岸部门间沟通例会制度和建立统一的电子通关信息平台三个方面提出改善空港口岸部门间沟通的对策和建议。

1. 建立和完善海关内部沟通机制

首先,改进通关业务结构。根据沟通过程理论,沟通分为单向沟通与双向沟通。无论是人际沟通,还是组织管理沟通,双向沟通是达到有效沟通的途径之一。在双向沟通过程中,反馈是非常重要的一个环节,同时也是区别单向沟通与双向沟通的重要标志。因此,在 B 机场海关内部,各个部门之间建立信息沟通反馈机制是提高沟通效益的重要措施之一。根据问题分析得出的结论,目前 B 机场海关三个涉及通关业务的科室之间信息沟通仍然是单向循环的。如果在通关业务科与监管科之间建立查验信息反馈机制,每天将查验情况直接反馈给通关业务科,由通关业务科值班科长收集并反馈到选择查验/放行岗位,提示每天的选择查验有效率。在通关业务科与风险管理科之间建立每周风险信息反馈制度,及时将有效率低的风险信息进行更改。这样就可以在三个科室间形成图 5-7 所示的双向循环沟通渠道。

另外,在跨部门沟通方面,缩短沟通路径、简化沟通方式也是重要的措施之一。例如,对首次选择查验货物实行监管科、通关业务科、风险管理科共同进行的联合查验,有助于通关业务科、风险管理科在第一时间了解到货物实际情况,实际检查的情况比纸本记录的情况详细而且直观。在结构设计和业务流程的改革上，结合电子信息平台的建设和改造，改革货物通关信息部门之间的流转形式，打破原有的单向环形的沟通模式。

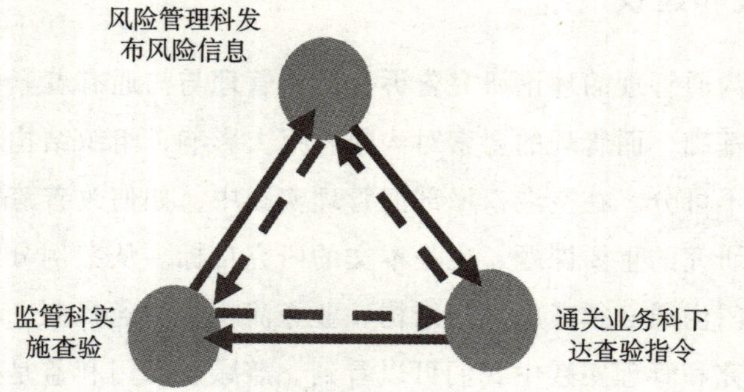

图 5－7　海关部门间双向沟通示意图

其次，改进信息流转介质。目前进口货物通关流程中，舱单录入、货物分拨、报关等环节仍需使用纸面单据，信息化带动传统作业流程及管理方式的改革仍需进一步完善，海关作业中虽然实现了计算机管理，但并没有真正地实现全程电子化，纸质单证、窗口柜台仍然是办理手续的主要载体。纸面单据的流转增加了操作的复杂性，延长了办理手续的时间。如果以实行《电子签名法》为契机，以企业守法为前提条件，建立健全相关配套的法规及作业制度，以风险管理、企业守法管理和稽查管理的有效实施为保障，通过企业提供有效担保，配合审单与查验相对分离作业及创新查验工作机制等改革措施，调整通关作业流程，加快推进无纸通关进程，有效减少纸质报关单证带来的“瓶颈”压力，提高通关效率。实施无纸通关改革要在改进当前通关信息化管理系统和企业守法评估管理的基础上，对通关手续实行全程无纸化作业，即对守法水平较高的企业实行电子申报、电子审单、集中专业审单、直接无纸放行、由企业自存纸质单证备查；在各作业环节审核时，经风险分析或按规定必须审核有关单证的，交单审核后直接放行；需要查验的，凭纸质单证查验放行。

2. 建立与口岸部门间沟通例会制度

在海关、检疫检验局、地面代理公司、口岸管理办等部门之间建立通关业务沟通例会制度，及时将本部门发现的业务问题提出来进行讨论。对需要其他部门配合的事项进行通报，并就会议达成的决议形成会议记录，以便会后跟踪和下次会议跟进。

根据会议管理理论，建立有效的部门间沟通协调例会制度，提高部门间沟通例会的效益，需要采取以下几个方面的措施。

一是确定例会的参与单位。根据通关流程涉及单位，可以确定会议的参与单位为 B 机场海关、检验检疫局、银行、报关公司行业协会、地面代理公司等。

二是确定例会的牵头单位，由于口岸管理部门的多样性和政府部门间存在的“条块”关系，为了避免推诿和拖沓，必须确定例会的牵头部门。这个部门不一定是会议决议的决定者，但需要负责会议的召集和主持。

三是明确会议的形式、会议时间及地点。由于通关业务的连续性和问题的多发性，会议的时间及地点可以制度化地固定下来，而遇到突发事件时，可以随时通知。对于固定或临时的会议通知，都应该有正式的书面通知下达，并由牵头单位下达。

四是会议的过程管理。会议的时间、目标、主题应有界定，这些在会议开始之时由牵头单位宣布。会议过程中的沟通可采取以一人为核心，其余成员之间全方位交流的方式（如图 5－8 所示）。当讨论内容出现偏离主题的情况时，牵头单位应该及时提醒。

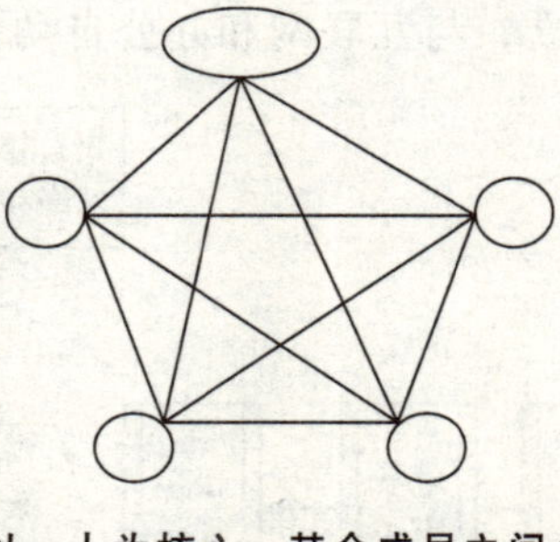

图 5－8　以一人为核心，其余成员之间全方位交流

五是会议决策的落实和跟踪。每次例会应当对各方的发言内容做好记录，对会议的决策应该公布，明确落实决策的具体单位、预期结果和完成时间。会议决策的落实情况可以由与会各方派出代表进行跟踪。落实结果在下次例会进行公布。

3. 建立统一的电子通关信息平台

业务流程再造和组织结构的改革是优化部门间沟通的必经途径。从问题分析中我们可以得出结论：沟通网络的构建是基于业务流程和组织结构的科学性。而电子政务是政府流程再造的“赋能者”，为全面提高政府服务能力开辟了广阔的空间。20 世纪末，随着电子政务技术逐步发展，电子政务技术和应用蓬勃发展。所谓电子政务，就是指政府机构运用现代计算机和网络技术，将其管理和服务职能转移到网络上去完成，同时实现政府组织结构和工作流程的重组优化。其目标是建成一个精简、高效、廉洁、公平的政府运作模式，向全社会提供高效优质、规范透明和全方位的管理和服务。推动电子政务是一种世界性潮流，也是电子信息技术应用到政府管理的必然趋势。

20 世纪 80 年代以来，海关在电子政务方面做出了积极而卓有成效的探索。构建起以通关业务管理系统、电子口岸系统、办公自动化系统三大电子政务平台为主干的电子政务系统。

通关业务管理系统 该系统是通关业务电子化的核心系统。用于报关单数据的传递和处理，通过舱单管理子系统、报关子系统、接单征税子系统、查验放行子系统等与业务流程相对应的处理模块实现对报关单证从舱单录入、报关单申报、接受报关、征收税款、查验、放行的一系列操作（见图 5－9）。进口货物只有在报关单通过系统放行操作后才可以离开海关的监管。为了保证系统运作的安全性和稳定性，系统高度独立，与互联网和办公自动化系统网络隔离。系统信息

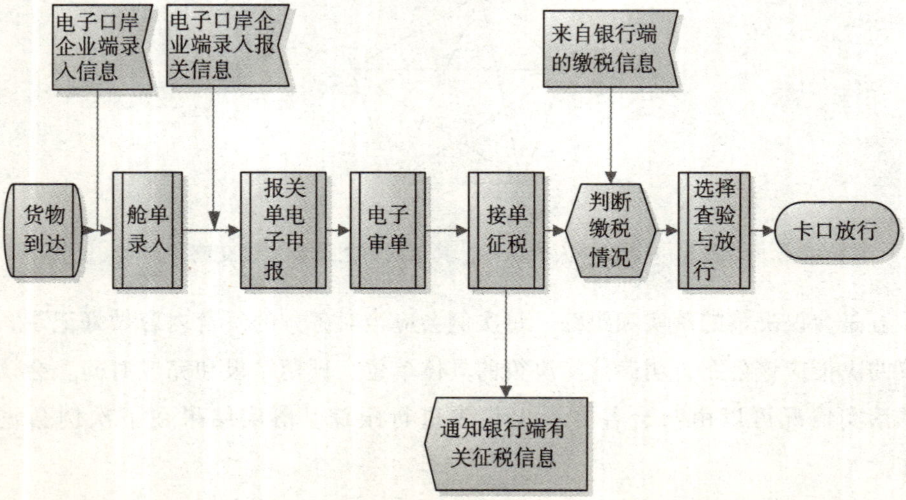

图 5－9　H2000 通关业务管理系统结构图

在信息公开子系统中将报关单所处的业务环节向外公布，在部分环节通过服务器间的沟通实现与电子口岸系统进行数据交流。

电子口岸系统 该系统是实现通关业务电子化的重要基础，也是通关过程中跨部门信息沟通的电子平台（见图 5-10）。系统依托互联网，在海关、报关公司、地面代理公司或其他物流企业、自理报关公司、银行等部门都设有客户端。系统通过数据中心的服务器与 H2000 通关业务管理系统实现通关信息的交流。报关公司等企业端通过电子口岸系统向海关申报货物的舱单、报关单信息，海关再通过 H2000 系统接收这些数据，开始报关单的处理流程。银行可以通过系统客户端向海关发送货物的税费征收情况。同时，系统设有企业管理模块，海关可以通过该系统对报关企业和进出口经营单位实行备案管理和分类管理。通过备案和分类指导 H2000 系统中不同企业报关单的风险甄别。

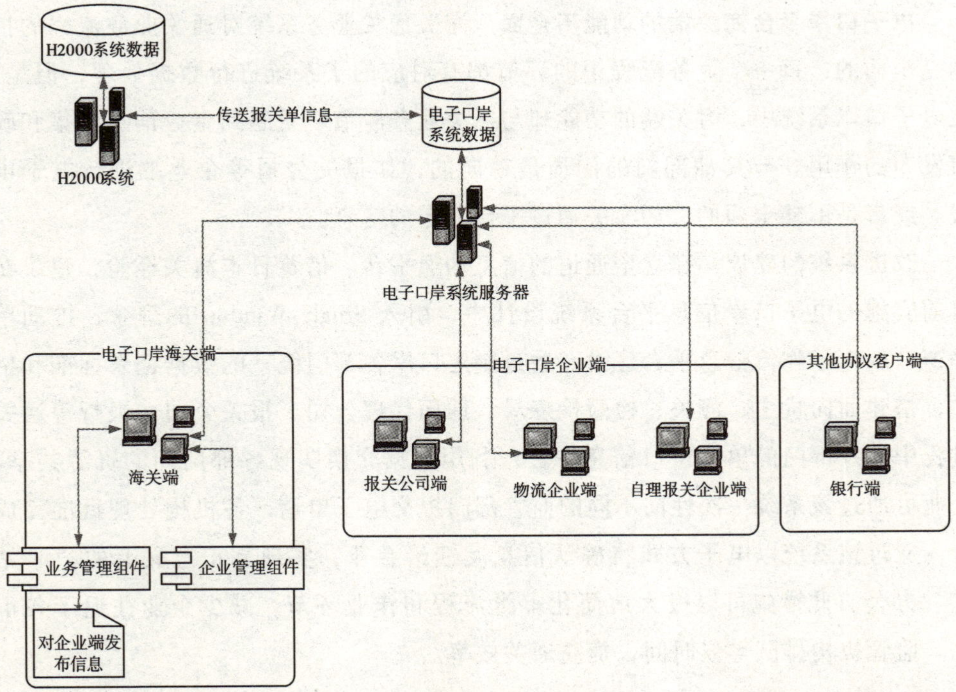

图 5-10 电子口岸系统结构图

海关内部办公自动化系统 该系统的功能主要是实现海关内部办公作业的电子化。系统实现了文件上传下达的电子化和具体行政事务的督办协调功能。依托于该系统，海关建立了一系列数据监控平台，这些平台的数据也是通过电子口岸系统数据中心提供的数据来进行通关业务分析与监控的。但除了报关单信息外，其他数据都被隔离。

从部门间沟通的效益和目标的达成角度分析，目前的海关电子政务系统仍然存在以下不足。

客户端覆盖面不够 作为通关业务中重要的一环，检验检疫局没有加入到平台中来，这使得海关与检验检疫局之间缺少直接沟通的电子渠道。除有自主经营权的企业外，普通货主没有进入平台的途径，必须依赖于报关公司。客户端覆盖面的不足使报关公司在信息控制上的地位格外重要，无法通过客户端获得通关业务有关信息的部门只能通过报关公司来取得信息。这样就会出现前面讲到的报关公司选择信息造成信息传递过程失真或延误的可能。

电子口岸平台海关端的功能不全面 海关通关业务系统对通关业务流程的控制是全面的，每一个业务流程中的环节都有对应的子系统进行数据处理，但是，在电子口岸系统中，海关端的功能却与通关业务脱节。只起到企业信息收集和政策发布的作用。与其他部门的沟通是单向的，如报关公司等企业端进行电子申报。或者是不够全面的，如海关通过平台公布的信息。

改进系统的建议 建立全通道的信息沟通平台。借鉴日本海关经验，建议在目前实施的电子口岸信息平台系统设计中，引入 Single Window 的理念，推动单一窗口的电子物流信息平台建设。通过制定口岸各部门统一的数据记录标准和格式，搭建面向货主、海关、检验检疫局、地面代理公司、报关公司、银行等通关过程中涉及部门的单一窗口信息平台，利用数据交换实现各部门间的资源共享。企业可通过该系统一次性向不同的监管部门提交电子申请，各机构处理批准完成后，通过该系统以电子方式将确认信息反馈给企业，实现真正意义上的“一站式”办公。此措施可以极大地简化审批流程和作业环节，减少企业往返于各审批、监管机构排队等候时间，提高通关效率。

四、对对策与建议的检验评估

本文在案例分析的基础上，探索空港口岸部门间沟通管理对通关管理效率的影响，提出改革的对策和建议，以期达到为我国空港口岸货物通关管理改革提供有益的借鉴和经验的推广目的。围绕这一目标，以下从三个方面对所提出的对策和建议进行检验评估。

1. 对策和建议的目标达成以及应用效果的预测

实施对策和建议对缩短通关时间和提高效率的目标所能产生的效果，我们可以通过2006年中国海关进行的一次空港货物放行时间调研得到的情况进行预测。1994年，世界海关组织常设技术委员会（WCO Permanent Technical Committee）在借鉴美国、日本海关类似革新基础上，通过了一项评测货物通关时间的研究（TRS），并于2001年出台了《货物放行时间测评指南》（以下简称《测评指南》）。此项研究是发现货物通关症结和瓶颈的有效工具。货物放行时间指从货物到达口岸至移出海关监管场所用的平均时间。将总时间以“货物抵港”、“舱单确认”、“接受申报”和“海关放行”、“货物出库”作业环节为节点，对应得出上述公式所列的4个时间段，即抵港到卸货时间（Arrival - Unload）、卸货到申报时间（Unload - Declaration）、申报到放行时间（Declaration - Permission）、放行到出库时间（Permission - Delivery）。各段具体计算公式为：

抵港到卸货时间（T1）=舱单确认时间 - 货物抵港时间

卸货到申报时间（T2）=接受申报时间 - 舱单确认时间

申报到放行时间（T3）=海关放行时间 - 接受申报时间

放行到出库时间（T4）=货物出库时间 - 海关放行时间

因为货物通关信息在不同部门间的交接点正是货物时间段的产生依据，对货物放行时间的研究分析工作，可以从时间方面对空港部门间信息沟通情况进行衡量。根据2006年海关对我国北方机场、南方机场、东方机场（以上均为化名）的调研数据显示，三大机场中货物通关时间分布如图5 - 11所示：T1为11.96小时，占11%；T2为53.24小时，占52%；T3为20.41小时，占19%；T4为19.37小时，占18%。

从图5 - 11可以看出货物通关信息在海关内部流转时间所占比例较小，而在货物信息发生其他部门与海关之间或其他存在跨部门信息沟通的环节流转时间所占比例很大。

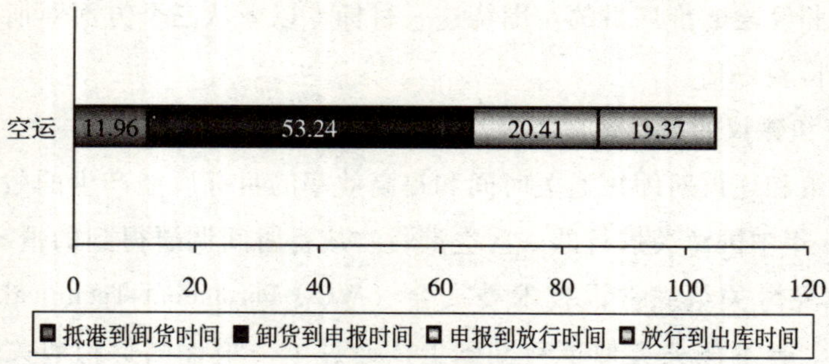

图 5-11　三口岸空运货物放行时间分布图

表 5-3　各段时效分布情况一览表　　单位：小时

时间段		北方机场	南方机场	东方机场	加权平均
抵港到卸货时间	T1	11.25	13.40	20.00	11.96
卸货到申报时间	T2	48.43	74.10	69.10	53.24
申报到放行时间	T3	20.14	19.90	27.20	20.41
放行到出库时间	T4	19.75	20.50	8.30	19.37
货物放行时间	T1 + T2 + T3 + T4	99.57	127.90	124.60	104.98

资料来源：未公开的《中国口岸货物放行时间研究（TRS）报告》。

注：表 5-3 的数据显示，各段时间所占比例具有一致性。

通过资料的进一步分析，可以看到主要是由于卸货到申报（从舱单确认到海关接受申报）时间占整体放行时间的 52%，属于整个通关过程的桎梏环节。如果按照本文建议，改进信息沟通系统，实现运输工具负责人或其代理人提前向海关进行空运舱单的电子申报，海关可以提前进行风险分析，货到立即办理验放手续，是压缩放行时间的有效途径。经调研发现，可以充分利用国际民航 SITA 网络系统，提前传输空运电子舱单数据，海关可以提前接受申报，开展风险分析，办理审核、缴税手续。此方面，北方机场海关已进行了类似的“空中报关”改革试点，有效地缩短了货物放行时间。

在统一信息平台的建设上，目前，海关对资信良好的大型企业所推行的网上支付，即为无纸通关在税费缴纳环节的具体应用。该方式省去了企业拿着支票到银行柜台支付税费的烦琐过程，同时实现 24 小时支付，缩短了海关与银行、企业间的沟通路径，拓宽了企业办理税费缴纳的时间和空间，极大地缩短了企业缴税时间。而海关总署已经于 2009 年开始将办公管理系统、电子平台系统、业务管理系统完全整合的 H2010 系统的开发，相信系统的推出将有助于进一步提高海关内部跨部门沟通效率。

南方机场海关在业务流程改造和报关公司管理方面率先进行了两项改革。一是推进选择布控作业改革，实行接单、选择布控一体化作业，减少了信息内部沟通环节。二是在未改变沟通形态的情况下，对报关公司这个空港跨部门沟通信息网络的枢纽加强管理。建立报关质量讲评和定期公布制度，加强对报关代理企业、报关员的管理和宣传教育力度，同时督促报关公司加强自律，提高报关质量，降低制单差错率。这些举措有效提高了南方机场口岸的货物通关效率。在表 5－3中南方机场的 T3 时间段与北方机场、东方机场同时间段的比较可以看出改革的有效性。

另外，在联邦快递亚太转运中心落户南方某机场的过程中，在广州市政府牵头下建立了多个口岸部门联合办公、定期召开跨部门联络会议的制度，这一举措保障了该大型项目的成功实施，体现出跨部门会议对跨部门沟通管理的有效性。

2. 对对策和建议的可操作性评估

本文提出的提高跨部门沟通管理的对策和建议由于涉及组织内部不同部门、不同组织之间的利益，所涉及的部门不仅有政府部门，也有相关的其他企业组织，在实际操作中势必面临许多因利益冲突而引起的困难。但由于沟通与管理存在密切的联系，特别是跨部门间的沟通即依赖于各部门的管理和业务流程又对各部门的管理和业务流程起到显著的影响，准确快速的部门间沟通有利于跨部门业务流程的顺利开展，使各方都能够获得应得的利益。因此，出于以下原因，可以预计这些对策和建议的实现并不是不可能的，可以在不久的将来取得具体的成效。

第一，从利益和经济环境的角度来分析，组织内部部门沟通的利益服从于组织整体利益的发展，组织内结构和流程的优化是组织提高管理水平的必然追求，因而内部沟通管理模式的改善只要能被发现，则会得到推行。改善跨部门沟通管理水平符合多数组织的利益，都可以从中获益。通过跨部门会议和统一沟通平台改变信息中枢的垄断地位，将使整体受益，而失去信息垄断地位的组织也会在业务增长中获得利益的补偿。

第二，从技术角度分析，随着网络技术的高速发展，沟通渠道的便捷性使得部门间实时传递信息成为可能。以“电子口岸”系统为例，从2000年开始，海关总署、外经贸部等12个部委加快了建设口岸电子执法系统“中国电子口岸”的步伐。目前已经在全国绝大部分口岸使用。

第三，从执行力度分析，跨部门沟通，特别是类似空港口岸部门间的跨部门沟通得到中央政府的大力推动。2001年，朱镕基总理在中央经济工作会议上第一次明确提出建立“大通关”制度的要求。同年，国务院办公厅下发了《关于进一步提高口岸工作效率的通知》，批准由海关总署牵头，公安部、外经贸部、铁道部、交通部、质检总局、民航总局7部门参加的口岸工作联络协调机制。2002年6月，朱镕基总理等国务院领导同志在视察海关总署时进一步明确了“大通关”制度的内涵，明确要求“政府牵头协调、统一信息平台、手续前推后移、加快实货验放”。这些要求中提到的政府牵头协调、统一信息平台等实质上就是提高跨部门沟通的重要手段，也与本文提出的对策和建议相吻合。

3. 对改革空港口岸货物通关效率的作用及影响的评估

刘远征在《供应链一体化与我国口岸物流发展研究》[1] 中对当时我国口岸物流的主要问题归纳如下：“从系统的角度来看分部门管理的基础设施缺乏兼容性；从物流结构方面来看存在严重的结构缺陷；从管理的角度来看存在体制上的分割，缺乏系统的协调，口岸地区几乎集中了与物流管理相关的所有管理部门，而现行的管理体制和管理方式已显示出许多不能适应物流效率提高的方面；从技术的角度来看缺乏系统的技术开发。”对比当时（2003年）的情况，目前在空港口岸管理中，许多当时存在的问题依然存在，特别是从管理的角度看，体制上的分割、各组织部门间的利益冲突依然是影响管理的重要因素。本文所提出的对策和建议对改革空港口岸货物通关效率的作用主要体现在两个方面：一是在空港口岸林立的管理部门之间建立快速沟通的桥梁；二是使空港口岸货物通关信息的垄断权从报关公司这一现有信息中枢中打破，使得货物通关信息更加透明。这两个作用对空港口岸“大通关”模式的实施都有着显著的推动作用。

[1] 刘远征．供应链一体化与我国口岸物流发展研究［D］．北京：对外经济贸易大学，2003.

结 论

通过本文的案例分析研究可以得出有关部门间沟通管理的几点结论。

1. 管理与沟通有着紧密的关系。首先，沟通是实施管理的重要途径之一。有专家提出了“两个 70% 之说”，即企业的管理者实际上 70% 的时间用在沟通上，而企业中 70% 的问题是由于沟通障碍引起的。[1] 没有良好的沟通，就谈不上成功的管理。其次，管理要素对沟通有很大影响。组织结构及流程与部门间沟通的联系就密不可分。在管理沟通的实践中，采用何种沟通网络形态并不是有沟通者自己选择决定的，而是受到组织结构和业务流程的设计的影响。流程决定了应该建立怎样的沟通网络，沟通网络的建设又反过来影响业务流程实施的效率。

2. 组织内部部门间的沟通是跨部门沟通的基础，外部部门间的沟通是跨部门沟通的关键。从本文的研究可以看到，一方面，在组织内部分工不同的部门之间建立良好的双向沟通渠道，顺畅的业务流程是整个沟通开展的基础。如 B 机场海关业务改革前后对比可以看出，内部部门间信息渠道不顺畅或不稳定，整个部门间沟通的基础就显得很不可靠。而当在内部部门间信息沟通打下可靠基础后，即使外部沟通环境未能改善，也对沟通的效率有所提高。另一方面，现代组织在开展活动中离不开与外部部门间的沟通，而这种沟通的成功与否决定了整个关系网络内各部门的目标能否顺利实现。以 B 机场口岸的部门间沟通网络来看，由于原有外部部门间沟通存在的结构性问题而产生了各种沟通障碍，影响了这个沟通网络的效率，改变沟通网络的结构，建立更好的外部部门间沟通机制是提高整体效果的关键。没有良好的外部部门间沟通，各个组织即使拥有良好的内部部门间沟通，也只能是一个个的信息孤岛。

3. 平衡各部门间的权利关系，兼顾各部门利益是做好部门间沟通管理的前提。部门间利益的冲突是造成部门间沟通障碍的重要原因，在现实中，往往由于利益的冲突影响了部门间沟通的开展。如果能在跨部门沟通中找出不同部门的共

---

[1] 郭汉尧. 团队沟通的重要作用［OL］. 中清企业培训网，2009－10－28. http://www.pxtop.com.cn/wenku/20091029859_39655_3303.1.shtm.

同目标，那么部门间沟通的开展会有水到渠成的效果。如本文案例中所揭示的空港口岸部门间沟通，提高和改善口岸整体通关效率是保证口岸各部门利益的有效途径，也是各部门的共同目标。围绕这个共同目标对部门间沟通管理进行改善，避免改革造成对个别部门利益的损害，是打破部门间沟通管理障碍的关键。

4. 现代化信息技术与面对面沟通相结合是做好部门间沟通管理的有效手段。依靠现代化信息技术建立信息平台，使部门间沟通的信息传递更全面、更及时、更稳定，也使部门间沟通形式得以固化，效率得到提高。而部门间会议的召开，给了各部门人与人之间有面对面沟通的机会，这种面对面的沟通可以有效传递信息平台上无法传递的信息，促进彼此的情感交流、关系的维护等。将信息技术与面对面沟通有效结合，兼顾正式沟通与非正式沟通的优势，才能更好地完成部门间沟通管理。

综上所述，本文依据管理沟的通理论，在案例分析研究的基础上，从完善海关内部沟通机制，建立与口岸部门间沟通例会制度和建立统一的电子通关信息平台三个方面提出的建议对于改善空港口岸部门间沟通、提高空港口岸货物通关效率、促进口岸发展有着非常积极的作用，可以为我国空港口岸货物通关管理改革提供有益的借鉴作用。进而为探索部门间沟通管理的影响、基础、关键、手段等提供研究经验。不可否认，本文的研究还存在一些不足之处，如对部门间沟通中的人际关系、个人的沟通策略与技巧等涉及不多。这些因素在跨部门沟通管理中同样起着非常重要的作用，这将是后续研究的重要课题。

参考文献

[1] 詹姆斯·斯通纳.AF（Stoner James A. F），弗里曼·R. 爱德华德（Freeman R. Edward）. 管理学（*Management*）[M]. New Jersey. Prentice - hall Inc. 1995.

[2] 理查德·L. 达夫特著. 王凤彬等译. 组织理论与设计 [M]. 北京：清华大学出版社，2002.

[3]（加）史蒂文·麦克沙恩，（Steven L. McShane）玛丽·安·冯·格里诺（Mary Ann Von Glinow）. 麦克沙恩组织行为学 [M]. 北京：中国人民大学出版社，2008.

[4] 林雄弟，马春庆. 论中国政府间关系的现状、趋势和调整的路径选择 [N]. 济南：胜利

油田党校学报，2007.
[5] 任浩. 公共组织行为学［M］. 上海：同济大学出版社，2001.
[6] 张福成，党秀云. 公共管理学［M］. 北京：中国人民大学出版社，2001.
[7] 于永达，战伟萍. 基于共同代理理论的政府条块关系分析［D］. 北京：清华大学，2008.
[8] 周振超. 条块关系：政府间关系的一种分析视角［J］. 齐鲁学刊，2006：144－147.
[9] 闫成武. 条块分割对乡镇政府行政成本的影响［J］. 中共济南市委党校学报，2005（1）.
[10] 许志跃. 浅谈政务流程再造［J］. 鸡西大学学报，2008（6）.
[11] 顾平安. 面向公共服务的电子政务流程再造［J］. 中国行政管理，2008（9）.
[12]. 李广乾. 电子政府与电子政务——理想与现实的关系［N］. 中国计算机报，2002.
[13] 罗贤春，李阳晖. 我国电子政务信息资源共建共享模式［A］. 图书管理理论与实践，2005（3）.
[14] 李兴民，蔡运娟. 电子政务下政府信息沟通网络模式的构建［J］. 西南民族大学学报（人文社科版），2006（4）：163－165.
[15] 王长胜. 中国电子政务发展报告［M］. 北京：社会科学文献出版社，2003.
[16] 邓崧. 电子政务价值评估研究［D］. 同济大学，2006（10）.
[17] 邵德兴. 政府临时机构管理与行政效率［D］. 行政论坛. 2008（1）：35－37.
[18] 张筱恩. 加强港口立法工作促进温州港建设、管理有序发展［J］. 经济师，1999（7）.
[19] 林尚立. 国内政府间关系［M］. 杭州：浙江人民出版社，1998.
[20] 袁文恭. 电子口岸数字证书的应用实践［J］. 电子商务，2008（2）.
[21] 李恩恩，褚英双. 基于 Web Services 的电子口岸体系结构探讨［J］. 港口科技，2008（9）：32－36.
[22] 吕莲. 电子口岸物流服务平台对通关时效的影响分析［J］. 时代经贸，2008（6）.
[23] 朱拥军，熊伟. 值得借鉴的第四方物流发展之路——电子口岸发展第四方物流的探讨［A］. 技术经济与管理研究，2008（5）：98－103.
[24] 孙慧. 中外口岸通关模式的比较研究［J］. 商业研究：2006：349.
[25] 邓之宏. 基于协调理论的跨组织业务流程分析和设计方法［D］. 重庆大学，2005.
[26] 姜晓萍. 政府流程再造的基础理论与现实意义［J］. 中国行政管理，2006（5）：37－41.
[27] 刘远征. 供应链一体化与我国口岸物流发展研究［D］. 对外经济贸易大学. 2003
[28] 郭汉尧. 团队沟通的重要作用［OL］. 中清企业培训网，2009－10－28. http://www.px-

top. com. cn/wenku/20091029859_39655_3303. 1. shtm.

[29] 岳金霞. “乔哈里之窗”与思想政治教育信息沟通 [J]. 中国石油大学学报：人文社科版，2006 (8).

[30] 魏江，严进. 管理沟通——成功管理的基石 [M]. 北京：机械工业出版社，2006.

[31] 李广乾. 电子政府与电子政务——理想与现实的关系 [N]. 中国计算机报，2002.

[32] 罗锐韧，曾繁正. 管理沟通 [M]. 北京：红旗出版社，1997.

6. TH广诚广场烂尾楼重建

——政府跨部门协调会的会议管理研究

内容摘要：通过协调会议来协调政府各职能部门之间的关系，以及政府各部门与经济部门之间的关系来完成对公共事务的管理，这是政府实施公共管理的一项重要职责和任务。同时蕴涵着政府对协调会议管理的能力和沟通策略与技能。本文以某市TH区广诚广场烂尾楼重建过程中政府召集的一次协调会为案例背景，探讨政府协调会议管理策略与技能。文章分为两大部分：第一部分是案例描述，第二部分是案例分析。

案例描述讲述了TH区政府协调政府有关部门和有关经济部门召开关于烂尾楼重建的协调会议过程。从会议准备到会议召开，到最后会议结束，详细地描述了会议的整个过程，反映了会议管理方面的各种问题。

案例分析部分通过对政府在协调处理烂尾楼重建的协调会过程分析，揭示政府召开跨部门协调会议的难点和主要问题，并针对这些问题，依据会议管理的基本原理，提出如何改进和实施政府跨部门协调会议的管理策略和技巧。本文根据会议管理过程基本原理，从会议准备、会议召开和会后跟踪三个主要阶段，从会议主持人特质等方面，全面分析案例中会议管理的主要问题及原因，在此基础上，提出政府跨部门会议管理的基本策略和技巧，以及会议主持人特质修炼及培养。

关键词：跨部门；会议协调；会议管理

案 例 正 文[1]

引言

郭嘉欣觉得今天下午的会议可能会成为TH区烂尾楼改造重建的转折点，说不定还标志着她职业生涯向前迈出的重要一步。不管怎么说，自五年前她开始负责该区的烂尾楼改造重建的协调工作以来，这是她第一次看到这项工作进展的曙光。其目标是：通过对TH广场周边的烂尾楼改造重建，尽快实现将TH广场建设成新的市中心——市区新中轴核心区的目标。

昨天，郭嘉欣与晨光房地产开发有限公司达成协议，将由晨光开发商收购烂尾多年的广诚广场并实施重建改造。矗立在TH北与TY西路交界的“广诚广场”曾是TH北CBD（中央商务区）的一道伤疤。当年分别以“诚信”二字命名了“广信广场”、“广诚广场”两栋标志性大厦，“广信广场”早已成为市区的标志性建筑代表，“广诚广场”主体框架建成后一直烂尾至今（见图6-1）。如果这

图6-1 广诚广场全景图

---

[1] 案例来源：http://www.100gczg.com/Detail.aspx? id=200838，http://www.ngzb.com.cn.2008年3月27日13时30分《法制周报》，http://house.focus.cn/newshtml/60890.html.2010年4月28日访问；案例分析部分由暨南大学管理学院2009级应用心理学（人力资源方向）硕士研究生周洁、蒋玉涵组织讨论编写，指导老师沈远平教授指导和修改。

次能够将其重新盘活，它将以全新的面貌屹立在城市新的中轴线上。她想借此契机，以晨光开发商的模式为蓝本，吸引更多的开发商投资，带动该区域的经济发展，尽快实现建设 TH 北 CBD 的目标。她对自己的这种想法充满了信心。她认为今天下午的会议将会是飞跃式的突破。

背景

郭嘉欣，六年前进入 TH 区政府经济发展规划办公室工作，由于她的城市发展经济学的背景，在最初的四年里她一直都在协助主任从事城市规划工作，其中也参与协调解决一些烂尾楼的重建改造项目。在参与协调解决一些烂尾楼的重建改造项目过程中，凸显出她的协调能力和才华，成功地促成了两座烂尾楼的重建改造。因此，在后来的两年里，她被抽调出来专门从事烂尾楼重建改造的政府协调。最近她又获得了华南一所大学的 MPA 学位。这将有助于她的事业发展。

为了尽快解决多年遗留下来的烂尾楼问题，按照市政府的城市建设规划，实现新城区中轴核心区的建设目标，TH 区政府成立了专门的工作小组——“烂尾楼”整治协调领导小组。同时还制定了《关于市区停缓建筑工程处置办法》（简称《办法》），以及一系列优惠措施，对此类项目进行清理、分类，加以盘活。该《办法》的出台，从政策上解决了“烂尾楼”所遭遇的法律政策瓶颈，同时，也对协调法院、国土、规划、建设、房产、税务等政府职能部门，起到了决定性作用。这样，郭嘉欣也就被任命为该协调领导小组组长，直接对区长负责，专门负责项目协调工作。两年来，一方面为开发商寻找合作伙伴，获得资金后复工；另一方面协调法院裁定或拍卖，引进新的投资者接盘。同时还要协调政府其他职能部门为烂尾楼重建开放绿灯。此项工作可以说是苦乐参半，每天需要与商务、基建、建筑、城市规划以及政府各领域的重要人物打交道，有时还要陪同区、市政府的高层领导出席新闻发布会，就处置棘手的烂尾楼问题解答公众和媒体的提问。

为了这座烂尾楼的改造，TH 区政府多次召集协调会，要求区建设与管理局、规划局、市政园林局、人民防空办公室、国土资源与房产管理局及各职能部门大力支持，并根据历史情况给予特事特办，实施“一楼一策”的政策，为“广诚广场”的重生开辟了一条绿色生命通道。然而，似乎每次在“广诚广场”重建开发项目就要启动的时候，一些重要的要素都会出现问题而使这个项目止步不前。她刚刚接管这个项目时，一家主要的房地产开发商因为债务纠纷问题而退出，使得其他几个开发商也跟着退出。后来找到一家实力雄厚的投资商接手该项目时，又因为修建地铁影响施工而搁浅。后来终于能够开始重建启动该项目了，但是由于该烂尾楼长期得不到重建开发而造成回迁户不能按时回迁，他们产生了不满情绪，向政府提出补偿要求等。因此使得该项目一拖再拖，迟迟不能启动。

为了给这个项目提供足够的公众支持，给开发商提供该项目重建的便利条件和优惠措施，郭嘉欣已经做了她所能够想到的每件事。她协调各有关部门办理相关手续，与开发商签订了重建改造协议。她认为，今天下午的会议将推动该项目进入具体的实施阶段。

会议规划

当考虑本次会议的与会者时，郭嘉欣信心大增。她相信一切将会由此得到改变。她把与会者分成两组：一组是区、市政府相关部门的人员，他们大多数都是区政府“烂尾楼”整治协调小组成员，同时又是政府各职能部门的领导。另一组是开发商的代表，他们将具体负责该项目的重建和开发。她认为，由于将两方面的利益都考虑在内，推动这个项目将完全可行。政府已商讨了复杂的一揽子税收减免措施以确保开发商得到公正的投资回报，而开发商也同意为受影响的回迁户提供优惠服务和适当补偿，这样就使得该项目在受影响的社区内深得人心。目前最主要的工作是能够在项目完成后继续开发该大楼内的功能。“继续”意味着吸引更多的企业和商家与目前同意出售房产的所有者尽快达成买卖协议，使得该项目的功能得到充分开发，尽快地服务于社会，促进该地区的经济发展，将该地区建设成真正的TH北CBD。

郭嘉欣自诩深谙与会政府人员对该项目的热情。区政府城市规划部主任谭剑锋连续两届担任该职务，并一直负责这个项目，在整个过程中都表现出极大的兴趣和热情。区政府经济开发部法律顾问陈惠芹律师一直参与该项目的法律事务工作，协调法院与开发商和目前房产所有者之间合同及债务清算等复杂问题；对于这个项目，她可能比其他任何人投入的时间和精力都要多。区政府宣传部公共事务处处长黄海龙多年来一直与新闻界保持密切联系，适时通报情况，以向公众证实该项目一直处在进展之中。区政府城建局的设计工程师罗秦斌一直负责规划的审核报批工作。除了这些与会者外，参加这次会议的还有房产管理局、土地资源管理局、税务等部门领导或代表。另外，郭嘉欣还邀请了她过去的领导朱凯诚，他曾经亲眼见证了该项目是怎样渡过早期艰难阶段一路走来的。而这次会议很可能是他在经济开发部的告别会，因为他已经被通知进入区人大担任更高一级的职位了。

虽然郭嘉欣目前还不是十分了解与会开发商和投资者的态度，但她相信他们同样有种种理由来推进这个项目。目前她已经与晨光房地产开发有限公司谈妥，由他们公司承接大楼的后期工程并实施整体的外装修。目前需要的是吸引开发商承接大楼周边的配套工程和大楼主体内部功能的开发和购置。陶新知一直从事写字楼和办公室租赁业务，拥有相当规模的写字楼的房产权，而且他还有一支相当强干的物业管理队伍，从一开始他就非常关注该项目的进展。欧阳锦旗是承建会议中心开发商的代表，他认为这栋大楼里应该建设拥有各种规模会议室并具有现代国际水平的会议中心。他在两天前就同郭嘉欣通过电话，毫不掩饰地表达了他对这个项目开发的渴望。廖奇才的公司在近20年来一直从事市区中心电影院建设和改进项目，他也希望在这栋大厦里应该建设一家现代化的豪华电影院。让郭嘉欣更加兴奋的是，一家实力雄厚的国家能源公司想在大厦建成后买下其中一半以上的房产权。总而言之，郭嘉欣认为开发商们会像政府人员一样对该项目报以积极的态度。

开会

郭嘉欣的秘书会议前一天就与所有与会人员通过了电话，把会议定在第二天下午4点，以照顾到每个与会者的日程安排。4点刚过，除了郭嘉欣的前老板朱[illegible]外，其他与会者都已经在区经济开发部会议室内的咖啡色大理石长桌周围落[illegible]长桌的首席位置上。她看了看手表，示意大家安静下来，顿时[illegible]

[illegible]现在我们开始开会啦。我相信大家已经知道了这个好消息。多年来的辛勤工作总算要见到成效了。”这时，她发现在桌上旁边一堆会议资料还没有发给与会者，就赶快示意坐在她旁边的助手立即将会议资料发给每个与会

者。在她的助手发送资料的时候，她继续说：“现在发给大家的资料是我昨天与晨光房地产开发有限公司签订的重建广诚广场谅解备忘录，还有就是区政府对该项目重建开发的原则性指导意见。正如我昨天给大家的电邮里所提到的那样，我们要尽快促使该项目开工，免得夜长梦多。”这时不知谁冷冷地冒出一句：“我们在达成谅解备忘录之前就能收到你的电子邮件就好了。”

这时欧阳锦旗说话了：“我们准备开始推进这个项目了，虽然这次广诚广场重建的正式谈判持续了好几个月，但你们知道，我们一直都在关心着会议中心的建设。我们准备购买会议中心的设计方案并对其稍加改动，因为我们认为这将为政府节约一批资金。”

郭嘉欣注意到此时一些正在浏览备忘录和资料的与会者抬起了头。“抱歉，我给大家介绍一下，这位是D公司的副总裁，欧阳锦旗，专门从事会议中心的建设开发项目。”大家向欧阳点头示意。

黄海龙，区政府宣传部公共事务处处长，兴奋地说道：“欢迎大家的到来。我的工作就是从会议中寻找最亮点，以引起新闻界的关注和赞誉。我提议会后举行一次新闻发布会。关于这次新闻发布会，你们有什么想法？”

会场出现了片刻的沉静，郭嘉欣赶忙开口：“好啊！新闻发布会越早越好。我来唱主角，然后介绍我们整个建设规划图。我们在座的都有份儿，都要露个脸，介绍你们的项目。到时我们请区长唱压轴戏。”

城市规划部主任谭剑锋朝郭点了点头，并没有开口讲话。但郭嘉欣觉得他比平时要缄默得多了。此时，会议室的门被猛地推开了，朱凯诚走了进来。“很抱歉，来晚了。刚参加完秘书处的一个紧急会议。”他在桌子右边中间的一个空位子上坐了下来。顿时会场上一片恭贺的声音。接下来，郭向她的老领导汇报会议的最新进展，大多数人继续翻阅手中的会议资料。

廖奇才望着郭询问：“刚才提到了会议中心开发的事，那么我们建设电影院的项目将作何打算，在这方面要达成怎样的协议？”

陶新知打断道：“和我们的写字楼及办公楼的合同

会议中心在同一时间开业。”

廖奇才继续冷静地说：“我们认为，这一点应该留着商讨会议中心的合同时再讨论比较好。电影院与会议中心的位置应该统筹规划，不能相互干扰，以保证符合各自的经营环境要求。”

欧阳锦旗惊奇地抬起头来：“根据原来的主楼框架，电影院的位置离会议中心最近，如果要改变位置设计，这里最适合会议中心建设。”

廖奇才正要开口讲话，被设计工程师罗秦斌抢先解释：“关于广诚广场整个内部功能的开发设计，我们还要进一步商讨、评估，这里还是留有余地的。在我们最终与公司或电影院的管理层敲定之前至少需要 3 年的时间。”

欧阳锦旗轻声地笑了一下：“别忘记，这是要赶在亚运会之前完成的。”

这时响起了手机的铃声，朱凯诚说：“对不起，我要接个电话。”他说着拿起手机离开座位走了出去。

唐桂华，GS 国家能源石化公司的副总裁，终于开口了：“没有人比我们更急切地想要推进这个项目了。坦白地说，我想不通我们怎么会花这么长的时间，有好几个投资人都等得不耐烦了。就我们而言，这个项目完成得越早越好。”

会议开到这会儿，法律顾问陈惠芹律师第一次从会议资料中抬起头来：“我真希望我们在会议之前能够谈一次，但我更希望法律界人士能够关注一下这里的呼声。附近社区最关注的问题之一就是我们不能建造一个无人问津的漂亮空壳，还有如何尽快安置那些等待了多年的回迁户。总之，我不能肯定我们在这里能够解决这些。”

“这么说，要讨论的问题多着呢。还有环保问题，可惜今天的会没有环保方面的代表。”欧阳锦旗不无讽刺地说道，“我们今天到来的诸位都对该项目报以热烈的希望和热情，并且都对这个城市的长期繁荣和发展负有责任。这个项目建成后，一定能够发挥 CBD 的作用，带动经济的发展和就业。周边的社区肯定会感谢我们的。”

黄海龙接着说：“这不仅是经济上的繁荣，也具有深刻的政治意义，马上就要召开两会了。”

“那又意味着什么呢?”廖问道。陶新知若有所思地笑了笑。与会人员都相互看看，却什么也没有说。

这时，朱凯诚走回了会议室，在自己的位子上落座。郭嘉欣决定重新控制会议的节奏。她说：“烂尾楼的重建开发是一项非常复杂的工程，只有当每个职能部门都能够各司其职时，每个开发商都能够顾全大局，我们才能避免在执行时因出现一些问题而导致项目半途而废。实际上，为了这个项目，政府已经给予了非常大的政策上的支持，而目前经济形势也对开发这个项目非常有利，大家一定要把握住这良好的商机。所以，我想现在就如何推进这个项目达成共识。”

一阵沉默之后，所有与会者的身体都向前倾了倾，“那我们就开始吧。”欧阳锦旗说。

“我们已经准备好了。”廖奇才说。

“我看这还不是很充分。”陶新知说。

“我们再进一步讨论一下吧。”陈惠芹说。

“不。这是干嘛呀！既然来了总得有个结果吧，回去也好交代呀。”唐桂华提高了嗓门说。

会场出现了混乱，一片嘈杂的声音。郭嘉欣大声地喊道：“大家静一静。”她一边说着，一边以寻求支持的眼神看着朱凯诚。他微笑着摇了摇头，说：“嘉欣，我想我们还是需要一点时间来考虑这个问题。”

这时，会场出奇的安静。大家都把目光注视着郭嘉欣，她环视了一遍各位与会者，停顿了一会儿，轻轻地说：“那今天的会就开到这儿吧，我们保持联系，适当的时候再请大家过来商讨，谢谢诸位光临。散会。”

郭嘉欣站在会议室门口，望着远去的与会者，心里一丝痛楚的滋味。她就不明白，一个充满期待的会议竟然开成这个样子。接下来该怎么办呢？这时她想起在读 MPA 时曾经上过的一门课程叫《管理沟通》，里面有会议管理的内容，她想一定可以从中找到答案。于是她赶忙走向自己的办公室。

尾声

如今，广诚广场以其 51 层双塔楼、25 万平方米总建筑面积、20 多万平方米写字楼面积、首 4 层商场、3 层地下车库的超大规模以及地段的优越性入市，其利润空间相当宽广。由于国家 GS 能源石化公司收购了广诚广场的 A 塔整体，该大楼也因此而改名。“广诚广场”这个名字将留在了人们的记忆之中。郭嘉欣站在 TH 北与 TY 西路交界处仰望着这座双塔楼，回忆起自己为这座烂尾了10 年的高楼重建复活而付出的所有艰辛，看到今天的成果，脸上不禁露出了满足的微笑。

案例分析

一、背景理解

（一）烂尾楼成因分析

烂尾楼基本上都是20世纪90年代特殊政策和经济环境条件留下的“城市伤疤”，也是政府比较棘手的头疼事，由于涉及复杂的经济关系和产权纠纷，每个烂尾楼的背后都有一部错综复杂的故事，关系主体可能涉及小业主、公司、银行等多重利益方，如果没有政府的干预和协调，一般是很难解决的。[1]

在本案例中，“广城广场”原有几次可改造的机会都是因为错综复杂的原因而告流产。为了这座烂尾楼的改造，TH区政府多次召集协调会，甚至为其重生开辟绿色通道。但每次在“广诚广场”重建开发项目就要启动的时候，一些重要的环节都会出现问题而导致这个项目止步不前。比如，一家主要的房地产开发商因为债务纠纷问题而退出，使得其他几个开发商也跟着退出。又如，有一家实力雄厚的投资商接手该项目，但因修建地铁影响施工而搁浅。再如，终于能够开始重建启动该项目时，由于该烂尾楼长期得不到重建而造成回迁户不能按时回迁，回迁户产生不满情绪且向政府提出追加补偿要求。这些本来可能让烂尾楼“复活”的机会都因为种种原因而被错过了，所以该项目一拖再拖，迟迟不能启动。

（二）烂尾楼复活的可行性分析

1. 外部宏观环境分析

1）政治法律环境

TH区政府成立了专门的工作小组——“烂尾楼”整治协调领导小组。政府制定了《关于市区停缓建筑工程处置办法》（以下简称《办法》），以及一系列优

[1] 中国第一烂尾楼中诚广场执行案，http://www.100gczg.com/Detail.aspx? id = 200838. 2010年2月20日访问。

惠措施，对此类项目进行清理、分类，加以盘活。该《办法》的出台，从政策上解决了“烂尾楼”所遭遇的法律政策瓶颈，同时，也对协调法院、国土、规划、建设、房产、税务等政府职能部门，起到了决定性作用。

为了这座烂尾楼的改造，TH 区政府多次召集协调会，要求区建设与管理局、规划局、市政园林局、人民防空办公室、国土资源与房产管理局及各职能部门大力支持，并根据历史情况给予特事特办，实施“一楼一策”的政策，为“广诚广场”的重生开辟了一条绿色生命通道。

政府已商讨了复杂的一揽子税收减免措施以确保开发商得到公正的投资回报，而开发商也同意为受影响的回迁户提供优惠服务和适当补偿，这样就使得该项目在受影响的社区深得人心。

2）经济环境

（1）市场环境趋好。近几年，许多大规模烂尾项目的盘活不是偶然的，其主要原因是写字楼市场的回暖。例如，在广州许多曾为烂尾的项目名利双收，其举动不仅为广州市场重塑烂尾楼树起成功典范，而且还赚了一笔可观的利润。

（2）利润空间宽广。根据市场分析，“广诚广场”以其 51 层双塔楼、25 万平方米总建筑面积、20 多万平方米写字楼面积、首 4 层商场、3 层地下车库的超大规模以及地段的优越性入市，其利润空间将是相当宽广的。

（3）投资少收效快。行家指出，让烂尾楼翻身是一项周期短、收效快的投资。一个正常楼盘从开发到上市起码需时两三年，长的则要四五年，而接手烂尾楼不用通过报建打地基等前期阶段，有的甚至只要进行注资装修就可以直接推出市场了，通常只需一年左右，资金周转时间短。这不仅提高了资金的利用率，也提高了投资回报。

价格是触动投资者的主要因素。烂尾楼急于盘活，拍卖、转让时往往是“忍痛割肉”，拍卖价之低是常人所不知道的，有时候甚至是正常价格的二分之一，往往价值 1 亿元，只要花 5000 万元就能拿下来，一旦起死回生利润非常大。像最近重新包装上市的某烂尾住宅，拍卖成交价为 6350 万元，预计项目需再投入的成本为 4124.2 万元，推出市场的楼面单价成本为 3383 元/平方米，而该项目周边楼盘售价在 5400～6100 元/m^2。就算接手者以 4000 元/m^2 出售，投资商也有 18% 的利润空间。正因为低成本运作可获取高利润的回报，而令烂尾楼有相

当大的吸引力。❶

3）地理优势

许多烂尾楼位于市中心以及商务区的黄金地段，随着经济的发展这些地段的地价不断上涨，比当初烂尾楼的开发用地价格要低得多。例如，广州淘金路的恒华阁，当初拿地时的地价是 500 多元/m^2，现在已经是每平方米上千元了。因此，城启集团就是看好了恒华阁的价格优势明显，才会以 6350 万元收购下来重新包装上市。❷

而在本案例中，“广诚广场”矗立在 TH 北与 TY 西路交界处，此处将是 TH 北 CBD（中央商务区）。如果这次能够将其重新盘活，它将以全新的面貌，屹立在新城市中轴线上。由此可见，“广诚广场”有其独特的地理优势。

2. 与会人员类型分析

1）主持者背景分析

郭嘉欣，4 年经济发展规划工作经验，具有一定的协调能力，曾成功地促成了两处烂尾楼的重建改造。后 2 年，担任烂尾楼重建改造的政府协调员，最近获得 MPA 学位。

优势：有一定相关工作经验，具有比较好的协调能力。

不足：通过案例分析，我们可以看到主持人郭嘉欣的会议管理能力有所欠缺，多方控制协调能力不足，有急于求成的心态等。

2）政府与开发商等各部门代表人员分析

政府相关部门的人员实际上对此项目都极具热情，如案例中提到“市规划部主任谭剑锋一直负责这个项目，在整个过程中表现出极大的兴趣和热情”，“经济开发部法律顾问陈惠芹参与该项目的法律事务工作，协调法院与开发商和目前房产所有者之间合同及债务清算等复杂问题，她可能比其他任何人投入的时间和精力都要多”等。

与会的各开发商亦是如此，如“陶新知一直从事写字楼和办公室租赁业务，从一开始他就非常关注该项目的进展”，“欧阳锦旗认为这栋大楼里应该建设拥有各种规模会议室并具有现代国际水平的会议中心，作为开发商的代表的他在两

❶ 广州天河板块烂尾楼蕴藏大商机 2003－10－23，转自：广州日报。

❷ 广州天河板块烂尾楼蕴藏大商机 2003－10－23，转自：广州日报。

天前就同郭嘉欣通过电话，毫不掩饰地表达了他对这个项目开发的渴望”。

总而言之，开发商们与政府人员都对该项目报以积极的态度，这些来自各方的支持是烂尾楼能得以改造重建的一个关键性因素。

但是，与会人员中，无论是政府部门的代表，还是开发商代表，每个人各自的利益关注点却不一样，这是使得会议议题混乱的一个重要因素。

3. 难点分析

通过以上的分析可知，“广城广场”烂尾楼复活有很多实实在在切实可行的因素，同时这一项目的顺利开展还能服务于社会，促进该地区的经济发展。但“烂尾楼”的背后一般都存在错综复杂的关系，其所牵涉的部门也非常多，如所在区域的政府部门、房产管理局、土地资源管理局、税务部门、法律部门、新闻界以及各类开发商等。如何通过会议协调各个部门的利益关系，拟订方案并最终达到共赢的局面，这是政府召开跨部门协调会议的难点。

在此案例中，会议沟通是解决问题的核心所在，尤其是跨部门的协调会议。因此，归根结底是会议管理的策略和技巧问题。

二、问题诊断及原因分析

根据会议过程管理基本原理，会议管理过程分为三个基本阶段：会前准备、会议召开和会后跟踪。下面我们从这三个阶段分别进行问题及原因的分析。

（一）会议准备方面的分析与评估

会议准备是否充分是会议能否成功的一个关键因素。高效的会议管理者在筹备会议时，可以根据 5W1H 的原则来确定有关会议准备的六个问题。以下的分析则是以此六个方面为评估依据，对本案例中的会议准备情况进行评估。

1. 明确会议的目的（Why）

会议的目的是会议召开的理由。对于每一个会议的召开，会议的组织者都会认为“既然要召开这次会议，肯定是有其必要性的”。具体地说，决定会议是否召开的四条主要指标是：信息共享，动员激励，信息传播与解决问题和制定决策。

本案例中会议目的的明确程度评估：差。

评估依据：

首先，会议已经开始，会议主持人郭嘉欣突然发现会议资料（谅解备忘录和区政府有关资料）还未发放。

其次，在会议前一天会议主持人郭嘉欣有给与会者发邮件，但是有人反映并没有看到。也有人认为应该再提前一点时间，使与会者有充足的准备。

再次，会议主持人郭嘉欣的秘书只是通过电话约定了会议的时间，而没有其他的非正式或正式的会议通知。

最后，会议开始之后，主持人只是单方面地和与会者沟通，但与会者之间互不认识也未曾正式被介绍，更谈不上相互了解与协商，因此在开会时就难以达到一致意见。

2. 确定会议议题（What）

想要在会议中有效率地解决问题，必须拟定好相关的议题。在这个过程中要注意以下三个方面：第一，议题必须紧扣会议的目标；第二，各议题之间应该存在有机的联系，且按合乎逻辑的顺序排列；第三，应清楚地指出各项议题所需讨论的时间，这样可以使与会人员做到心中有数。

本案例中会议议题合理性程度评估：差。

评估依据：

在此次会议中，没有明确的议题，会议开始时也没有口头明确会议主题，因此造成每个人各抒己见，想到哪里说到哪里，无轻重之分也无逻辑顺序，出现了议题混乱的情况，导致会议主持人无法控制会议，而且也没有进行任何时间上的控制，甚至后来不能控制整个会议的局面。

3. 确定会议场地（Where）

理想的会议场所应具备一些条件，如必须保证会议使用时间，位置须让主持人和与会者都感到方便，场地大小合适，不受外界干扰等。

从案例描述来看，对会议场地的选择没有反映出更多的信息，暂时不作评估。

4. 选定会议时间（When）

在考虑召开会议的时间时，应注意以下几个方面：第一，要给双方（与会者与主办方）有充足的准备时间；第二，要考虑到与会者的工作日程及安排；

第三,除非特殊情况，会议的时间一般在两个小时之内；第四，一般来说早上及星期二、星期三比较适合开重要的会议；第五，明确规定会议的起止时间，在会议通知书上说明，并提醒与会者准时参加。

本案例中会议时间选定评估：差。

评估依据：

开会定在下午四点，既是下午又接近晚饭时间，容易造成注意力不集中以及饥饿等生理反应。

并不是每个人都能按时到场，其中一名政府官员朱凯诚还在参加一个秘书处的紧急会议。

开会的时间距通知的时间只有一天，双方都没有时间进行充分准备。

5. 确定与会人员（Who）：与会者一般可以分为会议主席、会议成员和会议工作人员（如会议秘书、记录员等）三类。

本案例与会人员确定水平评估：差。

评估依据：

在本案例中，主持与控制场面的只有郭嘉欣一个人，而且是在准备不充分的情况下，没有提到会议助理以及其他协调性的工作人员。与会成员存在很强的异质性，他们的背景、性格、知识和价值观都不同，更重要的是他们与会的目的都不同。因此，在与会成员之间会出现较多的冲突和分歧时，会议主持人的协调作用更为重要。这些都应该在会议之前考虑在内，但是组织者却没有考虑到。最后主持者无法控制场面，以致与会者不欢而散。

6. 制定会议计划（How）

会议主持人必须按程序妥善地安排好会议进度，才能高效率地开好会，取得好的效果。一般而言，会议的进程大致可分为四个阶段，即开始阶段、讨论或报告阶段、总结阶段与结束阶段。

本案例中会议计划制订水平评估：差。

评估依据：

主持人过于自信，认为大家都是对项目具有极大热情并持赞同态度，没有制订任何计划。

表 6－1　会议准备各方面总体评估

评估 \ 5W1H	会议目的（Why）	会议议题（What）	会议场地（Where）	会议时间（When）	与会人员（Who）	会议计划（How）
等级	差	差	一	差	差	差

本案例会议准备阶段总体评估等级：差。

（二）会议召开过程的问题分析与评估

1. 会议管理过程理论[1]

会议召开一般都是按照事先拟定好的会议议程进行。会议召开过程可以分为三个阶段：会议开始、按照会议议程实施开会和会议结束。

会议开始。会议主持人宣布会议开始，首先说明会议的目的和主题，介绍参加会议的主要人员和与会人员，说明会议规定，提醒与会人员需要注意的相关事项。会议主持人在会议开始时要营造与会议主题相适应的会议气氛，使与会人员尽快进入会议状态，投入会议之中。

开会。接下来会议主持人按照会议议程逐项进行，一方面要控制好每一项议题的时间，另一方面又能使议题得到圆满完成。会议主持人要根据会议的性质和目的控制会议的气氛和形式。如果是信息交流或讨论，会议主持人既要调动与会人员积极参与，又要防止冷场或个别人控场；如果是信息传递或交代事项布置工作，会议主持人应该控制会场秩序，鼓励与会人员倾听，并做好笔记。无论何种形式，会议都必须紧扣会议目标和主题，防止离题现象，或流于无端的争论，或心不在焉、思想开小差。

会议结束。会议议程进行完毕后，会议也就结束了。会议结束之前，会议主持人必须就会议作出总结。总结的内容主要包括：对会议进行简要的评估；对会议形成的决议进行确认，同与会者达成共识；对会后需要落实和实施的有关事宜要作进一步的明确，并提出检查和督促的要求；感谢与会人员到会与合作。

会议召开期间，要安排好会议记录和工作人员的服务。在举行一些大型会议或长时间的会议，需要成立会务组，必要时，还要准备一定的应急预案，以防止

[1] 沈远平，沈宏宇．管理沟通——基于案例分析的学习［M］．广州：暨南大学出版社，2009：168.

突发事件的发生，如停电、设备故障、与会人员身体不适等。

2. 会议召开过程分析

1）会议开始

主持人未宣布会议的目的与主题，而是默认大家事先已经了解。

主持人未介绍与会人员。因此，开会期间临时插入式的自我介绍对会议的连续性有所影响。

在正式议事之前未说明会议的注意事项以及相关规定。因此出现了会议进行到一半有人出去接电话的现象。

2）开会期间

会议无秩序。其主要原因在于事先没有拟定好会议的议程。由于此会议涉及多个主题，事先应罗列各议题且排列好各议题讨论的次序，从而达到依次讨论、有条不紊的效果。但此次会议并没有安排好次序，因此每个与会者都以自己所在部门为立足点与出发点，议题在有限的时间内不断出现跳跃式的转变与变化，以致每个议题仅仅做到点到而止，既不充分又不具体。而且任何一个议题都没有结果。

开会过程中出现冷场现象。比如，黄海龙提议举行新闻发布会，但在此后一段时间里，没有一个人针对此提议发表看法，会场出现片刻的沉静，主持人则在未考虑周全的情况下赶忙开口，这样容易引起与会人员的反感。

开会过程出现无端争论。此会议涉及多个部门的利益，因此每个部门争先恐后地维护本部门的利益，比如才谈到新闻发布会的问题，马上又转到了电影院的项目，一个问题还未解决，又牵扯到一系列的其他问题。每个人各持己见，引起了无端的争论。

3）结束阶段

可以说，这次会议是无终而散。由于前面的种种原因，与会人员已经对会议产生了厌倦，也无心开会了，所以出现了冷场，会场出奇地安静。大家都把目光投向了郭嘉欣，但是她只是轻轻说："那今天的会就开到这儿吧，我们保持联系，适当的时候再请大家过来商讨，谢谢诸位光临，散会。"由此可知，本次会议召开得很不成功。

由于此会的不成功，这次会议也就不存在会后跟踪了。会议主持者只能总结这次会议的不足和教训，重新策划和召开会议。

（三）会议主持人特质与责任履行情况分析与评估

会议召开是否成功，在很大的程度上会议主持人起着非常重要的作用。案例中会议不成功的主要因素之一，就是会议主持人会议管理能力偏低。下面我们就会议主持人特质方面进行分析与评估。

1. 会议主持人特质

会议管理的成效主要在于会议的组织和控制，会议的组织和控制关键在于会议的主持人或会议主席。会议主持人的特质是极其重要的方面，作为一名合格的会议主持人或会议主席，应该具备以下特质：

- 思维敏捷、清晰
- 有较强的分析概括能力
- 保持中立的态度
- 无偏见的立场
- 有耐心，善观察
- 有较强的协调沟通能力
- 机智灵活
- 沉着冷静
- 自制力强
- 善表达，并能够总结和概括他人的中心思想
- 富有幽默感
- 对会议氛围的敏感性，察觉潜在的问题

以上特质并不仅仅是天生就具有的，每个人都可以在会议管理的实践中不断学习，培养和养成这些特质。

2. 案例中主持人的特质分析

本案例中会议的主持人郭嘉欣是一个很自信的人，但是她最大的缺点就是太盲目乐观且急于求成。同时，她的盲目乐观与她没有察觉到潜在问题存在紧密相关。她的乐观在于她认为，此项目可将政府部门与开发商两方面的利益都考虑在内，而且她知道某些人员对该项目很热情且持续地关注着该项目。但是，她并没有就各个部门的关系作进一步深入的分析，即使这个项目是一个共赢的方案，但各部门的利益依然存在着各种各样的联系与冲突。此外，这个烂尾楼项目里所涉

及的各个需要解决的问题也有轻重缓急之分，若事先不通过大量的分析与协调工作解决这些潜在的问题，十几个不同利益的代表者很难在短短的两个小时会议中达到一致的观点。本案例在开始时就介绍主持人有着比较好的协调能力，但在此烂尾楼项目中，她却没有发挥出来，所以，归根结底可能源于她的会议管理能力有所欠缺，并且她没有察觉潜在的问题。最后，由于会前准备不充分，在会中发现冷场的时候，她显然乱了阵脚，没有保持中立的态度与无偏见的立场。由此可见，她还需要在今后的实践中不断学习、培养这些特质。

3. 会议主持人的职责与任务❶

根据会议管理的三个阶段，会议主持人在三个阶段的主要职责和任务如下。

1）会前准备阶段

- 组织或参与会前的议题、议程讨论和决策；
- 组织或布置会议资料和会议通知的准备和发放工作；
- 负责检查会议的准备情况，确保会议顺利召开；
- 做好会前的沟通协调工作。

2）会议期间

- 提前到场，组织会议工作人员做好会议开始前的准备，发现问题及时解决；
- 准时开会，按照会议议程主持会议，控制每项议程的主题和时间；
- 维持会议秩序，避免会议中的不必要冲突；
- 安排好会议的记录和资料收集工作；
- 对会议进行概括总结。

3）会后跟踪

- 组织安排会议纪要的起草、审核、通过和发放工作；
- 检查会议纪要的贯彻和落实情况；
- 协调和解决会议纪要落实过程中的问题；
- 协调有关部门落实会议所作出的承诺。

4. 本案例中主持人职责履行情况评价

总体来说，主持人郭嘉欣在整个会议进程中始终是处于被动状态，她没有尽

❶ 沈远平，沈宏宇．管理沟通——基于案例分析的学习［M］．广州：暨南大学出版社，2009：176.

职尽责地完成会议所需商讨的内容，也没有达到此次会议应达到的目的。她自己深谙与会政府人员以及开发商对该项目的热情，因此，对会议有把握且比较自信。但是，她忽略了每个部门的利益关系，没有作细致的分析与总结，会议前没有做好协调与准备工作，没有与与会人员进行会前的沟通工作；会议期中没有主导会议按议程有序进行，甚至会议快要结束时出现了无总结、无达成一致、无进一步安排的情况。综上所述，本案例中主持人郭嘉欣在这次会议主持方面明显欠缺主持人应有的特质能力。

（四）与会人员参会情况分析与评估

1. 一般与会者责任与职责

如果没有与会者的诚挚参与和合作，组织再好的会议也不可能取得成功。一旦决定参加会议，与会者就对组织及其他与会者承担一定的责任。

准时出席，有备而来。在信息传递如此快速的时代，解释说没注意到会议通知而迟到或不得不在开会前一刻取消出席，这纯粹是一种借口。做好开会的准备，这就意味着与会者得在会前阅读发给他的各种材料，标出自己的问题、评论和想法。如果与会者被分派在会议中担任一定的职务，那么还得为此做好准备，包括带上必需的器材。

遵守会议规则。认真倾听，不做与会议无关的事情，例如插话、交头接耳、摆出消极的身体语言或面部表情、接听手机等。发言时，发言者应在会议规定的发言时间内简要而清晰地提出自己的观点。如果不得不对其他与会者的意见提出质疑，那么就得提出替代方案。总之，与会者不能做一个会议的破坏者。[1]

2. 本案例中与会者参会情况评价

本案例中与会者出现以下情况：

- 与会者事先未做好准备，不了解会议的议程；
- 有与会者未准时与会，如朱凯诚迟到；
- 有与会者未能遵守会议规则，如有人在会议中由于要接一个电话而临时离开会场。

[1] 沈远平，沈宏宇．管理沟通——基于案例分析的学习［M］．广州：暨南大学出版社，2009：176．

- 与会者各持己见，支持他人的行为未能体现。应该遵循建设性沟通原则，肯定他人的发言并由此衔接自己的开场白，要有能力和意愿去适应别人的语言，但是在此案例中，每个人都希望自己的事情得到解决，而忽略他人的利益。
- 与会人员倾听能力欠缺。如陶新知打断廖奇才的话，罗秦斌抢廖奇才的话等，大家都希望表达自己的观点，但不愿倾听别人发言。

与会者在会议期间的以上表现，显然是不符合与会者参会的要求的，这也是此次会议不成功的因素之一。

三、对策与建议

（一）会议的策划与设计

1. 会议管理成功的基本要素

会议已经成为组织管理中非常广泛的活动，英国英特尔计算机公司总裁安德鲁·格罗夫曾说过："会议是管理工作得以贯彻实施的中介手段。"这种说法强调了会议在现代管理中的重要作用。对于举办一个具有相当规模会议的组织者来说，如何让会议顺畅地进行并且获得卓有成效的结果是至关重要的。如何确保会议成功呢？以下基本要素必不可少。

1）确立明确的会议目标

对任何一个组织而言，要想让会议开得有价值，必须要有一个明确的目的。通过会议获取所需，提供给与会者相应的价值，并且能回报投资。

2）完善信息的采集与分析

信息的收集极为重要，这其中包括了解会议的出席者及其需求，了解媒体，了解预算，分析自己的不足等。

3）制订周密的计划

无论是甘特图❶，还是进度表，一个周密的计划必须包括会议里所有的细

❶ 甘特图（Gantt chart）又叫横道图、条状图（Bar chart）。它是以图示的方式通过活动列表和时间刻度形象地表示出任何特定项目的活动顺序与持续时间。它是在第一次世界大战时期发明的，以亨利·L.甘特先生的名字命名，他制定了一个完整地用条形图表进度的标志系统。由于甘特图形象简单，在简单、短期的项目中，甘特图都得到了最广泛的运用。

节，另外，保证定期的追踪可以避免一个周密的计划成为墙壁上的装饰。

4）追求不断的创新

每一次会议都包含对创新能力的挑战，无论在内容上或形式上，不断的创新能使每一次会议都充满激情与乐趣。

5）实施严格的现场管理

在进行现场管理时，一定要严格地对照计划表上的事项进行操作，任何疏漏都会导致会议的失败。此外，现场负责人需要有随机应变的能力。

6）清晰而明确的沟通

清晰而明确的交流是整个项目成功的关键。想象你是一个与会者，事前不了解内部的计划、程序或是后备工作，如何在最短的时间内了解这一切呢？

7）结束与细致的总结

成功的会议不仅需要有创造性的规划、积极的谈判和交流的技巧以及严格的现场控制，也需要在会议结束时作出细致的总结，这样才能使与会者明确所参加会议的收获。

2. 会议设计的基本思路

依据以上几点要素以及本案例的具体情况，确定了以下设计流程（见图6－3）：

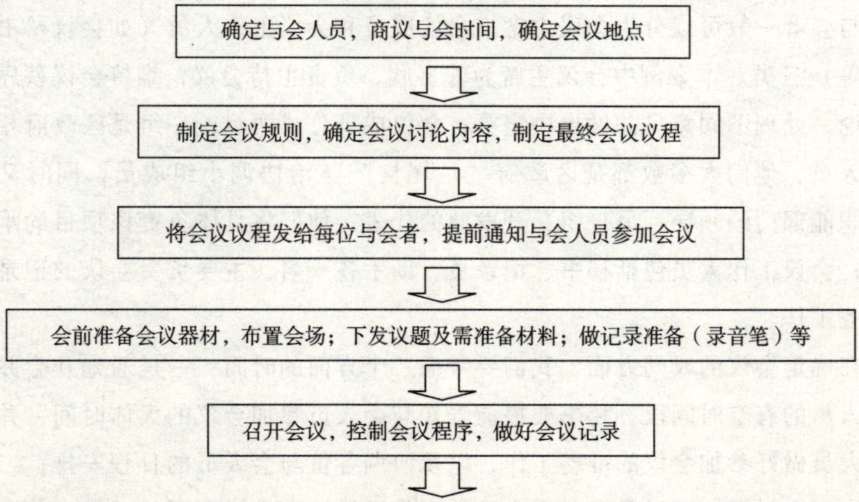

图6－2　会议流程图

（二）会前准备工作的策划与实施

1. 确定会议主题和目标

任何会议都是有目的的，会议的主题和目的必须做到明确、具体。在确定主题目标时，应考虑不同意见及客观制约因素，在某些情况下还应对目标进行分类分解。一般会议的主题不宜太多，3～5个为宜。而且尽量使议题之间存在一定的相关性，并根据其相关程度和优先次序安排好会议议题的顺序，使议题紧紧相扣，前后连贯，层次分明。

该会议围绕着盘活烂尾楼“广诚广场”的一系列开发问题展开，其最终目的是使得“广诚广场”以全新的面貌重新屹立在GZ市的新城市中轴线上。具体目标是以晨光开发商的模式为蓝本，吸引更多的开发商投资，带动该区域的经济发展，尽快实现建设TH北CBD的构想。因此确定该会议主题为推动该项目进入具体实施阶段的方案讨论。具体的议题有与开发商和投资者达成协议，使得该项目的功能得到充分开发；吸引开发商承接大楼周边的配套工程和大楼主体内部功能的开发和购置等。

2. 确定与会人员与时间

与会者一般可以分为会议主席、会议成员和会议工作人员（如会议秘书、记录员等）三类。本案例中会议主席为郭嘉欣，负责主持会议，维持会议秩序，促进讨论，处理不同意见并做出决定等；会议成员分成两组：一组是区政府相关部门的人员，他们大多数都是区政府“烂尾楼”整治协调小组成员，同时又是政府各职能部门的领导；另一组是开发商的代表，他们将具体负责该项目的承建和开发；会议工作人员包括秘书、记录员、助手各一名，主要负责会议的记录和其他服务工作。

在确定会议的时间方面，我们要考虑三个方面的时间：一是通知开会并确定与会人员的有空时间段。秘书要提前告知与会人员参加会议的大体时间，并且让与会人员做好参加会议的准备工作，以及协调各位与会人员的日程安排；二是正式通知开会时间，通过参考与会人员的工作安排协商会议召开的时间，并以会议通知的形式提前告知，让与会人员安排好工作；三是明确开会需要的时间，也就是时限，将会议的时间安排在2～3个小时内结束，以避免与会人员精力不集中，或产生疲劳。

3. 制定会议议程

在会议举行前就将要讨论的事务内容和顺序作出决定，在会议议程上应标明会议时间（开始时间、结束时间）、地点、会议目的和会议议题的顺序等。就本案例拟定一个会议议程如表 6－2 所示：

表 6－2　TH 城广城广场协调会议程安排表

TH 城广诚广场重建开发协调会议
日期：2010 年 5 月 5 日，星期三 时间：15：00 至 17：00 地点：TH 区政府区经济开发部会议室（B 大厦第二会议室） 会议目的：推动广诚广场重建具体实施方案讨论
议程
1. 传达区政府对该项目重建开发的原则性指导意见 2. 由晨光房地产开发有限公司代表吴先生介绍大楼后期工程的具体情况 3. 各位投资者陈述其开发方案 4. 与会者共同讨论大楼主体内部功能开发案 5. 作出决策与商家投资达成初步协议
附件
1. 重建广诚广场谅解备忘录 2. 政府对重建开发的指导意见

4. 下达会议举办通知

会议通知一般应注明会议时间、地点、名称、参与人员、主要议题、主办单位、个人需支付的费用、对方答复是否参加会议的最后期限及回复的地址、电话。另外，很多人可能因为工作忙或其他原因而忘记回复，所以组织者应在最后期限前打电话向各位受邀人征询一下，以确定他们是否参加会议。对于能收集到的回函要进行登记，以便安排与会人员座位。

本案例中通知下达采取电子邮件、电话、信函等方式，这里需要指出的是在最初下达会议通知时可以通过电子邮件或信函等方式，将会议议程发给各位与会人员，并要求回复，在会议召开的前几天要求秘书通过电话向没有回复的与会人员确认信息是否参加会议，以保证每位受邀者都能接收到会议信息。

5. 会场安排

选择会场时，要考虑与会者的数目；要照顾到与会者到会是否方便（例如会场地点对与会者来说交通是否便利、停车是否方便、会场外的其他服务条件如何等）；会场环境如何（是否有噪声，照明、空调设备是否完好）；会场能否保证必要的使用时间，等等。

会场内设备的准备包括：会场的桌椅及装饰设备；主席台或讲台；会场的彩光或灯光条件；讲话扩音设备；银幕、投影仪、幻灯设备；电源、电线；黑板、指示棒；MARK 笔等书写用笔；姓名牌、记录纸；水等其他物品。

会场的座位安排建议使用讨论会式。这种方式比较适用于商谈和讨论问题，也便于观看黑板以及放映幻灯片或录像片。此形式可分为设主席台的或不设主席台的，有反“U”形、“V”形等多种形式。❶

6. 发放会议资料

发放本次会议所需材料，包括会议议程、与晨光房地产开发有限公司签订的重建广诚广场谅解备忘录、区政府对该项目重建开发的原则性指导意见。

（三）会议召开的策略与技巧

1. 宣布会议开始

主持人宣布会议开始，首先说明会议的目的和主题为推动广诚广场重建进入具体实施阶段的方案讨论。会议主持人在会议开始时要营造与会议主题相适应的会议气氛，使与会人员尽快进入会议状态，投入到会议之中。

然后介绍与会人员，主要包括与会者的姓名、身份。这一部分也可以由与会人员做自我介绍，这样可以调动起会议的气氛，提高与会者的参与意识。对与会人员的介绍可以按照各人职务的高低或者是简单的依据座次来介绍。

在本案例中与会人员有两组，一组是区政府相关部门的人员，包括 TH 区政府经济发展规划办公室负责人郭嘉欣（自我介绍）、区政府城市规划部主任谭剑

❶ 张莉. 管理沟通［M］. 北京：高等教育出版社，2007：239.

锋、区政府经济开发部法律顾问陈惠芹、区政府宣传部公共事务处处长黄海龙、区政府城建局设计工程师罗秦斌、区政府经济发展规划办主任朱凯诚，以及房产管理局、土地资源管理局、税务等部门的领导或代表；另外一组是开发商代表，包括晨光房地产开发有限公司代表吴先生及其助理、DT 写字楼租赁业务中心经理陶新知、承建会议中心副总裁欧阳锦旗、TH 电影城总经理廖奇才、GS 国家能源石化公司副总裁唐桂华等投资者。

介绍过与会人员后，主持人可以重申本次会议的主题、重要性，并介绍会议议程、主要开展方式等，此外还要宣布会议开展过程中的有关注意事项，例如会场秩序、会场纪律等，并提醒各位与会者关闭手机或调成静音模式，以保证会议顺畅进行。

2. 宣读政府相关政策和指导性意见

由政府部门代表宣读区政府对该项目重建开发的原则性指导意见，让各位开发商和投资者明确了解到政府对此次项目的优惠政策，例如实施税收减免措施以确保开发商得到公正的投资回报。然后由区政府各职能部门指出对此项目的要求、指导意见及政策方针等。

3. 开发商陈述开发案

首先由晨光房地产开发有限公司代表吴先生介绍大楼后期工程的具体情况，晨光房地产开发有限公司负责大楼的后期工程并实施整体的外装修，请吴先生阐述后期工程的进程安排、外装修的规划。

接下来，由会议主持人介绍尚未达成协议的大楼周边配套工程和大楼主体内部功能的开发等项目的开发重建原则和构思。

然后，各位投资者代表陈述各公司对以上项目的承接意愿和开发重建基本思路，每位开发商陈述时间限制在 15 分钟之内，要求将开发案的规划、方案流程时间安排大体呈现一下。

4. 讨论

讨论阶段主要是协调各个与会人员（主要是开发商代表）提出的开发案的实施细节，包括进场的时间和衔接等问题。其次是协调政府部门与各投资者在重建开发过程中的手续申报、审批等法律税务等问题。与会人员可以各抒己见，保证参加者都有机会发表意见，但不能被几个人垄断，必要时可以限定发言时间。

主持人应随时把握讨论方向，使之不偏离主题。如果遇到僵持不下的问题，可以不急于在此会上解决，待会后继续协调。

讨论时间控制在40分钟到1个小时之间，争取协调各方不同意见，达成统一共识。

5. 会议决议

经过方案讨论过程，主持人就会议作总结，对会议进行简要的评估，同与会者达成共识，最终形成会议决议并对决议进行确认；然后对会后需要落实和实施的有关事宜作进一步的明确，并提出检查和监督的要求；最后感谢与会人员到会和合作。

会议召开期间，要安排好会议记录（录音笔或人工记录）和工作人员的服务。

（四）会议主持人的特质修炼与塑造

1. 控制会议节奏

会议是否能得以顺利进行，在很大程度上有赖于主持人对会议的节奏和方向的把握。具体说来，控制会议进程，大致可以按以下步骤进行：

- 宣布会议的主题和目的
- 介绍与会人员
- 根据会议议程顺序提出每个议题，然后征求有关与会者意见
- 给每个人表述自己意见的机会
- 控制会议讨论进程，如果讨论内容与议题无关或深入到不必要的细节上时，应及时引导到议题本身。
- 若会议上出现各种不同的见解时，主持人应根据自己的理解将各种观点加以概括。
- 在每个问题讨论结束后加以总结，以便实现共识或作出决策。
- 在会议结束时，对会议达成的共识进行概括，对未决事宜说明，并宣布下次会议主要内容。[1]

[1] 康青. 管理沟通教程［M］. 北京：立信会计出版社，2006：177.

在整个会议进行过程中无论是哪个环节，主持人都要注意控制时间，以遵循预定时限，避免拖延。若此次会议仍有部分问题没有解决或者还有做进一步讨论的必要时，可以安排在下一次会议进行。

2. 主持人在各阶段的任务与职责

1）开始阶段

会议应当在一种和睦活跃的气氛中开始。先由主持人介绍一下与会人员，主要包括与会者的姓名、身份，如有必要，可以介绍一下与会人员的工作经历和工作成绩。这一部分的介绍方法主要有自我介绍、互相介绍、主席介绍、名片介绍等。

2）讨论阶段

这是与会者进行交际沟通的主要形式，主持人的基本责任之一就是鼓励和促进讨论。对于要讨论的问题，不要在讨论之前就规定某种答案，应允许各种不同的意见充分表达出来。参加讨论的成员是平等的，不存在谁服从谁的问题，都应服从事实或真理。

主持人在主持会议时，应注意让每个成员都有发表意见的机会。讨论中虽然常有主要发言者，但不能被某几个人垄断，必要时可以限定发言时间。主持人还应随时把握讨论的方向，使之不偏离主题。在讨论中，切忌发言之间毫无联系或交流，各唱各的调，问题分散甚至形成小群体。主持人在这中间可以通过一些必要的插话、简短的小结使讨论问题集中在某一点上。

有时，为了保证参加者都有机会发表意见，可以适当限制参加人数或分成小组讨论。分组也有两种方式。一是将专业、素质、年龄相近的人分在一起；另一种是将专业、素质、年龄不同的人分在一起。前一种方式有助于使讨论焦点集中，便于形成融洽的关系；后一种方式有助于从各个角度比较全面地研究问题，避免片面性。

3）辩论阶段

辩论阶段必须有一定的秩序，不能某个人还没有表达清楚他的观点，另外一个人就打断他的话，抢着发言，其实可能并没有弄清对方想要说什么。这样的辩论，就有些离谱了。而且由于各人的情绪都比较激动，以至于偏离会议主题，变成为辩论而辩论。这个时候，会议主持人不能忘记自己的职责，应及时结束这种争论，重申会议的主题，要求大家围绕着主题发表自己的意见。

在争论的时候，有时候大家的意见都趋于统一了，但偏偏有个别人坚持他们的反对意见而百般辩解。如果主持人认为讨论下去没有什么意义了，可以运用自己的权威，结束这场辩论，转向下个议题。

倘若主持人在会议之前就预料到，个别与会者可能为了维护他们自己的利益，而在会议上唱反调，可以预先找这些人谈谈，争取获得他们的认同。这样既可以保全他们的面子，又可以避免在会议上浪费时间。完成预定的工作目标，需要主持者采用最有效的方式控制会议进程，从而得出理想的结论。

4）提问阶段

主持会议的一项重要技巧是善于提出问题。提问可以吸引全体与会者的注意力，也有助于人们深入思考。提问时，要注意把握时机，问题要明确具体，切忌语言含糊。例如，当讨论已涉及某个问题但焦点又是不十分明确时，及时地提出问题，常能使讨论形成高潮。

提出的问题类型有不同的划分方法，有人将问题分为开放型问题与封闭型问题。前者是指没有任何固定答案，由被问者自由回答的问题；而封闭型问题是指提问者已设计了两个或两个以上答案，让被问者讨论这几种答案的利弊。还有人将之分为全体问题与个人问题。前者是指主持人对全体与会者提出的问题；后者是指对某一与会者提出的问题。

5）总结阶段

主持人的另一个重要职责就是及时对会议作出总结。不善于总结的人往往会将会议的宝贵成果丢掉或错过宝贵时机。总结实为对会议成果的概括。随着会议的进行，主持人应及时总结会议取得的成果、成功的经验和失败的教训。如果会议的目标已经达到，即应尽快总结并结束会议。会议的进程，主要掌握在主持人的手里。❶

3. 会议主持的实用技巧

会议的成功需要主持人在会议中做出不断的努力，使良好的气氛贯穿始终。以下这些会议主持技巧是主持人经常使用的。

---

❶ 胡巍. 管理沟通原理与实践［M］. 济南：山东人民出版社，2003：246－248.

1）正确处理迟到现象

很多主持人在会议开始时都会遇到一些令人烦恼的事，总有个别与会人员不遵守会议开始的时间而姗姗来迟。有经验的主持人应付这种情况总是毫不留情地立即开会，这样就会化被动为主动，而剩下的迟到者只能独自尴尬了。如果专门等待那些来迟者十几分钟，甚至半个小时，按时参加会议的人就会等得不耐烦，并在以后的会议中采取迟到对策。美国某著名咨询公司的一位资深会议主持人对待这种情况，总会打开一台录音机，录下会议开始时进行的内容和开会迟到者的尴尬反应。录下的前一部分讨论内容，如果有必要的话，可以让那位来迟者事后补听一遍。经过这样一次经历，就很少有人再无缘无故地开会迟到了。[1]

2）造成“我群感”

也就是想方设法使与会者有一种对会议群体的强烈归属感。“我群感”对于调动与会者的积极性、承担起其职责、增强会议内聚力、实现会议目标很有必要。主持人可以在讲话中重复使用“我们”、“我们的”、“我们这次会议”等术语，使与会者产生我们是一个整体的感觉；同时，尽量避免使用“你们”这样的说法称呼会议成员。另外，可以使用特殊的会议标志（如会议代表出席证、会标等），以造成会议群体与非会议群体之间的界限。

3）正确协调会议中的不同意见

在会议中，可能各方会持不同意见，相互争执。如果争论已经达到过火的程度，主持人首先应当制止这种争论。其次，应当就各方的不同意见进行具体分析。看看他们的分歧点究竟在哪里。是不是都有充分的依据，是不是有协调的可能性。倘若各方的意见都有一定的合理性，那就只能权衡各种方案的利弊大小了，两利相权取其大，两害相权取其小，最终获得一个大家都能同意的方案。如果这种分歧实在过于复杂，难以消除，那么只能留待以后解决。为了保证能将所有的议题都讨论完，会议应当转向下一个议题。

4）利用与会者的经验、专长

主持人在会前应对所有与会者的背景进行深入、细致的研究，虽然会议开始时，与会者对于会议的情况还不甚了解，但每个成员都有自己特殊的学识、文

[1] 魏江，严进．管理沟通——成功管理的基石［M］．2006：273．

化、阅历和经验。主持人在掌握会议进程时，应尽力调动这些潜在因素的功能，使它们充分发挥作用，以达到会议组织的目的。

5）对与会者的错误采取宽容态度

会议成员有时会有不适当的言谈举止。对此，主持人不宜采取激烈的批评态度，而应尽量宽容。随着会议的进行，相信他们会有所修正和改进，不适当的批评会破坏会议的气氛，使整个会议中的人际关系紧张，从而不利于会议目标的实现。[1]

（五）与会人员的管理与激励

1. 与会人员的利益需求分析

将案例中的与会人员按照利益需求分为三种：政府相关部门人员，晨光房地产开发有限公司代表和其他开发商和投资者代表。

对于政府部门的人员，他们大多数是区政府“烂尾楼”整治协调小组成员，也是政府各职能部门的领导。有些人是直接负责这个项目的，例如谭剑锋、罗秦斌，也有的是参与该项目的一些工作，如陈惠芹负责法律事务，黄海龙负责宣传事务。这类与会人员代表的是区政府的利益，目的都是为了促成该项目的实施，通过对TH广场周边的烂尾楼改造重建，尽快实现将TH广场建设成GZ市新的市中心。而此次会议的召开目的就是为了吸引投资者，来承接大楼周边的配套工程和大楼主体内部功能的开发和购置，因此参加会议的政府小组成员一定会积极参加会议，推动该项目进入具体的实施阶段。

晨光房地产开发有限公司是负责大楼整体工程收尾的投资商，他们将承接大楼的后期工程并实施整体的外装修，该公司已经与政府部门达成协议，他们的目的是寻求更多的开发商来投资大楼周边的配套工程和大楼主体的内部功能。因此本次会议其主要任务是介绍大楼后期工程的基本情况，寻找合作伙伴。

其他开发商和投资者大多是来投标的，他们分属于不同的行业，有人从事写字楼和办公室租赁业务，有人从事会议中心开发业务，有人从事电影娱乐业务，可以说各行各业的投资者都是来争取投资机会的。当然每个投资商的目的都是一

---

[1] 胡巍．管理沟通原理与实践［M］．济南：山东人民出版社，2003：249－250．

样的，即获得广诚广场主大厦内部功能开发的投资机会，因此各位投资商是处于竞争的状态，他们参加此次会议的主要任务就是陈述自己的企划案，争取到该项目的投资机会。

2. 与会者在各阶段的任务与职责

参加会议的成员都有责任使会议取得成功。对于所有的成员来说，明确会议目的、议程以及自己与其他人在这次会议中的角色，这些是很重要的。❶

1）会前准备阶段

了解会议议程并阅读有关资料，明确会议主题和目的，确认在会议讨论内容中有哪些项目与自己有关，并对这些相关内容有所考虑，应该持什么观点，用什么材料作论据来支持这些观点。另外，要明确会议时间和地点。

2）会议召开期间

注意倾听别人的观点；积极参与会谈；对所讨论问题充满兴趣。对涉及自己工作的决策、行动计划，应做好详细记录。对于投资商来说，此阶段应积极发言，提出自己的想法，尽量将自己方案中的优势呈现出来。

3）会议结束后

全力贯彻会议精神，尊重会议讨论形成的决议，完成会议期间所分配的任务。争取到投资机会的开发商会兴高采烈地准备接下来的投资事宜，但是有些没有获得投资机会的投资者会后可能会产生一定的抵触情绪，在会议结束后，政府工作人员以及会议组织者应及时安抚并期待以后的合作。

3. 鼓励与会人员参与会议的技巧

会议主持人的成功取决于他对会议的控制力，但是如果参与会议的人员不予配合，那么有再高明的主持人也是无法开好会议的。因此，这里要介绍一些参与会议的实用技巧。❷

1）严格遵守会议规则

会议是一项群体性的活动，其中当然也有许多基本的规则必须遵守。比如遵守会议时间；不迟到，不早退；尊重主席，听从主席的指示，互相配合；虚心倾听、分析他人的意见，不固执己见；不讨厌他人提出的质疑；尊重会议的结论。

---

❶ 康青．管理沟通教程［M］．北京：立信会计出版社，2006：180.

❷ 胡巍．管理沟通原理与实践［M］．济南：山东人民出版社，2003：254－255.

2）严守会议礼节

为顺利进行议事，必须先确立与会人员互相合作的体制，毕竟会议不能单是主席一个人唱独角戏。个人的努力自然有限，彼此之间有效的协调是绝对必要的。因此与会者应懂得有关议事的礼节，如协助会议的进行、不感情用事、立场公平等。

俗话说得好，“礼多人不怪”。再密切的关系，也得建立在礼节之上。同时，只要立场公正，必能博得大多数人的掌声。

3）树立良好的形象

应当时时刻刻都需要留意自己在他人心目中的形象，因为好的形象对你在会议中的所作所为将产生莫大的帮助，坏的形象则令你在会议中备受影响。例如人们都不喜欢或不愿意倾听他人意见的人；一般人不相信情绪激动的人的判断力；人们讨厌总是打断别人讲话的人以及一开口便不能自休的人。通常冷静、善于逻辑推理的人能够赢得别人的信任。

4）保持积极的态度

在一般会议中，我们经常面临的是消极的气氛——包括消极的表情、消极的情绪、消极的反应等。在消极的气氛笼罩下，你若能注入积极的言词与积极的态度，你将成为严寒中的一股暖流，并成为与会者心灵寄托之所在。

5）留心听取别人的意见

会议中发表的意见，虽然内容是针对议题而论，但追本溯源，其基础是建立于个人的人生经历、个性及对事物的看法上。所以意见自然无法完全客观，而难免有个人的色彩掺杂其中，这是无可避免的事情。因此，聆听他人意见时，明知其中有若干个人色彩，仍然要虚心吸收其精华，如此对个人及会议质量的提高才能有所帮助。

（六）会后跟踪与实施

会后跟踪是会议结束后执行会议决议，完成会议各项事宜的关键，也是提高会议效益的必要措施。会后跟踪一般包括撰写和发送会议纪要或会议总结；督促检查会议有关的落实情况；协调各部门落实会议决议事宜；兑现会议的承诺；必要时发送催办通知等。

1. 会议纪要的撰写

会议纪要是在会议记录的基础上，对会议的基本情况、会议议程的完成情况、会议议定的事项等主要内容的总结概括，而会议记录则是会议内容和过程的真实凭证。会议记录通常由秘书完成，记录的原则是符合实际、简明扼要。在记录的过程中需要注意以下几点：①充分了解会议目的及议程；②记录时紧跟会议议程；③即时确认要点，澄清含糊之处；④客观记录，避免夹杂个人的主观意识；⑤会后将记录及时打印并校对。必要时可以先用录音机录下会议内容，以免做记录时会遗漏。会议记录一般要留档。

会议纪要由会议的组织者来完成，一般来说，会议纪要的写作风格因组织或组织者的风格不同而不同，但是会议纪要的主要内容应该包括以下几个方面：❶

标题：标题一般由会议名称和文种组成。

文件日期：文件日期通常写在标题之下，居中，用括号括起。也可在文末右下角标明日期。

正文：正文是会议纪要的主要部分，一般包括以下两大内容：

一是会议概况，在正文开头部分概要地叙述会议的基本情况，其中包括会议名称、会议的目的、时间、地点、参会人员、议程和主要收获等；

二是主体部分，主要写会议研究的问题、讨论中达成的共识和一致意见、作出的决定、提出任务要求以及领导的指示要求等。

结尾：结尾的内容简单扼要地提出希望、号召，要求有关部门认真贯彻落实会议精神和决议。

会议纪要的写作方法主要是采用写实的风格，根据会议的类型和规模，主要有概述法、发言记录式方法、归纳法等。在语言文字表达方面要做到简洁准确、流畅通顺，对事项描述要客观、叙述清晰、观点明确、是非分明、态度明朗、决议肯定。

2. 会议纪要的发送

会议纪要撰写完毕后，一般会发送给与会者，可以通过电子邮件的方式，这样比较快捷，成本也比较低；如果需要邮寄纸质版，则最低限度的分发量就够

❶ 沈远平，沈宏宇. 管理沟通——基于案例分析的学习 [M]. 广州：暨南大学出版社，2009：173.

了。在会议纪要分发时，要注意下列事项：

在会议纪要复印前，要对草稿加以审阅和校正，如果要发给未曾参加会议的人，这一点尤其重要。

会后应尽快分发会议纪要，若已对某些人分配任务则更应如此。

对所有负有行动责任的人都要提供会议记录副本。假如某人没有参加会议，最好能使他特别注意需要他配合行动的项目（例如：附备忘录或用彩笔重点标明特殊的项目）。❶

比较大型的正式会议之后，组织者还应将会议的决议和感谢信寄给每位与会者，感谢他们在会议上所作出的贡献，并对给予会议支持的各方寄出感谢函。致谢的态度应当热情诚恳，这样将有利于更长期的友好合作。❷

3. 会议决议的实施与监督

会议的关键在于落实。应根据会议纪要的内容检查会议决定的落实情况，使会议做到议而有决、决而有行、行必有果。这一点可以在寄给与会人员的会议纪要中说明，在会议纪要中明确政府工作人员和开发商各自的职责及进度安排，然后规定1~2个月之后核查对项目实施的情况，并发送实施情况通报给相关人员，随时更新项目要求和后续行动。

结　论

通过本案例分析，我们可以得出以下结论。

1. 此次烂尾楼重建改造工程具备了众多可行性因素，如独特的地理优势、良好的经济势态、政府部门鼎力支持、开发商浓烈的兴趣等，因此此次重建工作势在必行，正如该项目协调人郭嘉欣所想的那样，各部门如果能就改造重建方案在会议中达成一致，便能推动该项目进入具体的实施阶段，成为此改造项目飞跃式的突破点。但是，会议的结果却不尽如人意，与会者之间并没有进行顺畅有效的沟通，甚至发生了误会，最终也未能达成一致的见解。这说明有效的跨部门会议管理在实现烂尾楼重建项目中起着非常重要的作用。

❶ 胡巍．管理沟通原理与实践［M］．济南：山东人民出版社，2003：257.

❷ 魏江，严进．管理沟通——成功管理的基石［M］．2006：276.

2. 在此次针对烂尾楼重建改造的多部门协调会议中，最重要的一个特点是此会议能有助于整合各方的利益，找到一个达到共赢的解决办法，最终达到利用多方合作共同完成广诚广场这项大工程的目的。在此会议中，作为会议主持人的郭嘉欣则担任着这种的重任，她的最终目的是使与会各方，也就是各个部门达成共赢的局面。因此，可以说会议管理是此案例的核心问题，若对整个过程进行有效的策划与准备，在会前熟知各部门的想法与要求，找到其利益的冲突点与解决方法，做好协调工作，在会议中，主持者严格按照议程有条不紊地开会并进行适当的控制，在会议后就一些问题进行跟踪，就未解决的问题进行协调或就存在冲突的某两个或多个部门进行谈判，做到善始善终，最终是有可能达成一致意见的。

3. 会议在协调工作中起着十分重要的作用。它是决策的重要方式，也是沟通信息的主要手段。我们既可以将会议看成是一个集思广益的过程，也可以当做是一种信息传递的方式。一次会议成功与否取决于会议主持人、与会者以及会议秘书的共同努力，其中以主持人最为重要，因此，主持人履行其职责任务的能力和会议管理的策略与技巧非常重要。

参考文献

[1] 中国第一烂尾楼中诚广场执行案，http://www.100gczg.com/Detail.aspx? id=200838.

[2] 广州天河板块烂尾楼蕴藏大商机 [N]. 广州日报，2003-10-23.

[3] 沈远平，沈宏宇. 管理沟通——基于案例分析的学习 [M]. 广州：暨南大学出版社，2009.

[4] 王芳，叶风. 与会者的责任 [M]. 经营管理人才，2002 (4).

[5] http://www.glbravo.com/Article/ShowArticle.asp? ArticleID=75.

[6] 张莉. 管理沟通 [M]. 北京：高等教育出版社，2007.

[7] 康青. 管理沟通教程 [M]. 北京：立信会计出版社，2006.

[8] 胡巍. 管理沟通原理与实践 [M]. 济南：山东人民出版社，2003.

[9] 魏江，严进. 管理沟通——成功管理的基石 [M]. 2006.